BUILT TO LAST

Successful Habits of Visionary Companies

基业长青

企业永续经营的准则

JIM COLLINS
JERRY PORRAS
[美] 吉姆·柯林斯 [美] 杰里·波勒斯 著
真如 译/俞利军 校

中信出版集团 | 北京

图书在版编目（CIP）数据

基业长青 /（美）吉姆·柯林斯,（美）杰里·波勒斯著; 真如译 . -- 5 版 . -- 北京: 中信出版社, 2019.11（2025.12重印）

书名原文：Built to Last: Successful Habits of Visionary Companies

ISBN 978-7-5086-8508-3

Ⅰ. ①基… Ⅱ. ①吉… ②杰… ③真… Ⅲ. ①企业领导学 Ⅳ. ① F272.91

中国版本图书馆 CIP 数据核字（2017）第 331372 号

基业长青

著　　者：［美］吉姆·柯林斯 ［美］杰里·波勒斯
译　　者：真如
审 校 者：俞利军
出版发行：中信出版集团股份有限公司
（北京市朝阳区东三环北路 27 号嘉铭中心 邮编 100020）
承 印 者：北京通州皇家印刷厂

开　　本：880mm × 1230mm 1/32　　印　　张：11.5　　字　　数：290 千字
版　　次：2019 年 11 月第 5 版　　印　　次：2025 年12月第29次印刷
京权图字：01–2009–2466
书　　号：ISBN 978–7–5086–8508–3
定　　价：69.00 元

服务热线：400–600–8099
投稿邮箱：author@citicpub.com

▪ 目　录 ▪

再版序言

写这本书源自两方面原因。第一个原因与一个问题有关——同我们大多数的作品一样，这个问题是由一个学生提出的。1989 年，我刚刚在斯坦福商学院开始自己的教学生涯。当时我在教授有关创业与小企业课程的过程中遇到了一群持怀疑态度的工商管理学硕士生，其中一个学生提出了这样一个问题，把我难倒了。她说："吉姆，对您的整个课程我有一个疑问。您说这门课程是关于从头开始创建具有持久竞争优势的伟大公司，但是您在进行案例分析时选取了一些新兴公司，比如说苹果电脑公司。"

"我没有丝毫贬低苹果公司的意思。"她继续说道，"但是我们无法预测苹果公司是否会发展成一个伟大的、经久不衰的公司。倘若果真如此的话，那一定会是个了不起的成功的创业故事，但至于它是否会像 IBM（国际商业机器公司）、GE（通用电气公司）或者 Johnson & Johnson（强生公司）那样最终发展成一个具有持久竞争优势的公司，现在说来还为时过早。"

"并且，"说到这儿，这个学生用手指敲着课桌，继续说道，"您是如何知道苹果公司的成功是由您给我们讲授的那些原因引起的呢？这家公司可能只不过是运气好而已。其实说白了，如果是您在 1977 年推出了 Apple II 机型，在 1984 年推出了 Macintosh 机型（麦金塔电脑，即今天我们常说的 Mac），或许也会成功的……因此，有些公司之所以成功可能并不是因为其管理措施，甚至与管理根本没有关系。"她提出的这个难题在坊间也流传着类似的说法：公司的发展和早期的成功可以说是一俊遮百丑，掩盖了许多失误，而我或许是在无意中向学生灌输了管理至上的错误观点。

教学伊始，有个同事曾给过我建议，告诉我在回答此类难题的时候，一定要尽量表现得胸有成竹。但是当时我只有 31 岁，看起来跟大多数学生一样年轻。因此，经过长时间停顿之后，我最终说道："这的确是一个很好的问题，等我有了答案之后再回复你。"当时我根本不知道这一等就是 6 年，经过 6 年的研究以及完成本书之后，我才兑现了自己的承诺。

我一直在苦苦思索这一问题。她说的没错：我们怎么能知道究竟是哪些因素导致为数不多的企业从众多公司中脱颖而出，创业成功，最终发展成伟大公司的呢？为什么山姆·沃尔顿的小型廉价连锁商店发展成了世界连锁零售巨头沃尔玛？为什么井深大于 1945 年在东京一处废墟中召集起来的一群乌合之众——其最初的产品是一种以失败而告终的电饭锅——最终逐步发展壮大，成为知名的索尼公司？为什么老托马斯·J. 沃森能够领导小到不起眼的计算制表记录公司，并将其发展成国际商业机器公司，也就是今天大家所熟悉的 IBM？还有最重要的一点，到底是哪些因素使得这些案例中的公司在初期有别于那些全靠运气，或者甚至是侥幸的公司？对此，我当时无法给出令人满意的答案。

与此同时，就在一墙之隔的地方，在我并不知情的情况下，写作这本书的第二个原因产生了。我的同事杰里·波勒斯之前用了 20 年的时间一直在研究这样一个问题：如何对组织机构进行改革，使其工作环境更合理，工作业绩更突出。当他开始把自己一生的研究成果整合到一个总体框架中的时候，发现缺少了一个关键环节：哪些因素推动组织机构的健康发展，使其具有持久的竞争优势呢？

回顾百年的发展历史我们就会发现，大部分经营良好的组织机构所采用的基本管理措施和方法几乎都是一样的，然而真正发展成百年基业的却凤毛麟角。你可以将民主政府的实际做法普及到世界各地，但事实却是有些国家在历史发展进程中成为伟大富强的国家，而另外一些国家，那些也采纳民主政府做法的国家，却没有做到这一点；大多数高校都采用同样的基本做法，它们都互相学习，但真正达到哈佛大学、斯坦福大学或者加州大学伯克利分校那样高度的学校屈指可数；大多数主流报纸都采用同样的新闻从业标准，然而只有为数不多的报纸达到了像《纽约时报》或《华尔街日报》那样标志性的和有影响力的地位。无论是梅约医学中心、美国海军陆战队、国际仁人家园，还是救世军组织——这少许几个精心筛选出来的组织机构远远超越了单纯的“成功”层次，都将自身与整个社会完全融合在一起，没有它们的世界是难以想象的。

在企业与公司这一方面，我们也看到了同样的模式。无论我们探讨的是科学管理原则、统计质量控制基础、目标管理、六西格玛企业管理战略、权力下放、企业再造，还是战略规划，其模式都是一样的：随着时间的推移，一些最好的做法都会逐渐传播到所有大公司里。然而，有些公司会真正做大做强，有些却做不到，尽管它们都采用了完全相同的最佳管理方法。

人们自然会问：为什么？

杰里逐渐意识到，同普通企业相比，真正伟大的公司会采取一种本质上完全不同的方法思考自身的问题。他逐渐明白了一个道理，即这些公司有自己的指导理念或精神，正是因为如此，它们才超越了平凡，摆脱了唯利是图的短视行为。杰里希望能在自己学术生涯的最后几年中专心研究这些深奥难懂却极其重要的变量——这些模棱两可的术语，比如“视野”、“目的”、“价值”和“使命”。

之后不久，杰里无意中看到了我写的一篇小文章，内容是关于在创建百年基业过程中使命的作用。于是他给我留了一条语音信息，其中有句话是这样说的：“我想我们俩对一些同样的问题产生了兴趣。既然我们是同一个系的同事，或许我们应当找个机会一起聊一聊。”

于是我们就聊了聊。一开始我们俩展开了激烈的辩论，辩论的焦点是当我们谈及使命和目标时，指的是概念上不同的思想还是本质上相同的概念。我强调的是使命，而杰里强调的是目标。我们俩的争论听起来有点儿像絮絮叨叨的啤酒广告："口感好！""纯度高！"就这样，我们开始了愉快的合作，最终写出了《基业长青》这本书。

有一点要特别感谢杰里：我们俩的合作关系是平等的，尽管他比我年长 20 岁，并且是终身教授，还曾经担任过斯坦福大学的教务长。在我事业发展的这一关键时期，我十分幸运能遇见杰里这位导师和同事，因为他更关心的是这一研究工作的最终成功，而不是谁获得荣誉或占据首位。在这本书最后署名时，我们俩是按照字母顺序排名的——柯林斯（Collins）和波勒斯（Porras），而不是以资历排名。现在回想起此事，我依然感慨不已。

我和杰里绞尽脑汁，全力以赴思考应当如何进行严谨的科学研究：如何解决我的那个学生提出的有关"运气"的难题？如何对类似"视野"和"价值"这种模糊的主题进行严谨的分析？如何确定创造百年基业的变量？如何确定能够把标志性机构——那些将自身与整个社会完全融合在一起并改变世界的机构同众多平庸企业区分开来的原则？

就在此时此刻，杰里提出了两个精彩绝伦的深刻见解。

第一个想法是把"遗传双胞胎研究"应用到社会体制中。遗传双胞胎研究是一种有趣的研究工作，是在研究过程中找到两个一出生就分开的双胞胎，研究他们的生活轨迹，然后利用这一自然实验收集有关先天与后天争论的观点。大多数行业在诞生之时至少能给我们提供一对"双胞胎"或者"相互匹配的双胞胎"，即在诞生时代、市场机遇、面对的人口数量、技术更替以及社会经济发展趋势方面相同的两家公司。但是，当按动历史快进键，向前推进 25 年、50 年或者 100 年的时候我们就会发现，其中有些公司发展壮大，成就百年基业，而它们的兄弟公司却没有做到。

我们可以思考一下 GE 和西屋电气公司的情况。这两家公司都成立于 20 世纪之交，属于新生的电气行业，并且都拥有资本，面临着千载难逢的机会，可以向大众传播推广电气产业。但是，到了 20 世纪末，通用电气公司和西屋电气公司却发展成了完全不同的公司：通用电气公司成了名副其实的标杆企业，可能是 20 世纪末全球最具影响力、最受欢迎的公司；而西屋电气公司尽管也比较成功，却没有达到同样高度。杰里的想法是对精选出来的一组行业双胞胎（相互匹配的双胞胎）进行研究，将其作为对照的回顾性自然实验。

杰里的第二个重要想法是：时间可以证明一切。你可能因为运气不错能够生存 5 年或者 10 年，却无法仅凭运气生存 50 年或 100 年。很难相信，像强生公司（始创于 1886 年）、宝洁公司（始创于 1837 年，比美国内战还要早 20 多年）或者花旗公司（始创于 1812 年，同年拿破仑进军莫斯科）这些公司的经久不衰完全得益于纯粹的运气。并且，大浪淘沙，随着时间推移，人们更有可能淘汰掉宵小之徒开办的皮包公司。正如 2000~2004 年发生的财务丑闻和企业危机，你可能可以通过投机在 5 年或 10 年的时间里把公司搞得风生水起，但这种现象一定不会持续 50 年或 100 年。

我们利用这两种以方法论为指导所得出的深刻见解，决定进行时间跨度更大的匹配研究，先研究一下那些发展到标杆高度并将这一高度维持了 50 年、100 年，甚至 150 年的企业，然后将这些公司的发展历史同与它们关系最近的行业双胞胎进行系统比较，进而找到区别百年基业与平庸企业的永恒原则。这就是《基业长青》这本书的核心内容。

我们被经常反复问到的一个问题是自我们完成《基业长青》一书之后，书中列举的公司发展状况如何。当然，《基业长青》中的一些公司在发展过程中也曾挣扎过，比较典型的，像华特迪士尼公司、波音公司、惠普公司和索尼公司，但也有一些公司，比如 IBM、宝洁公司、强生公司、通用电气公司、美国运通公司和沃尔玛公司，一直发展得非常顺利。令人欣慰的是,《基业长青》中的大部分公司都表现出了强大的生命力，投资组合优于市场表现（正如 1925 年以来，这些公司在过去 70 年中所表现的那样），尽管其间发生了很多事情，从互联网泡沫到“9 · 11”恐怖袭击等等。

然而，即使实际情况并非如此，有关公司近期业绩的问题也与本书基本观点没有关系。因为一方面，正如我们在第一章中所写的那样，对于真正伟大的企业来说，其标志性特点并非是没有遭遇过困难，而是有能力克服困难，变得比以前更强大。我们在 1994 年出版《基业长青》这本书时，IBM 正处于企业机构重组的旋涡之中。我们遭到各方嘲笑，因为我们把该公司纳入了本书之中。但是 10 年之后，当我在撰写这篇序言时，IBM 已经脱胎换骨，再次成为全球最著名的公司之一。无论对于个人、组织或是国家来说，伟大的标志都是韧性（而不是完美）。另外，即便我们列举的一些陷入困境的企业没有东山再起、重现昔日辉煌（这是很有可能的），仅凭这一事实，也不能动摇我们从《基业长青》一书中得出的基本理念。

我们换一个角度思考这个问题：假设我们研究的是 20 世纪 60 年代和 70 年代加州大学洛杉矶分校的篮球王朝。这支队伍在教练约翰 · 伍登的带领下，在 12 年的时间里 10 次夺取美国大学生篮球联赛冠军。若我们再把伍登带领的加州大学洛杉矶分校棕熊队与同一时代没有成就篮球王朝的另一支队伍进行比较，比如加州大学伯克利分校金熊队，或者我们再进一步假设，历史上一系列的体育王朝进行比较分析（比如 20 世纪 60 年代的绿湾包装工队与同一时期的旧金山 49 人队，纽约洋基队与波士顿红袜队，等等），这样至少能够得出创建伟大王朝的一些原则框架。

现如今，加州大学洛杉矶分校棕熊队还是一个伟大的王朝吗？答案是否定的——显然与早期不是同一个水平。但这一点是否就否定了我们在研究巅峰时期的棕熊队时得出的原则呢？不会的，当然不会如此！实际做法可能发生改变，但有关创建伟大体育王朝的原则却依然不变，即使加州大学洛杉矶分校棕熊队的队员和教练不再继续采用曾让他们成就伟大王朝的原则。假如我们对身体健康者和不健康者进行对比研究，从中得出保持身体健康的原则，比如良好的睡眠、平衡的饮食以及适当的锻炼，如果经过一段时间之后，之前身体健康的实验对象开始作息混乱、饮食失调、放弃锻炼，那这是否会动摇这些原则呢？答案非常明显，不会的。归根结底就在于，尽管最初的一些研究对象放弃了当初让他们身体健康的原则，但睡眠、饮食和锻炼依然是保持身体健康的有效原则。

我们很幸运，因为我们的读者群体素质一流，思想深刻，他们把握住了永恒原则和我们用来推导这些原则的具体公司之间的本质区别。这也正是本书历久弥新、影响广泛的原因。本书荣登《商业周刊》畅销书榜单，时间跨度超过6年，被翻译成23种语言，销量超过100万册。可以说,《基业长青》这本书没有辜负它的名字，这是我们当初不敢奢望的。

关于本书书名，我们两个人不敢贪功。创造力通常萌生于挫折之中。1994年，我们的编辑们可谓是挫败到了极点。随着出版期限的临近，我们还在否定一个又一个书名。总的算起来，中途被淘汰的各种选项大约有127个之多，其中包括《竞争力》《高瞻远瞩公司研究实录》等。

“没有书名，我们不能出版。”我们的编辑敦促道。

“没有理想的书名，我们也不能出版。”我们反驳道。

形势逐渐升级，最终，困难被提交给了哈珀·柯林斯出版社的执行主编。他回家过了一个周末，周一上午回来上班时提出了自己的想法。他把一张长5厘米、宽3厘米的记事卡片扔到我们编辑的办公桌上，说道：“请看看，这个名字怎么样？”他在上面写了简单的几个字“基业长青”。就这样，我们终于有了书名。

不过，这其中略显尴尬，因为从某种意义上说，《基业长青》这个书名并不准确。请大家不要误解我们的意思：这个名字寓意深刻，朗朗上口，因此我们至今依然使用这个名字。但是，从本书的内容来看，这个名字有失偏颇。《基业长青》这本书从本质上说，讨论的并非如何创建经久不衰的企业，因为归根结底，那些用来进行比较的公司本身也是经久不衰的。西屋电气公司同通用电气公司持续的时间一样悠久，宝来公司与 IBM 几乎历史相当，而百时美公司 Bristol-Myers 的寿命类似于强生公司。然而，尽管同样都经久不衰，但西屋电气公司、宝来公司和百时美公司都没有达到与配对公司相同的标志性高度。

那么，如果不是关于如何创建经久不衰的企业，《基业长青》的内容又是关于什么的呢？

《基业长青》的内容是关于创建经久不衰的有价值的事物，是关于创建能对其所处时代产生深刻影响的公司，并且一直有着突出表现，假如这种公司不复存在，就可能留下巨大缺憾，而这种缺憾是这个星球上所有其他公司所无法轻易弥补的。倘若华特迪士尼公司在 20 世纪 80 年代初期的收购战中被干掉，那世界上可能还会有主题公园，但没有一家能够代替迪士尼乐园。

自始至终，《基业长青》的每一页内容都暗含着一个简单的问题：到底是什么原因促使你仅仅满足于创建平庸的公司、只关心赚钱，但实际上你本可以创建一流公司，并做出持久贡献？并且最终，正如我们从研究中得到的证据所表明的那样，从长远来看，那些做出长久贡献的公司能够赚到更多的钱。

对《基业长青》这本书最严重的一个误解是：有人认为这本书是要制定放之四海而皆准的真理，一成不变，万古长青。没有什么比这种想法更不可靠的了。要想基业长青，必须因时制宜。《基业长青》中的核心概念是阴阳平衡，保持核心并推动发展。这里的关键词是“并”：

- 持续并发展
- 维护核心价值并实现伟大目标

- 保持稳定并善于扬弃
- 尊崇文化并发扬个性
- 传承并创新
- 约束并创造
- 采用系统方法并采用实验手段
- 重视意义并重视成就
- 保持核心并推动发展

那些没有掌握“并”这个词的含义的人根本没有理解我们的著作。《基业长青》的核心内容是关于矢志不移、勇于创新的动力，关于不断的刺激和难以轻易达到的渴望，关于求真务实、脚踏实地的需要，因为只有这样才能充分发挥人的潜能。从其根本来说，这不是一部有关企业发展的秘籍。我们感兴趣的是社会体制，在乎的是成就伟大事业的原动力，我们只是碰巧通过对企业组织机构的研究发现了其中的一些关键原则而已。

最后一点，那些曾读过《从优秀到卓越》的人可能想知道这两本书是如何相互契合的。我喜欢把《从优秀到卓越》视作《基业长青》的前传，尽管我们首先在1994年出版了《基业长青》，然后直到2001年才出版了《从优秀到卓越》。但从逻辑顺序上来说，的确是先有的《从优秀到卓越》——这本书是关于如何从业绩优秀飞跃到业绩卓越，后有的《基业长青》——这本书是关于如何把业绩卓越的公司转变成达到标志性高度的百年基业。换句话说，你必须首先从优秀达到卓越，然后再从卓越达到基业长青。

这两项研究之间的一个主要区别在于我们挑选公司的方式。在《从优秀到卓越》一书中，我们严格按照累计投资者回报与常规股票市场之间的关系模式选择公司。但在《基业长青》一书中，我们意在研究那些超越了经济层面的成功，最终发展成对世界产生深远影响的公司。这些公司赢得了慧眼独具的评委们的尊重，其卓越表现不是仅仅延续了 15 年，而是 50 年或者上百年。为了达到这一目的，我们采用了一种与《从优秀到卓越》完全不同的挑选模式：我们对从各种规模公司中精心挑选出来的总裁样本展开调查，因为我们认为，只有那些同目标远大的企业竞争的人才是眼光最为独到的评委。

回顾从调查开始到现在将近 15 年的时间，我们发现其中值得注意的一件事情是：这些公司中有多少依然存在、地位依然稳固。有些公司可能日益发展向上，有些可能在走下坡路，但是不可否认的是，像 IBM、索尼公司、通用电气公司、默克公司、3M 公司、强生公司、波音公司、宝洁公司、华特迪士尼公司以及沃尔玛公司这样的企业一直在改变着我们生活的世界。这些公司的创始人和设计师留下了一笔几乎无人能与之匹敌的丰厚遗产。

倘若今天要重新撰写《基业长青》这本书，我们也不会推翻其中任何一个基本概念。与 1994 年相比，如今我们对“伟大公司”概念的了解当然更透彻，也有许多可以补充的内容，但是我们对于基本调查结果的信心却从未减弱，而且我们比以往任何时候都更加深信不疑：创建经久不衰的伟大公司，那种真正有价值的百年基业，是一种高尚的事业。

吉姆·柯林斯

于科罗拉多州博尔德郡

2004 年 8 月 28 日

作者的话

当我们坐到书桌前，为《哈珀商业精华》丛书题写说明的时候，《基业长青》已经在《商业周刊》的畅销书排行榜上停留了6年之久。这样的优异成绩远远超出笔者当年最大胆的想象，《基业长青》可谓名副其实。

不过，有些滑稽的是，这个书名本身却不该归功于我们。挫折经常是灵感的源泉，1994年，负责本书的编辑简直受尽了挫折。在当初的出版合同中，我们特别加入了一则条款，保留了重大事项的最终决定权。在出版日期日益临近的时候，我们还在不断地否定书名建议。总计有127条选择项遭到拒绝，例如《竞争就是你》《伟大的梦想：成功企业研究报告》等。

严峻的情势最后引起了哈珀·柯林斯出版社执行主编的重视。经过一个周末的思考，他在星期一的时候带来了想法。“请看看，”他边说边把一张小卡片扔到我们编辑的办公桌上，“这个名字怎么样？”那上面赫然写着“基业长青”。

于是，我们有了期盼已久的书名。

现在回想起来，基业长青当然是个出色的书名，可惜仍然不够准确。我们不是从市场反应的角度来看这个问题的（别担心，我们不会再换书名），而是站在本书原本希望探讨的内容的角度。《基业长青》一书，其实不是讲如何创建“可以”长青的基业，而是说，我们应该创建那些“值得”长青的基业——创建一家有内在品质的公司，如果它不幸消亡，那会让这个世界感觉若有所失。在本书的每个章节，我们都在提同一个简单的问题：假如你可以创造辉煌的事业，可以为社会做出恒久的贡献，那为什么要满足于得过且过的平庸生活呢？何况，正如笔者研究成果所显示的那样，能够做出持久贡献的人最终也将得到更多的长期回报。

假如今天重新来写《基业长青》，我们并不会改动书中的基本原则，因为它们是经得起时间检验的。相对于1994年来说，我们对于许多有长远抱负的公司有了更加深刻的了解，并可以补充某些新的内容，但我们对全书的主旨没有丝毫动摇。相反，笔者还更加确信，创建一家恒久的伟大公司——一个真正“值得”长青的基业，乃是崇高的使命。

吉姆·柯林斯

杰里·波勒斯

再版导言

1994年3月14日，我们把《基业长青》的最后定稿交给了我们的出版商。像所有的作者一样，我们对这本书充满了期待与梦想，却从不敢把这些期望作为成功的预言。我们清楚，在一本书畅销的同时，会有10本或20本同样优秀的（可能是更好的）作品在寂寂无闻中湮没了。两年过去了，当我们写下这篇再版导言时，我们不禁诧异于这本书的成功：这本书在全世界历经40次印刷，被译成13种语言，并跻身北美、日本、南美和欧洲部分地区的畅销书之列。

衡量一本书是否成功有许多标准。对我们来说，读者的素质是最为重要的。由于一开始就有各种各样的报纸、杂志大力宣传，这本书很快就以一传十、十传百的效应在富有思想的读者中传开了。关键的正是读者。对于一个繁忙的人来说，买一本书花费15或25美元不算什么，阅读消化一本书所花费的时间才更为宝贵；相比之下，封底所标的价格就不值一提了。特别是要阅读一本以研究为基础，以理念为驱动的作品，更是如此。事实上，很多人都不读买回来的书，至少不是全读。但我们惊喜地发现这本书不单是买的人多，真正去阅读了的人也很多。许多繁忙的人，从首席执行官到高级主管到跃跃欲试的企业家，从非营利组织的领导到投资者、记者和刚刚起步的经理人，都在《基业长青》上投资了他们最宝贵的资源——时间。

我们把这本书的成功归功于以下四个因素。第一，建立一个伟大并长盛不衰的公司的理念让人们备感兴奋。我们在世界各地都遇到了这样一些高级主管，他们渴望建立一个比个人生命更伟大、更持久的组织。这样的组织扎根于一套永恒的核心价值，为利益之外的追求而生存，并能以内生的力量不断地自我更新，因而长盛不衰。

我们发现，不仅大公司中肩负重任的领导人有这种动机，中小型公司的创业者和领袖也有这种动机，而且似乎更为强烈。这样的例子不乏其人，戴维·帕卡德、乔治·默克、沃尔特·迪士尼、井深大、保罗·高尔文，还有威廉·麦克奈特，他们就像商业世界的托马斯·杰斐逊和詹姆斯·麦迪逊，建立起一套价值和行为的标准，并让人有种急迫感要去实现它们。帕卡德他们并不是一开始就是公司的巨人，他们在创业之初做的不过是些小本生意。他们从规模小、资金紧缺的小企业做起，逐步建立起一些世界上最为成功且经久不衰的大公司。有家小型创业公司的一位高级主管说："了解他们的创业之路，给了我们莫大的信心和启示。"

第二，有思想的人渴求获得能经受时间考验的指导原则。他们厌倦了"年度流行语"般稍纵即逝的管理思想。诚然，世界是在变化的，而且正在以一种加速度变化，但这并不意味着我们要放弃追寻能经受时间考验的基本观念。相反，我们比以往任何时候都更需要它们。当然，我们也需要不断地寻求新的构想和解决方法，因为发明创新是人类进步的源泉。但是对于一个公司来说，面临的最大问题不是缺乏新的管理思想（事实上，我们被众多的思想淹没了），而是不能理解最基本的原则。如果大多数经理人能够回归到基本的原则，不会时不时移情于另一个短暂诱人而又包装精美的管理时尚，那么他们对组织做出的贡献将会更大。

第三，转型期公司的经理人会发现，《基业长青》提出的观念可以让他们在不动摇一个伟大公司根基的同时（甚至在某些情况下，帮助他们首次创立这样的根基），引入可以提高效率的变革。和许多人的一般常识相悖的是，面对不断变化的世界，首先应该问的不是“我们应该怎样相应地变化”，而是“我们自身代表的是什么，我们为什么存在”，这应该是永远不变的，而除此之外的任何东西都可随机而变。换个说法，高瞻远瞩的公司能够从烦琐的做法和商业谋略中（这应该应时而变）分离出他们永恒不变的核心价值和经久不衰的使命（这应该永远不变）。这种区分对各种各样准备大转型的组织有着深远的正面影响。这样的公司很多，包括面临冷战结束的罗克韦尔国防公司和正面临放松管制的南方公用事业公司；也包括从正面临全世界反对呼声越来越高的美国无烟烟草公司，到要面临首次培养家族外领导人的嘉吉公司，以及像超微半导体公司和微软这些要超越对有远见的创立者过分依赖的公司。

图 A　高瞻远瞩公司的永远不变和应时而变

即使在《基业长青》中研究过的高瞻远瞩公司也要时时提醒自己，不要混淆核心和非核心；什么应该永恒不变，什么应该应时而变；以及什么是真正神圣的，什么不是。比如，惠普的高级主管们就经常谈及这种重要的区分，让每一个惠普人都明白，运营方式、文化标准和商业谋略的变革并不意味着惠普失去了“惠普风范”的核心精神。惠普在 1995 年的年度报告里把自己比喻成一个陀螺仪，就指出了这样的关键思想：“上百年来，陀螺仪被用来引导船舶、飞机和卫星。它的特点是，外围的轴架可以自由运动，而核心的圆盘却稳定不动。与此相似的是，惠普公司的核心也存在着稳定的品质，并引领着公司员工继续领导和适应技术与市场的变迁。”同样，强生公司也运用这一观念在改革整个组织结构，改进整个生产流程的同时，保存了包含在强生信条中的核心理念。3M 为了集中精力在持久不变的使命——用创新的方法去解决还未解决的问题，而卖掉了公司一大块难以实现创新的部分，这种戏剧化的变动令商业新闻界惊诧不已。事实上，如果说成为一个经久不衰的伟大公司有什么秘密的话，那应该就是要有把握连贯性和变化性的能力，即使是那些已经有长远目标的公司，也需要不断有意识地运用这个原则。

第四，还有更多高瞻远瞩的公司主管发现这本书肯定了他们的经营方法。我们研究中所选的公司只代表了一小部分高瞻远瞩的公司。它们以不同的形式出现：或大或小，上市的或未上市的，高姿态的或默默发展的，独立的或附属的。有些知名公司，像可口可乐、L. L. Bean（美国知名户外用品品牌）、李维斯、麦当劳、麦肯锡和州立农业保险公司，基本都属于高瞻远瞩公司，还有像耐克这样的年轻公司将来也很可能加入这一行列。然而，也有很多不那么知名的公司，其中的许多还未上市，正在隐遁中默默发展。还有一些历史悠久的公司，像嘉吉、道琼斯、联邦国民抵押贷款协会、花岗岩石材、莫仕连接器公司和 Telecare（语音信箱系统）等。其他正积极进取的公司，像博纳维尔汽车、赛普拉斯、GSD&M 广告公司、兰德马克通信公司、曼科公司、MBNA（信用卡公司）、泰勒公司、日升医疗、戈尔公司等，我们的书中也有涉及。通常，商务报道总是倾向于把我们的注意力吸引到无论是兴起还是衰落都十分引人注目的所谓的“明星企业”身上。然而，我们经常交往的是一组很不一样的公司，它们可靠而注重基本原则，它们避免过于引人注意，它们为人们创造工作机会，增加财富，并为社会做出不菲的贡献。当我们看到世界上有这么多公司在以这种方式运营时，我们不禁为此感到高兴。

跨越全球多元文化

在《基业长青》中研究的高瞻远瞩公司，18 家中有 17 家把总部设在美国，我们不敢肯定这些基本的观点在世界上其他地方会是怎样的。自从出版以来，我们开始明白《基业长青》的中心概念跨越了国家概念，适用于跨文化和多元文化的环境。我们俩陆续游历了除南极洲以外的各大洲，在这些地方开研讨会，举办讲座，与公司合作。我们也尝试在许多有特异文化的国家工作，包括阿根廷、澳大利亚、巴西、智利、哥伦比亚、丹麦、芬兰、德国、荷兰、以色列、意大利、墨西哥、新西兰、菲律宾、新加坡、南非、瑞士、泰国和委内瑞拉。尽管我们尚未踏足其他的亚洲国家，但这本书却在那里备受欢迎，并被译成了中文、韩文和日文。

建立一个经久不衰的伟大公司的强烈愿望不是美国独有的。我们在每一种文化中都发现了造钟师。全世界有觉悟的商业领袖都能从直觉上感受到永恒核心价值和追求利益之上的核心使命的重要性。他们也和美国那些建立起高瞻远瞩公司的人一样，表现出追求进步毫不松懈的动力。我们在巴西看到了胆大包天的目标，在斯堪的纳维亚半岛看到了教派般的文化，在以色列听到“择强汰弱的进化”战略，在南非看到了不断的自我改进。在世界上每一个地方，最好的公司都强调协调与合作。

事实上，我们在《基业长青》里主要研究的是美国的公司。这反映了我们自身的一种研究方法，而非全球所有公司的总体景观［我们通过对 700 位美国 CEO（首席执行官）的民意调查，列出了一份高瞻远瞩公司的名单］。历史悠久和后起直追的高瞻远瞩公司在全世界都有，像莫斯科的 FEMSA（芬莎公司），加拿大的赫斯基能源公司，巴西的欧德布莱克特公司，英国的太阳国际和日本的本田。一项新的研究倡议提出用《基业长青》的观点对一些欧洲公司进行系统分析，杰里（和 OCC 合资的一家欧洲顾问公司）还为此列出了他们建议的 18 家高瞻远瞩公司：ABB（一家位于苏黎世的电力和自动化公司）、宝马、家乐福、戴姆勒 – 奔驰、德意志银行、爱立信、菲亚特、Glaxo（葛兰素）、ING（荷兰国际集团）、欧莱雅、玛莎、雀巢、诺基亚、飞利浦、Roche（罗氏）、壳牌、西门子以及联合利华。

我们也看到了这本书中的观点是如何被运用到组织内部包含多种文化的跨国或全球性公司的。从全球范围看，作为一家高瞻远瞩公司，会把其经营方法和商业策略（这在每个国家都不一样）与其核心价值和核心使命（无论该公司从事什么行业，这在内部都是普遍而持久不变的）分开。作为一个高瞻远瞩公司，它会将其不变的核心价值、核心使命融入其在每个国家不同的经营方法中，但也会在实际操作和策略中迎合当地的文化标准和市场状况。例如，沃尔玛将其“顾客至上”的理念融入所有的海外经营中，但并不一定要把“沃尔玛式欢呼”也出口到全世界，因为那只是为加强其核心价值而发展出来的具体实践。

通过顾问工作，我们帮助跨国公司发现并阐明一个统一并在全球范围内都适用的核心理念。在一个与 28 个国家都有业务联系的公司里，有批判和怀疑精神的高级主管们，大多都不相信有可能找到一套全球通用并且有意义的核心价值和使命。然而，从调查每个主管运用到工作中的核心价值和使命开始，经过一个深刻的反思过程，这群人的确发现并阐明了一种共同的核心理念。他们还制定出一系列具体的推行步骤以建立一种合作，并在协调的基础上在这 28 个国家贯彻这种核心。这些经理并未创造出一种全新的核心价值和使命，他们仅仅发现了一种原本就共同拥有，只不过因为缺少合作和对话而不为人所注意的核心。一位高级主管说：“15 年来，我第一次发现我们有着共同的特性。那些遍及半个地球的同事尽管有着迥然不同的做法和策略，却都坚守着同样的基本理想和原则。当我知道这样的事实时，我的感觉非常好。多样化是一种力量，特别是当它们都来源于对我们代表什么和为什么我们会存在有一致的理解时，更是如此。现在我们要保证这个核心贯穿于整个制度并且能持续下去。”

当它们运营最佳时（并不经常如此），在不同的文化中经营时经久不衰的伟大公司从不放弃它们的核心价值和高要求的行为标准。正如一个有上百年历史，私人所有并拥有数十亿资产的高瞻远瞩公司的 CEO 所说：“我们本来要花费更多的时间适应一个新的文化，特别是当我们很难找到适合我们价值系统的员工时。例如在某些国家，腐败欺诈猖獗，因此，我们前进的速度只能取决于能否找到符合我们标准的人。我们宁愿放弃那些得背弃我们的原则才能获得的商业机会。尽管如此，在许多竞争对手早在 50 年前就消失了的状况下，百年后的我们仍然屹立不倒，并且每六到七年规模就增大一倍。原因就在于我们坚持了不为利益降低我们标准的原则。我们带着长远的眼光看待一切事物，并且一直如此。”

对公司以外的机构的价值体现

由于我们把研究范围限定在营利性的公司，我们当时并不能预料我们的研究结果会对公司外的人有什么吸引力。自从出版后，我们逐渐发现这本书说到底并不仅仅是一本商业书，而是一本关于构建伟大而经久不衰的人类组织的书，无论这种组织是什么形式。来自各种各样非公司形态的组织的报告显示，这本书的观念，无论是对美国癌症协会这样的事业性组织，还是对校区、学院、大学、教堂、团队、政府，甚至家庭和个人，都是很有价值的。

例如，大量的保健组织发现，在这个日新月异，竞争越来越大的世界，学会区分它们的核心价值和日常的做法、谋略，对保持它们的社会使命感有着极为重要的作用。一位大学的托管理事运用同样的思想区分永恒的学术自由的核心理念和教员任期内的工作方法。他解释说："这种区分对我推动对日益陈旧的任期制度的改革，同时又不失掉最重要的核心理想有着无可估量的作用。"

这种理念相信，有强烈教派般文化，并以"造钟"理念构建的组织，可以超越有远大眼光的创始人。这种观念帮助了一大批社会事业性组织，"城市年"就是其中一个。他们开展社区服务项目，鼓舞成百上千的年轻大学生组成了一支号称"国内和平队"的队伍，共同为改善美国国内城市的计划做出努力。正像其他社会事业组织一样，"城市年"根源于一群能给人鼓舞，有着远大眼光，并带着强烈社会使命感的创始人。其中一位创始人，艾伦·卡赛想把他那使命般的激情和梦想变成组织本身的特质，而不需要依赖包括他自己在内的任何个人领袖。于是，他把一个单纯的社会梦想变成了构建一个带着永恒使命的组织。这是一个从成为报时者到成为造钟师的根本变化。社会事业组织的建立通常始于解决一个具体的问题，正像公司常常始于一个具体奇妙的构思或适时的商机。但是，正如所有的伟大构想或商机最终都会过时一样，建立一个社会事业组织所服务的目标最终也会达到或变得不再重要。这样，对于建筑一个长盛不衰的组织来说，找到一个比建立之初的目标更深更持久的使命就显得尤为重要了。

因此，我们可以看到，营利性高瞻远瞩公司和非营利性高瞻远瞩组织并没有根本的区别。两者都面临如何超越对个人领袖或伟大构想的依赖，并依靠一套永恒的核心价值及追求核心利益的使命获得成功。两者都要随着世界的变化而变化，同时保存它们的核心价值和核心使命。两者都受益于教派般的文化和谨慎的接班人培养计划。两者都需要积极向上的机制，需要胆大包天的目标，需要尝试、创业精神或是一种不断自我改进的机制。两者都需要创造一致的合作以保存它们的核心价值和使命，同时刺激进步。当然，营利性和非营利性组织在结构、竞争动力和组织原理方面都不一样，但两者在构建一个长盛不衰的伟大组织的精神方面却是一致的。

我们也逐渐看到，《基业长青》提出的观念在社会、政府层面得到了有效应用。拿日本和以色列来说，它们就尝试围绕一种强烈的核心使命、核心价值、合作机制以及国家胆大包天的目标，来培养凝聚力很强的社会团体。正如历史学家塔其曼夫人在她的《实践中的历史》（*Practicing History*）中所说的："尽管以色列的问题很多，它仍然有一个主要的优势——一种强烈的使命感。以色列人也许不会富足，也许不会安宁，但正因为如此，他们保存着会被富足扼杀的动力。"这种动力不依赖于目光远大、魅力型的领袖而存在。它深深地扎根于以色列社会的构架中，并通过诸如全民服兵役这样强有力的机制不断地得到加强。正如一位著名的以色列记者所形容的："以色列不像其他许多国家，它实际拥有一种经久不衰的使命感，这种使命感让每一个以色列人坚守这样的信念：要在这个地球上为犹太人寻求一片安全地。"

在美国，独立宣言和葛底斯堡演说中也精彩地阐明了一套国家核心价值。但我们还需要更好地理解我们经久不衰的核心使命。当绝大多数以色列居民可以告诉你为什么以色列可以存在时，我们却很怀疑我们能否在现代的美国找到同样的凝聚力。并且大多数美国居民似乎混淆了我们永恒的核心价值和一般的做法、结构、策略。不控制枪支是核心价值还是一种做法？《平等权利法案》是核心价值还是一种策略？在国家的层面上，我们运用"保存核心，刺激进步"的观念区分核心价值和做法、谋略，并从中受益。这种区分让我们在保存国家理想的同时促进有效的变革。

最后，也是最令笔者好奇的是：一大群读者向我们反映，这本书的关键概念对他们的个人和家庭生活十分有用。许多人还利用"保存核心，刺激进步"的阴阳之说，来解答关于自我认知和自我更新的人生哲学问题。"我是谁？我代表的是什么？我的目标何在？如何在这个纷繁杂乱、不可预测的世界里保持自我意识？如何为我的生活工作寻找意义？如何让我保持新鲜感，全身心投入并保持活力四射？"与过去一样，这些问题在今天依然困扰着我们，甚至有增无减。由于工作安全网的破灭和变革步伐的加快，世界的不确定性和复杂性日增，那些过去依赖外在的机制来保持一致性和稳定感的人面临着失去依靠的风险。而稳定唯一真实可靠的源泉就是一种强烈的内心信念和适应变革的意愿，以及应时调整改变除核心外一切事物的做法。人们不可能准确地预料他们将会去哪里，他们的生活将如何展开，特别是当今天的世界变得不可预测时。那些建立起高瞻远瞩公司的人敏锐地意识到，认识“你是谁”比知道“你要去哪里”更为重要。因为“你要去哪里”几乎肯定是要改变的。无论是对于我们的个人生活，还是对那些胸怀远大抱负的公司，都是如此。

继续学习和未来工作

自从《基业长青》出版以来，我们学到了很多东西，但我们还有更多东西要学。我们认识到报时者可以变成造钟师，并且学会如何帮助他们完成这个过渡。我们认识到，如果有什么不足的话，那就是我们低估了合作的重要性，我们学到了更多如何在组织内部创造密切合作的学问。我们认识到，正确地设定使命比单纯持有核心价值对组织的影响更为深远。因此，公司应该多花心思在使命认同上。我们认识到，兼并和收购给高瞻远瞩公司带来了特殊的问题，并且学会如何帮助这些组织在《基业长青》的框架下考虑兼并和收购。我们学会如何把这些理念运用到跨文化和非公司的情形中。我们认识到 21 世纪经久不衰的伟大公司将比 20 世纪的公司更需要根本不同的结构、谋略、做法、机制。然而，我们在《基业长青》中提出的基本观念将成为重要的，或者可能的话，将会成为设计组织未来更重要的框架。

一种内在的驱动力驱动我们去学习、去传授，并且这种动力不会因为这本书的结束而消失。这本书仅仅是一个开始。我们继续渴求获得新的洞察力，发展新的概念和构想，创造有所作为的实际应用工具。吉姆在科罗拉多的博尔德建立了一个学习实验室，并和其他机构合作继续现有的研究。杰里则继续在斯坦福大学商学院执教研究，并在那里开设了一门关于高瞻远瞩公司的课程。作为我们研究的一部分，如能收到读者们来信告诉我们你们有关运用该书的经验和观察结果，或者提出问题、挑战，或者提出我们应该在将来工作中注意到的问题，我们将备感荣幸。我们期待着您的来信。

吉姆·柯林斯于科罗拉多州博尔德郡

杰里·波勒斯于加州斯坦福

序　言

我们相信，世界上每一位 CEO、经理人和企业家都应该阅读这本书。每一位公司董事、顾问、投资人、新闻记者、商学院学生，每一个对世界上最成功企业的出众特质有兴趣的人，也都应该阅读这本书。我们如此斗胆声明，并非因为我们写了这本书，而是因为书中提到的公司确有很多可供借鉴之处。

我们做了长期研究，写出这本书，就我们所知，没有人这样做过。我们选出一组真正杰出、历经岁月考验的公司——这些公司的平均创立日期是 1897 年，从它们创业之初开始研究，历经所有的发展阶段，一直到今天为止。同时，我们也把它们和一组历史相当但是未能获得同等地位的优秀公司做比较研究。我们研究它们处于草创时期的状况，研究它们处于中型企业、大型公司时的情形，研究它们如何应对世界发生的急剧变化（两次世界大战、“大萧条”、革命性的科技、文化动荡等等）而基业长青。在整个研究、写作期间，我们不断地问：“是什么使这些真正独特的公司有别于其他企业？”

我们希望超越今天无数的管理理论和时髦概念，决心发现历百年而不变、系杰出公司于不坠的管理原则。在这个过程中，我们发现，今天很多“新颖”或“创新”的管理方法其实一点儿都不新。很多今天流行的管理方法，诸如员工持股、授权、持续改善、全面质量管理（TQM）、建立共同愿景和共同价值观等等，都是经过重新包装和更新的旧做法，有些做法甚至可以追溯到 19 世纪的最初 10 年。

但是，我们发现的东西使我们惊异，有时候甚至使我们震撼。广受支持的迷思纷纷破碎，传统的架构个个崩塌。研究做到一半，我们发现自己茫然若失，因为证据打破了我们很多的成见和“知识”。我们必须先解脱，才能再学习；我们必须破旧立新，建立新的架构，有时候还得从头做起。整个研究历时 6 年时间，但是，每一分钟都值得。

回顾我们的发现，有一点特别重要：几乎每一个人都可以担任建立杰出企业组织的主角。各个阶层数量极为庞大的经理人，都可以学习和吸取这些公司的教训。至少在我们的眼中，“企业必须依赖具有特异、神秘特质的才智之士领导，而且这种特质是别人学习不来的”，这种令人望而却步的说法，已经消失得无影无踪。

我们希望你能从本书里得到很多东西：我们希望这几百个特定的案例，能够激励你在自己的组织里立即采取行动；我们希望这些观念和架构深植在你心底，协助指引你思考；我们希望你得到可以传给别人的智慧之珠。但最重要的是，我们希望你获得信心和灵感，了解这一切经验并非只有“别人”适用，你也可以学习这些经验，建立一家高瞻远瞩、基业长青的公司。

吉姆·柯林斯

杰里·波勒斯

第1章

翘楚中的翘楚

“回顾一生的辛劳，我最自豪的，很可能是协助创设了一家以价值观、做事方法和成就对世界各地企业管理方式产生深远影响的公司；我特别自豪的是，留下一个可以永续经营、可以在我百年之后恒久作为典范的组织。”

惠普公司共同创始人 威廉·休利特

1990年

“我们必须以维系公司的活力为己任，以公司的实际成长和发扬光大这种制度为己任，以便这家公司、这种制度再延续150年，以便它延续千秋万代。”

宝洁前任首席执行官 约翰·斯梅尔

在宝洁庆祝150周年大会上的讲话

1986年

本书不是在探讨眼光远大的魅力型领袖，不是在探讨高瞻远瞩的产品观念或市场眼光，甚至不是在探讨拥有“企业梦想”的问题。

本书探讨的是更重要、更持久和更实在的事情，是一本探讨高瞻远瞩公司的书。

何谓高瞻远瞩公司？高瞻远瞩公司是所在行业中第一流的机构，是皇冠上的明珠，广受同行崇拜，对所处的世界有着深远的影响。此中关键在于：高瞻远瞩公司是一种组织、一种机构。作为领导者，无论多有魅力、多么高瞻远瞩，最后都会去世；所有高瞻远瞩的产品和服务——所有“伟大的构想”最后都会过时。的确如此，整个市场都可能过时和消失，但是高瞻远瞩公司却会长期枝繁叶茂，经历很多个产品生命周期，经历很多代活跃领导人而继续生存。

请你暂停一下，在心里拟出一张高瞻远瞩公司的名单，设法想出5~10家符合下列标准的机构：

- 所在行业中第一流的机构
- 广受企业界人士崇敬
- 对世界有着不可磨灭的影响
- 已经历很多代的CEO
- 已经历很多个产品（或服务）生命周期
- 1950年前创立

核查一下你的名单，有什么地方让你特别动容？你注意到什么共通的特性吗？什么原因可以解释它们经久不衰的素质和繁荣？它们何以有别于其他具有相同机会却没有获得同样地位的公司？

我们在一个长达6年的研究项目中，决心找出一批高瞻远瞩公司，系统地研究它们的历史发展，验证它们何以有别于一组精心选择的对照公司，从而发现它们长期拥有杰出地位的根本因素。本书呈现的就是这个项目的研究成果，以及这些成果的实际运用价值。

我们希望从一开始就声明："对照公司"不是差劲的公司，也不是完全没有远大眼光的公司。它们也是优秀的公司，大多数和高瞻远瞩公司生存得一样长久，而且营运绩效胜过一般的上市公司。但是，在我们的研究中，它们的整体地位不及高瞻远瞩公司，在大部分情况下，你不妨把高瞻远瞩公司看成金牌得主，把对照公司看成银牌或铜牌得主。

我们选择"高瞻远瞩公司"这个名称，而不用"成功的"公司或"长盛不衰的"公司，为的是反映它们是与众不同、非常特别的一种机构，绝非"成功的"和"长盛不衰的"所能充分形容的。在大部分情况下，它们是本行业里精英中的精英，翘楚中的翘楚，而且数十年如一日，许多公司成为世界经营管理方法的典范——事实上是偶像。表 1.1 所列系本研究涵盖的公司。我们声明：这些公司并非仅有的高瞻远瞩公司，后文会说明我们选择这些公司的方法。

这些高瞻远瞩公司虽然杰出，记录却绝非完美无缺。（审视一下你本人列出的高瞻远瞩公司，我们怀疑在其历史中，这些公司中的大多数，甚至所有公司至少经历过一次严重的挫折，有的可能经历过好几次。）迪士尼在 1939 年遭遇严重的资金周转困难，被迫公开上市；后来，在 20 世纪 80 年代初期，股市操盘手看上它低迷的股价，使它几乎无法以独立的实体继续生存。波音公司在 20 世纪 30 年代中期、40 年代末期都遭遇过严重的困难，到 70 年代初又遇到严重困境，裁员 6 万多人。3M 诞生之初，是一家失败的矿场，在 20 世纪初期几乎倒闭。惠普公司在 1945 年遭遇严重的挫折，1990 年眼睁睁地看着股价跌破票面值。索尼创业前 5 年（1945—1950 年）推出的产品一再失败，到 70 年代，在录像机市场争夺战中，自己的 Beta（贝塔）标准败给 VHS（家用录像系统）标准。福特汽车在 80 年代初期出现美国企业史上最大的年度亏损，3 年内共亏损 33 亿美元，之后才开始令人称羡地反败为胜和进行长久所需的企业再造。花旗银行早在 1812 年，也就是拿破仑进攻莫斯科时创立，但是在 19 世纪下半叶以及 20 世纪 30 年代“大萧条”期间，都曾营运不振，到 80 年代末期，因为应付全球不良贷款组合的问题，又苦苦挣扎。IBM 在 1914 年几乎破产，1921 年时再度濒临破产边缘，到 20 世纪 90 年代初期又遭遇困境。

表 1.1　本研究探讨的公司

高瞻远瞩公司	对照公司
3M	诺顿公司（Norton）
美国运通公司（American Express）	富国银行（Wells Fargo）
波音公司（Boeing）	麦道公司（McDonnell Douglas）
花旗银行（Citicorp）	大通曼哈顿银行（Chase Manhattan）
福特汽车公司（Ford）	通用汽车公司（GM）
通用电气公司（General Electric）	西屋公司（Westinghouse）
惠普公司（Hewlett-Packard）	德州仪器公司（Texas Instruments）
IBM	宝来公司（Burroughs）
强生公司（Johnson & Johnson）	百时美公司（Bristol-Myers Squibb）
万豪酒店（Marriott）	豪生酒店（Howard Johnson）
默克制药（Merck）	辉瑞制药（Pfizer）
摩托罗拉公司（Motorola）	顶峰公司（Zenith）
诺思通公司（Nordstrom）	梅尔维尔公司（Melville）
菲利普·莫里斯公司（Philip Morris）	雷诺公司（R. J. R Nabisco）
宝洁公司（Procter & Gamble）	高露洁公司（Colgate）
索尼公司（Sony）	健伍公司（Kenwood）
沃尔玛公司（Wal-Mart）	Ames 百货公司（Ames）
迪士尼公司（Walt Disney）	哥伦比亚电影公司（Columbia）

的确，本研究中所有高瞻远瞩公司在某些时候都曾遇到过挫折，犯过错误，有些公司在我们撰写本书时正经历困难；但是，有一点很关键，高

瞻远瞩公司都展露出可观的弹性，以及从逆境中恢复的能力。

因此，高瞻远瞩公司能够获得杰出的长期绩效。假设你在 1926 年 1 月 1 日各投资一美元，分别购买纽约证券交易所大盘指数基金、对照公司股票基金、高瞻远瞩公司股票基金，此后你把所有的股票收益进行再投资，并随着这些公司的挂牌上市而调整（未上市前都放在大盘指数基金里），到 1990 年 12 月 31 日，你投资在大盘指数基金上的钱，会升值到 415 美元，这的确不赖；你投资在对照公司股票基金上的钱，会升值到 955 美元，是投资大盘指数基金的两倍多；而你投资在高瞻远瞩公司股票基金上的钱，会升值到 6 356 美元，是投资对照公司股票基金的 6 倍多，是投资大盘指数基金的 15 倍多。（图 1.1 显示从 1926 年到 1990 年的股票回报，图 1.2 显示同期高瞻远瞩公司和对照公司与大盘指数基金的比率。）

但是，高瞻远瞩公司的成就绝不只是取得了长期的经济报酬，它们已经融入社会的结构之中。想想看，如果没有它们的产品和服务，这个世界给人的观感会多么不同！如果没有思高牌胶带和“如意贴”便条，没有福特 T 型车和野马车，没有波音 707 和波音 747 喷气式客机，没有汰渍洗衣粉和象牙香皂，没有美国运通卡和旅行支票，没有花旗银行率先大举推广的自动柜员机，没有强生的邦迪和泰诺止痛药，没有通用电气的电灯泡和家电产品，没有惠普的计算机和激光打印机，没有 IBM 的 360 系列电脑和 Selectric（电动打字机），没有马里奥特连锁酒店，没有默克制药厂的抗胆固醇药，没有摩托罗拉的手机和寻呼机，没有诺思通对顾客服务标准的影响，没有索尼的特丽珑彩电和随身听，这个世界会是多么不同。想想看，有多少小孩（和成人）跟迪士尼乐园、米老鼠、唐老鸭和白雪公主一起长大。想想看，如果美国都市的高速公路旁没有万宝路牌香烟特有的牛仔广告板，如果美国乡间没有沃尔玛商店，又会是什么样的情景。无论是好是坏，这些公司已经为世界留下了不可磨灭的烙印。

如果能够了解这些公司为什么会自成一格，成为我们认定的高瞻远瞩

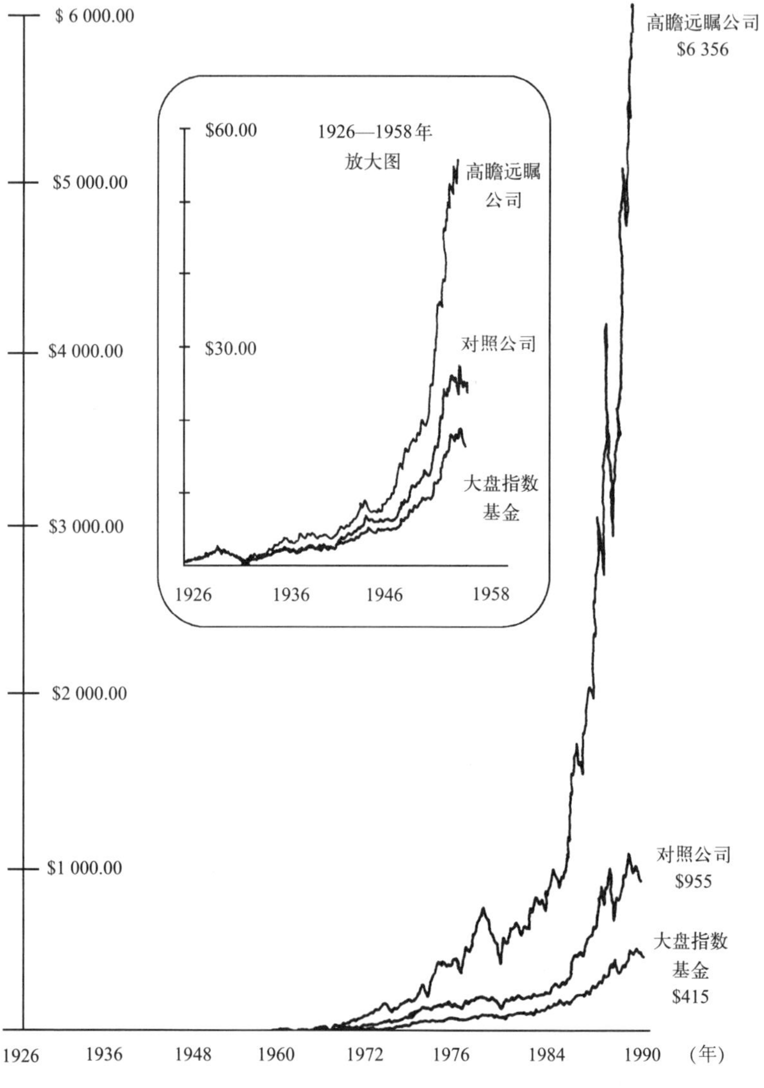

图 1.1　投资 1 美元的股票回报（1926 年 1 月 1 日—1990 年 12 月 31 日）

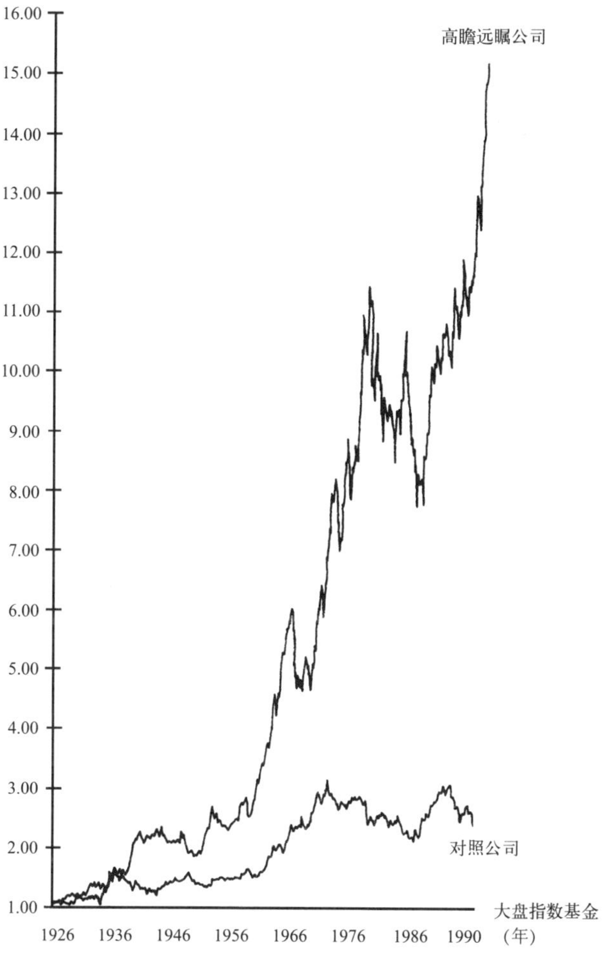

图 1.2　大盘指数基金之累积回报率（1926—1990 年）

公司，那将是令人兴奋的事。它们是如何草创的？它们从小小的新创企业茁壮成长为全球性的机构，在发展期间是如何应付不同变化的？它们成为大企业后又是什么样的共同特质使它们有别于其他大公司？我们可以从它们的发展中获得什么有用的教训，以便有志创立、发展和维持这种公司的人士加以应用？我们请你一起来探索这些问题的答案。

本章的后半部说明我们的研究方法，然后在第 2 章一开始就呈现我们的发现，包括一些令人惊异和违反直觉的发现，但首先请允许我们说明 12 个在研究过程中打破的迷思。

破除 12 个迷思

迷思 1： 伟大的公司靠伟大的构想起家。

事　实： 靠“伟大的构想”创立公司可能是个馊主意。高瞻远瞩公司创业时，没有几家拥有伟大的构想。事实上，有些公司创立时根本没有特定的构想，有几家一开始就错误连连。此外，不管创业理念如何，高瞻远瞩公司初期所缔造的事业成就远不如本研究中的对照公司。就像龟兔赛跑的寓言一样，高瞻远瞩公司起步时经常步履蹒跚，最终却赢得长距离的竞赛。

迷思 2： 高瞻远瞩公司需要杰出而眼光远大的魅力型领导者。

事　实： 高瞻远瞩公司绝对不需要眼光远大的魅力型领导，事实上，这种领导对公司的长期发展可能有害。高瞻远瞩公司历史上若干最出众的 CEO，并不是高姿态魅力型领导的典型——的确如此，有些人刻意避免做这种典型。就像美国制宪会议时的建国先贤一样，他们专心致志地建构一种大而持久的制度，并不刻意成为伟大领袖。他们追求的是制造时钟，而不是成为报时人。和对照公司的 CEO 相比，高瞻远瞩公司的 CEO 更倾向这样。

迷思 3： 最成功的公司以追求最大利润为首要目的。

事　实： 这一点和商学院的教诲恰恰相反。纵观这些高瞻远瞩公司的历史，“尽量增加股东的财富”或“追求最大利润”一向不是主要的动力或首要目标。高瞻远瞩公司追求一组目标，赚钱只是目标之一，而且不见得是最重要的目标。不错，它们都追求利润，但是它们同样为一种核心理念所指引，这种理念包括核心价值和超越只知赚钱的使命感。但有趣的是，高瞻远瞩公司要比纯粹以赢利为目标的对照公司赚钱更多。

迷思 4：高瞻远瞩公司拥有共通的“正确”价值观。

事　实：就高瞻远瞩公司而言，没有放诸四海皆准的“正确”核心价值。的确如此，两家公司可能拥有截然不同的理念，却一样高瞻远瞩。高瞻远瞩公司的核心价值甚至不见得要能“启迪人心”或“合乎人道精神”，虽然通常如此。此中重要的变数不在于公司理念的内容，而在于公司的一切作为都能遵循核心价值。高瞻远瞩公司不问“我们应该珍视什么”，只问“我们究竟实际珍视的是什么”。

迷思 5：唯一不变的是变动。

事　实：高瞻远瞩公司几乎都虔诚地维持核心理念，很少改变。高瞻远瞩公司的核心价值稳如磐石，不会随着时代的风潮改变；在某些情况下，核心价值经历百余年而一成不变。高瞻远瞩公司的基本目的、生存原因可以作为千百年的指路明灯，就像地平线上恒久不变的星星一样。但是高瞻远瞩公司在稳保核心理念之余，也展现出追求进步的强大动力，可以改变和适应而无损于珍视的核心理念。

迷思 6：绩优公司事事谨慎。

事　实：外人可能觉得高瞻远瞩公司严肃而保守，其实它们勇于投身“胆大包天的目标”。这种目标像攀爬高山，像登陆月球，可能令人畏惧，也许风险很高，但是其中的艰险、刺激和挑战吸引勇士，使他们活力迸发，并创造巨大的前进动力。高瞻远瞩公司巧妙地运用胆大包天的目标，激发进步，在历史的关键时刻奋勇超越对照公司。

迷思 7：高瞻远瞩公司是每一个人的绝佳工作地点。

事　实：只有极度符合高瞻远瞩公司核心理念和要求标准的人，才会发现那里是他们绝佳的工作地点。到这种公司工作，你不是觉得轻松胜任、前途光明、再快乐不过了，就是像病毒一样被排挤。这是两极化的问题，没有灰色地带。几乎像教派一样，高瞻远瞩公司对自身的主张、对本身希望达成的成就极为明确，根本容不得那些不愿或不符合它们确切标准的人。

迷思 8：最成功的公司的最佳行动都来自高明、复杂的战略规划。

事　实：高瞻远瞩公司部分最佳行动来自实验、尝试错误和机会主义，说得正确一点儿，是靠机遇。时过境迁之后，看似高明的远大眼光和事前规划经常都是“我们多方尝试，保留可行的项目的结果”。就这一点而言，高瞻远瞩公司是在模仿生物物种的进化。我们发现达尔文的《物种起源》中的这些概念，比任何讲公司战略管理的课本都能更好地说明某些高瞻远瞩公司的成功之道。

迷思 9：公司应礼聘外来的 CEO，才能刺激根本变革。

事　实：在总结本书所有高瞻远瞩公司的历史后，我们发现，在它们共长达 1 700 年的岁月中，只有 4 个 CEO 是外聘的，而且只在两家公司出现过。高瞻远瞩公司由自行培养的经理经营的比率远远超过对照公司（6 倍）。这一点粉碎了“自己人没有重大变革和新鲜构想”的一般看法。

迷思 10：最成功的公司最注重的是击败竞争对手。

事　实：高瞻远瞩公司最注重战胜自己，反而不把成功和击败对手当作最终目标。能够击败竞争对手是他们不断自问“如何自我改进，使明天做得比今天好”的附带结果。它们天天自问，把它当成规律的生活方式，有些公司这样做了 150 多年。不管它们多有成就，不管它们超前对手多远，它们从来不认为自己已经“做得足够好了”。

迷思 11：鱼与熊掌不可兼得。

事　实：高瞻远瞩公司不会用非此即彼的二分法使自己变得残酷无情。非此即彼是一种纯粹理性的看法，认为不是这样就是那样，二者不能兼容并蓄。选择稳定，就不能选择进步；要求教派般的文化就不能有个人的自主性；要用自行培养的经理，就不会有根本的变革；要采取保守的做法，就不能有胆大包天的目标；要赚钱，就不能根据价值观和目的行事。高瞻远瞩公司并非如此，它们采用“兼容并蓄的融合法”，以这种互相矛盾的观点追求鱼与熊掌兼得。

迷思 12：公司高瞻远瞩，主要依靠“愿景宣言”。

事　实：高瞻远瞩公司获得这种地位，主要不是因为发表了愿景宣言（不过它们通常都有类似的声明）；它们跻身伟大公司之林，也不是因为它们写就了今天在经理人之间流行的某种愿景、价值观、目标、使命或发人深省的声明（但是它们比对照公司更常写下这种宣言，并且是在其流行之前几十年就写出来了）。在建设高瞻远瞩公司的过程中，拟出一篇宣言可能是有用的一步，但只是一千个步骤里的一步而已。

研究项目

缘起：谁是 3M 高瞻远瞩的领袖？

1988 年，我们开始探究企业“愿景”的问题。确实有“愿景”这种东西吗？如果有，它到底是什么？从何而来？为什么企业会做出高瞻远瞩的事情？“愿景”这个词颇为报章杂志和管理学者注意，可是我们对于所看到的东西却很不满意。

例如，有太多的人搬弄、运用“愿景”这个词，运用的方式大不相同，造成了混乱。有人认为愿景使人像算命仙哲一样能看到未来的市场；有人认为，愿景是洞察科技或产品的能力，就像制造苹果电脑一样；也有人强调愿景是组织为未来编织的美梦，包括价值观、目的、使命、目标、理想工作场所的形象等。结果众说纷纭，莫衷一是。难怪有这么多精明实际的企业界人士对于整个“愿景”的观念持高度怀疑，这一名词实在是太模糊，太不实际了。

此外——这一点最令我们困扰，几乎在所有和愿景有关的讨论和文章里，都隐隐浮现所谓的“高瞻远瞩的领袖”，这种人经常都深具魅力和知名度。但是，扪心自问，如果高瞻远瞩的领袖对杰出组织的发展这么重要，请问 3M 的魅力型高瞻远瞩领袖是哪一位？我们不知道。你知道吗？几十年来，3M 一直是广受赞赏——几乎可以称之为“崇拜公司”，可是没有几个人说得出 3M 现任 CEO 的名字，或者前任或再前任 CEO 的名字。

很多人会说 3M 是高瞻远瞩公司，但是，无论是现在还是过去，3M 似乎都没有一位堪称典型、知名度高，又高瞻远瞩的魅力型领袖。我们查阅 3M 的历史，知道这家公司在 1902 年创立，所以，即使 3M 有过一位高瞻远瞩的领袖，几乎也可以确定早就过世了（到 1994 年，3M 一共历经 10 位 CEO）。很明显地，也不能把 3M 大部分的成就归功于某种高瞻远瞩的产品观念、市场洞察力或幸运，没有什么产品或幸运能够创造公司近百年的优异表现。

我们想到，3M 代表的是超越高瞻远瞩的领袖、高瞻远瞩的产品、高瞻远瞩的市场洞察力或高瞻远瞩、激励人心的宣言以外的事物，因此我们认定这家公司是高瞻远瞩公司。我们就这样展开了深入的研究。简单地说，我们这个研究项目有两个主要目的：

1. 找出最为高瞻远瞩公司共同拥有、使它们有别于其他公司的基本特质和动力，并把这些发现化为有用的观念架构。

2. 有效地把这些发现和观念向大家介绍，以便影响管理方法，造福想创立、发展和维持高瞻远瞩公司的人士。

第一步：确定研究对象

经过考虑，我们决定自己不应该拟具名单，因为我们有可能偏爱某家公司，而不喜欢另一家，我们对企业界可能了解得不够，可能偏爱我们比较熟悉的科技公司和设在加州的公司。

为了让个人偏见减到最少，我们决定在大范围的基础上，找出不同规模、产业、形态和地理位置的杰出公司，针对这些公司的 CEO 进行调查，请求他们协助拟定高瞻远瞩公司的名单以供研究。我们相信，杰出公司的 CEO 们以其最高层从业者的独特有利地位，在选择公司时应该有最明智、最独到的判断。我们对 CEO 提供的信息十分信任，超过学术界人士提供的材料，因为他们经常接触建立和管理公司的实际业务。我们认为，他们对本身所属行业和相关产业，应该拥有绝佳的实务知识。我们也认为，高效率的 CEO 会密切注意与本公司合作或竞争的公司。

1989 年 8 月，我们从下列公司名单中精心选择了 700 位具有代表性的 CEO 进行调查：

- 《财富》杂志 500 强工业公司
- 《财富》杂志 500 强服务业公司
- 《公司》杂志 500 强未上市公司
- 《公司》杂志 100 强上市公司

为了确保选出的公司能代表各行各业，我们根据《财富》杂志工业和服务业两种500强企业排行榜，从不同产业类别分别选择CEO，两种排行榜各选250位。《公司》杂志的排行榜可以保证找到较小型公司的适当代表，上市和未上市的公司也一样（我们从这两种名单中，各调查了200家具有代表性的公司）。我们要求每位CEO最多提名5家他们认为“最为高瞻远瞩”的公司，我们特别要求他们亲自回答，不要授权组织里的其他人回答。

我们一共收回165份问卷，回收率是23.5%，平均每份问卷上列出3.2家公司。经过一系列的统计分析，证实收到的是名单中的代表性样本。换句话说，没有哪个组织的CEO主导了最后的调查名单，我们得到了全美各地、各种形态及规模的公司提供的代表性资料。

我们应用这些调查资料，找出CEO最常提到的20家组织，拟出一份供研究的高瞻远瞩公司名单，然后剔除1950年以后创立的公司，因为我们认为，如果是1950年前创立的公司，就已经自行证明其成功并非受惠于单一领导或一个伟大的构想了。我们严格采用1950年以前创立的标准，把研究用的最后名单减为18家公司，其中最年轻的公司在1945年创立，最老的公司在1812年创立。在我们做调查时，这18家公司的平均年龄是92岁，平均创立日期是1897年，居中的创立日期是1902年（创立年份请参见表1.2）。

表1.2　高瞻远瞩公司的创立年份

	创立年份	公司名
	1812	花旗银行
	1837	宝洁公司
	1847	菲利普·莫里斯公司
	1850	美国运通公司

（续表）

	创立年份	公司名
	1886	强生公司
	1891	默克制药
	1892	通用电气公司
	1901	诺思通公司
中点	1902	3M
	1903	福特汽车公司
	1911	IBM
	1915	波音公司
	1923	迪士尼公司
	1927	万豪酒店
	1928	摩托罗拉公司
	1938	惠普公司
	1945	索尼公司
	1945	沃尔玛公司

第二步：避免“发现大楼”的陷阱（使用对照组）

我们可以简单地把这些高瞻远瞩公司放在一起进行研究，探讨它们的共同特质，但这种分析方法有一个根本的缺陷。

如果我们只寻找共同特质，会有什么结果呢？举一个最极端的例子，我们会发现这 18 家公司全都有自己的大楼！也就是说，高瞻远瞩公司百分之百和它们的大楼相关。同样的道理，我们也发现，办公桌、支付系统、董事会、会计系统和高瞻远瞩公司也存在百分之百的相关性。总之，读者知道我们所说的意思。如果我们就此下一个结论，说拥有大楼是成为高瞻远瞩公司的关键因素，一定是荒谬至极。不错，每家公司都有大楼，所以，发现高瞻远瞩公司百分之百拥有大楼毫无价值。

我们这样不厌其烦，是因为有很多研究和文章陷入这种常识性陷阱。假设你研究一组成功的公司，会发现它们强调重视顾客、改善品质或授权，你怎么知道自己发现的管理方法，其价值可能只等于发现公司拥有大楼呢？你怎么知道这种发现确实是使成功公司和其他公司有区别的东西？你不知道，也不会知道——除非你有一个对照组，有一群对照公司。

关键问题不在于“这些公司有什么共同之处？”而在于“这些公司本质上有什么不同？什么东西使这些公司有别于那些公司？”因此，我们得出一个结论：要达到我们的研究目标，只有拿高瞻远瞩公司和起步类似的其他公司做对照研究，这才是唯一的方法。

我们系统地为每一家高瞻远瞩公司精心选择了一家对照公司（见表 1.1）。选择的标准如下：

创立时代相同：对每一家高瞻远瞩公司，我们都找一家和它在相同时代创立的对照公司。本研究中对照公司的平均创业日期是 1892 年，高瞻远瞩公司则是 1897 年。

创业时产品和市场相似：我们还寻找与其在创立初期拓展类似产品、服务和市场的对照公司，但是在后来的岁月里，所属产业不一定和高瞻远瞩公司相同，我们希望找出起步相同、最后未必处在相同地位的公司。例如，摩托罗拉（高瞻远瞩公司）拓展到远超出消费类电子产品之外的领域，但顶峰公司（它的对照公司）却没有；我们希望找出导致这些差距极大结果的原因。

受访 CEO 提到的次数较少：我们在寻找被 CEO 们提名次数远比高瞻远瞩公司少很多次的公司，既然我们在选择高瞻远瞩公司时，主要依靠 CEO，那么在选择对照公司时，也希望依靠同样的信息来源。

对照公司不差劲：我们不希望拿高瞻远瞩公司和彻底失败或表现差劲

的公司做比较，因为我们相信如果对照公司是保守的公司（与其他优秀公司相比），会使我们的研究结果更有价值、更有可信度。如果我们拿高瞻远瞩公司和一败涂地的对手相比，所发现的差异并不会有什么价值，就像把奥运冠军和高中校队队员相比一样，找到的差异不具有意义。但是，拿奥运冠军和银牌或铜牌得主相比，找到的差异就大为可信和有用得多。我们希望比较金牌队伍和银牌或铜牌队伍，使我们的发现具有真正的意义。

第三步：历史与演进

我们决定不畏艰辛，就整个历史彻底审视这些公司。我们不只问，“这些公司达到今天的状况是什么因素促成的？”我们还将聚焦于下面这类问题：“这些公司是怎么起步、怎么演进的？怎么应付规模小、财务紧的困境？怎么管理从创新企业变成守成企业的转型？怎么处理从创办人到第二代管理层的转型？怎么应付战争和大萧条之类的历史事件？怎么适应革命性的新科技发明？”

我们基于三种因果进行这种历史分析。

第一，我们希望搜集到的东西不但对大公司的员工有价值，对中小型公司的人士也同样有用。

第二，更重要的是，我们相信唯有演进式的维度，才能引导大家了解高瞻远瞩公司背后的根本动力。打一个比方，你不可能完全了解美国，除非你了解美国的历史——独立战争、立宪理想、南北战争、开发西部、20 世纪 30 年代的“大萧条”和杰斐逊、林肯、罗斯福等先贤们的影响力，以及其他历史因素。我们认为，公司很像国家，两者都反映过去事件和基本遗传因素的塑造力量。这种因素根植于上溯的世代。

想了解默克公司，怎么可能不审视乔治·默克在 20 世纪 20 年代奠定的基本哲学基础：药品意在治病救人，不在将本求利，但利润随之而来。

如果不了解 3M 初创时濒临破产的窘况，又怎能深入理解它的今天？如果不了解通用电气公司自 20 世纪早期即已形成的领导人选拔过程，又怎能深入理解杰克·韦尔奇领导下的通用电气呢？如果不了解指导强生公司对付危机的强生信条（1943 年形成），又怎能深入理解 80 年代强生公司在对待泰诺药中毒危机时的反应呢？我们肯定无法理解。

第三，我们相信，从历史观点做出的比较分析，结论一定强而有力。只审视高瞻远瞩公司和对照公司目前的状况，就好比只看马拉松赛跑的最后 30 秒，虽然一定看得到谁赢得金牌，但是不知道他为什么会赢。要完全了解比赛的结果，你必须要看整个比赛和导致这种结果的源头，看看选手们训练和准备比赛时的情形，以及在第一、第二、第三公里时的表现，等等。同样，我们希望追本溯源，以便找到下述有趣问题的答案：

- 摩托罗拉是如何从不起眼的电池修理业务起家，逐步跨进汽车收音机、电视机、半导体、集成电路及移动通信行业的？而同时以类似资源起家的顶峰公司，为什么却从未在电视机以外的领域扮演过主要角色？
- 宝洁创立后，为何能够继续冲刺 150 年，而大多数公司能够生存 15 年就算是幸运了？宝洁的创业时间远在对手高露洁之后，却为何能取得最后胜利，成为行业第一？
- 惠普为何能在威廉·休利特和戴维·帕卡德退隐后继续保持健康和活力，而一度是华尔街趾高气扬的宠儿的德州仪器，在帕特·哈格蒂下台后却几乎自我毁灭？
- 为什么迪士尼在历经多次恶意并购危机之后仍能存续和繁荣，成为美国的象征，而哥伦比亚电影公司却渐趋没落，从来没有成为一种象征，最后被卖给一家日本公司？
- 波音在商用客机方面是如何从默默无闻到出人头地，夺取麦道世界首席商用客机制造商的地位的？波音在 20 世纪 50 年代做了什么麦道没有做的事？

不受时间限制的原则：回顾历史是否可以合理地引出结论？回顾企业 10 年、30 年、50 年或 100 年前的作为，是否可以学到什么东西？世界的确变化剧烈，而且会继续变化。这些公司过去用的特殊方法或许不能直接用在未来，我们承认这一点，但是，我们在整个研究中，不断地寻找基本的且不受时间限制，或许可以跨越时代的根本原则和形态。例如，高瞻远瞩公司用来“保存核心和刺激进步”的特殊方法（本书一直探讨的关键原则）今后会继续演进，这个基础原则是不受时间限制的，在 1850 年、1900 年、1950 年和 2050 年，它都是同样有效的基本原则。我们的目标是要从公司长期的历史中取得知识，开发出有用的观念和工具，供有心成为 21 世纪高瞻远瞩公司的企业组织运用。

的确，如果要我们指出本书和其他管理书籍最大的不同，那就是我们纵观了这些公司的历史并与其他公司做了比较。这一点在破除根深蒂固的迷思，在辨明可以跨越产业限制、发现长久运用的根本原则上，是一个关键的方法。

第四步：寻找真理

在选定公司、决定历史性比较方法后，我们碰到了另一个难题，即我们在公司长久的历史中到底要寻找什么东西：应该着重研究企业战略，还是着重研究组织结构、管理、文化、价值观、制度、产品、产业状况？由于事先不知道高瞻远瞩公司长盛不衰的原因，我们不能专注于狭隘的研究重点，而必须从更广泛的层面寻找证据。

在整个研究中，我们以达尔文为师，时时想到他乘“小猎犬”号航行5年，漫游加拉帕戈斯群岛，看到各种不同的大海龟和其他物种时的情景。这种不期而遇的观察在他心里酝酿，在他的整个航程以及回到英格兰后，一直刺激着他的思考。他能够得到新观点，原因之一是他有幸偶然地进行了观察，他并非特意去寻找不同的大海龟，而这些古里古怪的大海龟却呈现在眼前，不符合既有的物种假说。我们也希望有不期而遇、可能刺激我们思考的发现。

但是，我们不想毫无目标，而是希望更具系统地寻找和发现。因此，我们采用“组织流分析”（Organization Stream Analysis）技术系统地搜集完整的资料，研究小组从每一家公司的历史中，搜集和标定了九大类的信息（见附录3中表A.1），包括组织安排、经营策略、技术、领导人、产品与服务、愿景、文化、价值、市场/环境，几乎涵盖企业的所有层面。我们系统地分析了自1915年起的财务年报，1926年起的每月股票投资回报率，此外，我们还浏览了美国从1800年到1990年的一般历史和商业史，以及所研究的公司所属产业的整体状况。

为了搜集平均90多年历史的36家公司的资料，我们参阅了将近100本书、3 000多份文件，包括文章、案例、档案、公司出版物、录像片等等。保守估计，我们查阅了超过6万页的材料，实际数字很可能接近10万页。这些文件装满3个一人高的档案柜、4个书架，存储在电脑里的财务资料和分析则多达20兆字节。（附录3表A.2扼要地列出了我们的资料来源。）

第五步：分析

接下来是最困难的工作，我们从数量惊人的资料中，归纳出几个重要的概念以贯穿全局，组织研究所得的大量细节和证据。我们寻找反复出现的模式，努力辨认基本的趋势和力量，希望找出能够解释高瞻远瞩公司的历史轨迹、提供经理人参考的实用方针，以便建立公司的实力，迎接 21 世纪。

我们发现的基本架构来自比较分析，在整个研究过程中，我们不断地回归根本的问题，即“在长久的历史里是什么使高瞻远瞩公司有别于对照公司？”附录 3 中的各个表给出了我们比较的各种方法，此后，这些方法将不断被引用。

我们也把分析比较过程和创造过程合二为一，希望尽量打破商学院教条和一般管理书籍的束缚。我们尤其希望用表面上和商业无关的概念刺激我们的思考，使之与我们在研究中的观察所得合二为一。因此，我们大量阅读和商业无关的科目，如生物学（尤其是进化论）、遗传学、心理学、社会心理学、社会学、哲学、政治学、历史学和文化人类学。

第六步：实战演练

在整个研究期间，我们一直把研究结果和观念放在严肃的实际状况下考察，方法是通过我们的顾问咨询活动和拥有的董事会职责予以验证。在撰写本书时，我们亲自把研究得到的架构和工具，直接应用到 30 多家公司的经营中，从营业额不到 1 000 万美元的小公司，到几百亿美元的《财富》500 强企业，全部包含其中。涵盖的行业范围广，包括电脑、保健、医药、生物科技、建筑、零售、邮购、运动器材、电子仪器、半导体、电脑软件、连锁电影院、环境工程、化学和商业银行。我们经常在 CEO 们的直接要求下和高级经理们合作，在企业界若干最敏锐、最务实、最难缠和最精明的人士之前呈现我们的这种构想。“实战演练”提供了可贵的回馈循环，有助于我们在研究期间继续改进我们的观念。例如，在一家制药公司举行的研讨会上，一位经理问道：“核心价值有正确和错误之分吗？

换句话说，是核心价值的内容最重要，还是不管核心价值的内容如何，真实性和一贯性最重要？有没有所有高瞻远瞩公司都体现出来的一套特定核心价值？”然后我们就回到我们的研究资料，系统地回答这些问题（详见第 3 章），从而完成从研究到应用再回归研究的循环（参看图 1.3）。这种研究、概念和框架、实际应用的循环在我们的 5 年研究计划中，曾经在很多问题上出现过很多次，对本书有很大的贡献。

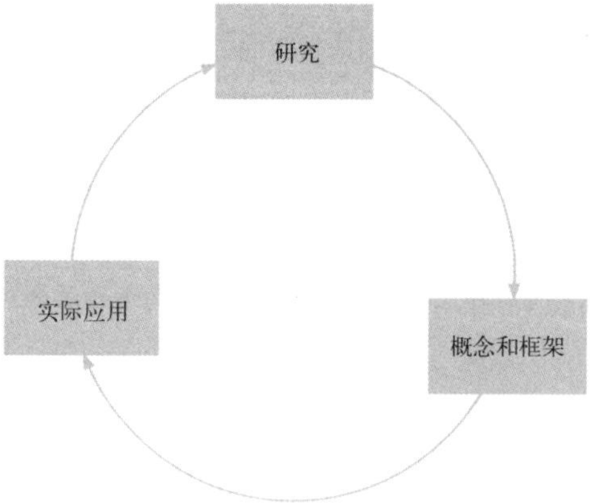

图 1.3　回馈循环

让证据说话

所有的社会科学研究项目都有先天的限制和困难，我们的也不例外。例如，我们不能像科学实验一样，进行受控的、可重复的实验，在假定其他因素不变的前提下，改变某一因素，观察结果的变化。我们希望做出一个企业的培养皿，但是做不到；我们只能采用真实历史的情形，最大限度地加以利用。在书末附录 1 里，我们列举了多种问题（并给出答案），这些都是精明的读者对我们的研究方法可能提出的质疑。

然而，即使有这些质疑，光是根据我们所查阅的丰富资料，加上从研究到理论到实践持续不断的循环程序，就足以使我们有信心认定我们的结论是合理的；或许最重要的是，这些结论有助于发展杰出的企业组织。我们不敢宣称发现了绝对真理，任何研究社会科学的人都不能这样声明，但是我们敢说，这个研究使我们更加了解企业组织，在如何建立杰出企业概念工具（conceptual tools）方面，我们得到了胜过既有成果的东西。

现在，我们和你一起分享成果，希望你尽量利用这本书，因为这些公司的历史可以告诉我们很多东西。但是，我们希望你在阅读的同时以批评和客观的态度思考。我们宁愿你慎思明辨，最后拒斥我们的发现，也不愿意你盲目而毫不怀疑地接受。让证据自己说话，而你是法官和陪审员。

第2章

造钟，不是报时

“最重要的，是有能力不断地建立制度——从不停止，从不回顾，从无结束……最后分析来看，沃尔特·迪士尼最伟大的创造是沃尔特·迪士尼（公司）。”

电影史学家 理查德·希克

“从头到尾，我注重的是尽我们的心力，建立最完美的零售公司。创造巨大的个人财富从来都不是我的特定目标。”

沃尔玛公司创办人 山姆·沃尔顿

想象你遇到一位有特异功能的人，他在白天或晚上的任何时候，都能够依据太阳和星星说出正确的日期和时间。例如说："现在是 1401 年 4 月 23 日，凌晨 2 时 36 分 12 秒。"这个人一定是一位令人惊异的报时者，我们很可能因为他的报时能力对他佩服得五体投地。但是如果这个人不报时，转而制造了一个可以永远报时，甚至在他百年之后仍然能报时的时钟，岂不是更令人赞叹不已吗?

拥有一个伟大的构想，或身为高瞻远瞩的魅力型领袖，就好比"报时"；建立一家公司，使公司在任何一位领袖去世后很久或经历过许多次产品生命周期后仍然欣欣向荣，这就是"造钟"。我们研究所得的第一要点，也就是本章的主题，是要说明高瞻远瞩公司的创办人通常都是制造时钟的人，而不是报时的人。他们主要致力于建立一个组织，一个会滴答走动的时钟，而不只是找对时机，用一种高瞻远瞩的产品构想打进市场，或利用一次优秀产品生命周期的成长曲线；他们并非致力于取得高瞻远瞩领袖的人格特质，而是采取建筑大师的方法，致力于构建高瞻远瞩公司的组织特质；他们努力的最大成果不是实质地体现一个伟大的构想，不是表现人格的魅力，不是满足个人的自尊或累积个人的财富，他们最大的创造物是公司本身及其代表的一切。

得出这个结论，是在我们的研究证据打破两个普受珍视、主导一般人想法和商学院教育多年的迷思（有关伟大构想和魅力型伟大领袖的迷思）之后。在一个最有意思和最重要的研究结论中，我们发现，要创造和建立高瞻远瞩公司，绝对不需要伟大的构想，也不需要伟大的魅力型领袖。事实上，我们发现，魅力型领袖带来的伟大构想和建立高瞻远瞩公司之间可能是负相关。这些令人惊异的发现，迫使我们从一个全新的角度，用一个和过去不同的方法来审视公司的成就。这些发现也有大力解放企业经理和企业新秀的意义。

“伟大构想”的迷思

1937 年 8 月 23 日，两位 20 岁出头、刚刚毕业、没有多少商业经验的工程师聚在一起，商讨成立一家新公司。但是，他们对公司要做什么产品，却没有明确的概念[①]。他们只知道两个人想创立一家公司，从事范围广泛的电子工程业务，他们大动脑筋，想出很多种产品及想象中的市场潜力，但是他们没有令人激赏的“伟大构想”，作为这家新创企业的奠基启示。

休利特和帕卡德决定先创立公司，再考虑应该制造什么。他们只是开始向前走，尝试做任何可能使他们赚点儿钱以脱离草创阶段和付得出电费的东西。休利特说：

> 我偶尔和商学院的人提起这段经历。我说我们创业时没有任何计划，我们是地地道道的机会主义者。管理学教授听了都大惊失色。那时候，只要能赚钱，我们什么都做。我们做过保龄球越线指示器、望远镜时钟驱动器、马桶自动冲水器，还有一种让人减轻体重的振荡器。当时，我们是这样的，大约有 500 美元的资本，设法做些别人认为我们或许能做的东西。

保龄球越线指示器没有成为市场上的革命性产品，马桶自动冲水器和减肥振荡器也一无所成。事实上，这家公司辛辛苦苦地摸索了将近一年，才做成第一笔大买卖：向迪士尼公司出售 8 部声音示波器，在电影《幻想曲》里使用。即使有了这种成果，惠普公司仍然继续以漫无目标的方式，东摸西搞地做过好多种产品，一直到 20 世纪 40 年代初期得到战时的国防

---

① 聚会是在 1937 年，公司正式成立是在 1938 年年初。

合同，公司才大有起色。

德州仪器恰好相反，公司的起源来自一种极为成功的创业产品。德州仪器的前身地质服务公司在1930年创立，是“第一家独立经营、制造探测油田的地震仪的公司，公司的实验室开发和生产这种用途的仪器”。德州仪器的创办人跟休利特和帕卡德不同，他们创立公司的目的是要利用一个特别的科技和市场机会。德州仪器根据一个“伟大的构想”创立，而惠普并非如此。

索尼也不是。1945年8月，公司创办人井深大创业时，并没有特别的产品构想。井深大和7位创业时的员工在公司成立之后，长时间开会，想要决定生产的产品。公司成立后不久加入的盛田昭夫说：“一群人坐在会议室里开了好几个星期的会，设法想出这家新公司可以做的业务，好赚点儿钱把公司继续经营下去。”他们考虑过很多种可能性，从味噌汤到小型高尔夫球机和计算尺都有。不仅如此，索尼尝试的第一个产品（电饭煲），顾客不能顺利使用，生产的第一个重要产品（录音机）在市场上也销售失败。索尼在创业初期，勉强靠着在布里缝上电线，制造粗糙但是有销路的电热毯维持生计。健伍的创办人和索尼的井深大相反，他心里似乎想好了一种特别的产品。他在1946年创业时，把公司定名为“春日无线电器公司”。根据《日本电子年鉴》，“健伍公司始终是音响科技方面的专业先驱”。

山姆·沃尔顿和井深大、休利特同属传奇人物，创业时没有什么伟大的构想，开办事业时什么也没有，只有要为自己工作的意愿，和一点点有关零售业的知识和极大的热情。沃尔顿可没有在某一天醒来后说：“我有了一种伟大的构想，并要根据这一构想创立一个伟大的公司。”绝非如此。沃尔顿在1945年起家时，只在阿肯色州纽波特这个小城里拥有一家富兰克林加盟杂货店。沃尔顿在《纽约时报》的访问中说：“我对自己要创立的事业规模没有任何梦想，但是，我总是有信心，认为只要做好工作，很好地对待顾客，我们的前途一定无限。”沃尔顿从一家商店开始，一步一个脚印地积累力量，直到他创立公司近 20 年后，乡村折扣连锁商场的“伟大构想”才自然地跳了出来。他在其传记《美国制造》一书里写道：

> 经过这么多年后，大家多多少少得到一种印象，认为沃尔玛是我在中年时凭空想象出来的，认为就是这个伟大的构想一夜之间变为成功的故事。但是（第一家沃尔玛百货商场）完全是出自我们从 1945 年以来一切努力的自然发展——这是我不能完全让事情自然发展的另一个例子，是另一个试验，而且就像大多数一夜成功的故事一样，沃尔玛大约经过了 20 年的酝酿。

和沃尔玛形成对照的是，Ames 百货的故事具有商业上的讽刺意味。在乡村折扣零售商场方面，Ames 百货从一开始就领先沃尔玛 4 年之久。事实上，1958 年，米尔顿 · 吉尔曼和欧文 · 吉尔曼在创立 Ames 百货时，就是怀着一心要拓展乡村折扣零售事业的“伟大构想”，他们“相信折扣商场在小城镇应该会成功”，而且他们公司营业的第一年，就创造了 100 万美元的销售额（沃尔顿 1962 年才开设第一家乡村折扣零售商场，在此之前，他只是经营若干附设在城镇主要大街的小型杂货商场）。Ames 百货也不是唯一走在沃尔玛前面的公司。根据沃尔顿传记的作者范斯 · 特林布尔的说法，“（1962 年）已经有别的零售商在尝试做他正要做的事情，只是他做得比任何人都好”。

惠普、索尼和沃尔玛使深入人心的公司起源神话遭到沉重打击，这个神话描绘了一位高瞻远瞩的企业家创办公司的故事，并利用一种高瞻远瞩的产品构想或洞察市场的能力使之成功。这个神话主张：开创高度成功企业的人士通常一开始就有一个高明的构想（技术、产品、市场潜力），并且利用了一次优秀产品生命周期的成长曲线。虽然这一神话令人动容而且深入人心，但是高瞻远瞩公司的创立情形显示，这一神话并不具有普遍性。

的确如此，在我们研究的高瞻远瞩公司中，只有少数几家可以溯源自伟大的构想或奇妙的创业产品。威拉德·马里奥特有意自行经营商业，却不清楚自己该进入哪一行，最后决定做他所能想到的唯一可行的构想：取得加盟合约，在华盛顿开设一家艾德熊饮料小店。约翰·诺德斯特龙刚刚从阿拉斯加淘金回来，不知道自己还能做什么。诺思通公司创立时只是西雅图市区一家小鞋店，仅有一个店面。默克创办时只是一家德国化学药品的进口商。宝洁创立时只是一家肥皂和蜡烛制造厂——1837年时，辛辛那提有18家这样的公司，宝洁不过是其中之一。摩托罗拉创业维艰，为西尔斯收音机修理整流器。菲利普·莫里斯创立时只是伦敦庞德街上一家小小的香烟零售店。

还有，在我们研究的高瞻远瞩公司中，有些像索尼一样，一开始就遭受一连串的失败。3M开始时是一家失败的金刚砂矿场，公司股东持有的股票价值大跌，跌到在酒吧里“两股只能换一杯廉价威士忌”。3M不知道还能做什么东西，就开始制造砂纸，在草创期间，3M艰难到第二任总裁在任期的头11年里根本没有领过薪水。相反，3M的对照公司诺顿一创业就在迅速成长的市场上推出创新产品，而且在开业的头15年里，除了其中一年之外，每一年都稳定地分红，15年内公司的资本扩增了15倍。

威廉·波音的第一架飞机失败了（“模仿马丁公司的水上飞机，用手工制造的笨重水上飞机”，没有通过海军的测试）。在创业的最初几年里，他的公司困难到必须从事家具业务才能维持下去的地步。相比之下，道格拉斯飞机公司创立后推出的第一架飞机就极为成功。在设计这架飞机时，道格拉斯公司的目标就是要使其成为历史上第一架不间断飞行横贯美国东西海岸、载重超过机身重量的飞机。道格拉斯把这样的设计改成鱼雷轰炸机，大量卖给美国海军。道格拉斯和波音不同，它从来不需要进入家具业以维持公司生存。

沃尔特·迪士尼的第一个卡通系列剧《爱丽丝梦游仙境》（你听说过吗？）在电影院里卖座惨淡。迪士尼传记《迪士尼电影》的作者理查德·希克写道：“从任何角度来看，迪士尼公司都是步履沉重、业务不振、产品陈腐的企业。你唯一真正能够说的是，这是一部相当平凡、靠着摄影技巧注入生气的动画片。”哥伦比亚电影公司和迪士尼不同，第一部作品就获得可观的成就，这部电影就是 1922 年出品的《慈悲胜过苛责》（*More to Be Pitied Than Scorned*），只花了 2 万美元的成本，却有 13 万美元的收入，使哥伦比亚向前冲刺时，有相当多的现金做后盾，在不到两年内，得以支援制作了另外 10 部赚钱的电影。

无须“伟大构想”

整体而言，在 18 家高瞻远瞩公司中，只有强生、通用电气和福特汽车 3 家公司，草创时受惠于由创新而获得的高度成功的特定创业产品或服务，也就是说，受惠于一个“伟大构想”。然而，我们也发现，即使是通用电气和福特，也使伟大构想的迷思略受打击。在通用电气的例子里，爱迪生的伟大构想最后证明不如西屋的构想伟大。爱迪生推动直流电系统，西屋推动远比直流电优越的交流电系统，后来交流电系统在美国市场取得最后胜利。福特汽车公司的例子恰好和流行的神话相反。亨利·福特并不是在想出 T 型车后才决定根据这个构想创立公司的，而是因为他已经有了一家公司作为事业发展的基础，才能够充分利用 T 型车理念的优势。他在 1903 年创立福特汽车公司（这是他多年来设立的第三家公司），为的是利用他在汽车发动机方面的天分及已经推出 5 种车型（A、B、C、F 和 K 型车）的经验，后来，他才在 1908 年 10 月推出了闻名世界的 T 型车。事实上，从 1900 年到 1908 年，在美国共成立了 502 家汽车制造公司，福特只是其中一家，当时，生产汽车根本不是什么新观念。和高瞻远瞩公司恰好相反的是，我们发现，11 家对照公司的创业基础远比高瞻远瞩公司更接近伟大构想的模式。这 11 家公司是 Ames 百货、宝来、高露洁、健伍、麦道、诺顿、辉瑞制药、雷诺公司、德州仪器、西屋和顶峰。

换句话说，我们在研究中发现，高瞻远瞩公司远不如对照公司那样靠“伟大构想”开创事业生涯。此外，我们也发现，比较而言，无论最初的创业观念是什么，高瞻远瞩公司在草创时期的表现似乎都不如对照公司。在 18 对配对比较的例子中，只有 3 家高瞻远瞩公司初期的事业比对照公司成功，有 10 家对照公司初期比高瞻远瞩公司成功，有 10 家公司不分上下。简而言之，我们发现，初期的事业成功和成为高瞻远瞩公司之间正好成反比。长距离赛跑的胜利属于乌龟，不属于兔子。

我们在附录 2 中列出了所有高瞻远瞩公司和对照公司较为详细的创业基础。（虽然放在附录里，我们希望你还是浏览一下。把它放在后面是不希望打断本书的行文。）

如果你是一个有前途的企业家，有意创立和构建一家高瞻远瞩公司，但是因为没有“伟大构想”还没有采取行动，我们鼓励你卸下伟大构想这个迷思的负担。的确，证据显示，在创立公司之前，或许最好不要沉迷于寻找什么伟大构想。为什么？因为伟大构想这条思路会转移你的注意力，使你不能认识到公司才是你终极的创造。

公司才是终极的创造

在战略管理和创业精神的课程里，商学院教导学生，创业重要的是先靠好的构想和发展完善的产品 / 市场战略，然后在“机会之窗”关闭前穿越过去。但是，建立高瞻远瞩公司的人士常常都不是用这种方式行动或思考，在一个又一个的案例里，他们以行动勇猛地反驳商学院教导的理论。

因此，在研究计划之初，我们在解释公司为何成功时，就必须放弃伟大构想或高明策略的说法，而另寻新的原因；必须用不同的眼光审视过去的世界；必须改变看法，从把公司视为产品的桥梁转为把产品看成公司的桥梁。换言之，我们必须认可报时和造钟之间的重大差异。

要迅速了解造钟和报时之间的差异，可以比较早期的通用电气和西屋。乔治·威斯汀豪斯在产品方面是个高瞻远瞩的人才和多才多艺的发明家。除了西屋公司外，他还创立了 59 家公司。此外，他也有洞察未来的能力，预见世界会采用比较优秀的交流电系统，不会采用爱迪生的直流电系统，后来事实果然如此。然而，通用电气的第一任总裁查尔斯·科芬，没有发明任何产品，不过他倡导了一个具有重大意义的创新，就是成立通用电气实验室，这个实验室号称“美国第一个工业研究实验室”。乔治·威斯汀豪斯好比报时，科芬则是造钟，西屋最重要的创造是交流电系统，科芬最重要的创造是通用电气公司。

幸运之神偏爱持之以恒的人。这是简单的真理，是想成功构建公司的基石。构建高瞻远瞩公司的人都是极有恒心的人，信奉“永远、永远、永远不放弃”的座右铭。但是，他们坚持的是什么呢？答案是：公司。你应该随时准备取消、修正或改进一种构想（通用电气放弃自己最初的直流电系统，改为交流电系统），但是，绝对不要放弃公司。如果你把公司的成功和某个成功的构想画上等号——很多企业人士都这样做，那么，如果那个构想失败，你就很可能会放弃公司；如果那个构想恰好成功，你则很可能对它产生一种情感上的牵绊，并且在公司应该大力前进、追求其他目标时，还沉溺在那个构想中。但是，如果你是把公司，而不是把实施一个特定的构想，或把适时利用一个市场机会当成终极的创造，那么你会坚持下去，不管构想是好是坏，你都会超越任何特定的构想，向使构想成为经久不衰的伟大制度的目标迈进。

例如，惠普在创立之初，在经历一连串失败后和勉强算是成功的产品中学会了谦虚。可是休利特和帕卡德继续摸索、坚持、尝试和实验，一直到后来才想出如何构建一家具有创新能力、足以表达他们的核心价值并赢得能够持续创造优异产品美名的公司。他们是工程师出身，本来可以追求成为工程师的目标，但他们没有这样做，而是迅速地从设计产品转型为设计组织，创造一个有利于产生伟大产品的环境。早在20世纪50年代中期，休利特在一次内部演说中就展露出造钟的观点，他说：

> 我们的工程人员一直相当稳定，这是靠设计而不是靠机遇得到的。工程师是有创造力的人，所以，我们在雇用一位工程师之前，要先保证能够让他在稳定而安全的气氛下工作。我们也要保证每一位工程师在公司里有长期发展的机会，有适当的项目可做。还有一件事，就是我们要确保公司有适当的监督，使我们的工程师过得快乐，发挥最大的生产力……设计工程（程序）是我们最重要的产品之一……我们要推出你们从来没有见过的最佳工程计划。假使你们认为我们到目前为止已经做得很好，那就再等个两三年吧，等我们推动实验室所有的新人开始生产，所有的监督人员发挥功能，到那个时候，你们会看到一些真正的进步！

帕卡德在1964年的一次演讲中也表达了造钟的倾向："问题在于，你怎样营造出一个可以让个人发挥创造力的环境……我认为你们必须在组织结构上多费心思，以便提供这种环境。"1973年，有一位记者问帕卡德，在公司的成长中，哪些是他认为最重要的产品决策。帕卡德的回答没有提及任何一个产品决策，他完全从组织决策方面来回答，如发展一个工程团队、贯彻财务纪律的现金支付政策、分红计划、人事和管理政策、"惠普风范"的管理哲学等，这位记者在拟定文章的题目时，也发挥巧思，取名为"惠普董事长用设计构建公司，靠机运制造计算器"。

休利特和帕卡德最终的创造品不是声音示波器，也不是袖珍计算器，而是惠普公司和惠普风范。

同样，井深大最伟大的“产品”不是随身听或特丽珑电视机，而是索尼及它所代表的一切。沃尔特·迪士尼最伟大的创作不是《幻想曲》或《白雪公主》，甚至不是迪士尼乐园，而是迪士尼公司和让大家快乐的神秘能力。沃尔顿最大的创造不是沃尔玛的理念，而是沃尔玛公司——这个能够大规模执行零售业理念、执行成效胜过世界上其他任何一家公司的组织。保罗·高尔文的天才不在于他是杰出的工程师或发明家（他其实没有受过正式的科技训练，是自学成才、曾经失败过两次的企业家），而在于他巧妙创造和塑造一家在工程方面具有创新能力、现在叫作摩托罗拉公司的组织。威廉·波克特和詹姆斯·甘保最大的贡献不是猪油肥皂、灯油或蜡烛，因为这些东西最后都会过时，他们最重要的贡献是永不过时的东西，是一个具有高度适应能力的组织，这个组织拥有由根深蒂固的核心价值构成的“精神传统”，可以在一代又一代的宝洁人之间流传。

我们请你考虑要做这样的重大转变，要把公司本身当作最终的创造。如果你正致力于构建和管理一家公司，这种转变就对你如何分配时间具有重大的意义，要求你花较少的时间思考特定的产品线和市场策略，多花时间思考组织设计；要求你少花时间像乔治·威斯汀豪斯那样思索，多花时间像科芬、帕卡德和高尔文一样思考；要求你少花时间扮演报时人，而多花时间扮演造钟师。

我们并未暗示高瞻远瞩公司不曾有过优越的产品或出众的构想。它们的确有过，就像我们在后文中的讨论一样，它们大多把产品和服务看成可以对顾客的生活做出有用和重要贡献的东西。的确，这些公司并非只是以“成为一家公司”为存在目的，它们存在的目的是要做有用的事情。但是，我们认为，最为高瞻远瞩的公司能够持续不断提供优越的产品和服务，原因在于它们是杰出的组织，而不是因生产优越的产品和服务才成为伟大的组织。请记住：所有的产品、服务和伟大的构想，不论多么高瞻远瞩，终究都会过时。但是，一家高瞻远瞩公司却不见得会过时，只要公司在现有的产品生命周期之后有能力继续改变和演进，公司就不会过时（在后面的章节中，我们会描述这些高瞻远瞩公司是如何做到这一点的）。

同样，所有的领袖，不论多么有魅力、多么高瞻远瞩，最后都会去世，但是，一家高瞻远瞩公司却不见得会灰飞烟灭。只要这家公司具有组织的力量，超越任何一个领袖，年复一年，经过十代百代，都能继续保持高瞻远瞩和活力，公司就不会衰败。

这一点引导我们面对第二个迷思。

魅力型伟大领袖的迷思

我们请企业经理们和商学院学生思考高瞻远瞩公司成功的特殊因素或者根本原因时，很多人提到“伟大的领袖”，他们举出乔治·默克、山姆·沃尔顿、威廉·波克特、詹姆斯·甘保、威廉·波音、罗伯特·约翰逊、保罗·高尔文、威廉·休利特、戴维·帕卡德、查尔斯·科芬、沃尔特·迪士尼、威拉德·马里奥特、托马斯·沃森和约翰·诺德斯特龙。他们认定这些 CEO 展现出极大的恒心和毅力克服重大的障碍，吸引忠心耿耿的人才加入公司、影响众多人员致力达成目标，并且在指引公司处理历史中的重大事件方面扮演了举足轻重的角色。

但是，这一点很重要，对照公司里的对手也一样！查尔斯·辉瑞、吉尔曼兄弟（Ames 百货）、威廉·高露洁、唐纳德·道格拉斯、威廉·布利斯特（百时美公司）、约翰·麦尔斯（百时美公司）、顶峰的尤金·麦克唐纳、德州仪器的帕特·哈格蒂、乔治·威斯汀豪斯、哈利·科恩、霍华德·约翰逊、弗兰克·梅尔维尔都是这样，他们也展现了极强的毅力，克服了重大的障碍，吸引了忠心耿耿的人才加入公司，影响众多人员致力达到目标，在指引公司处理公司历史中的重大事件方面，扮演了举足轻重的角色。系统的分析显示，对照公司和高瞻远瞩公司一样，在成长塑造期内大多拥有坚强的“领袖”。

简而言之，我们发现，没有证据支持伟大领袖在高瞻远瞩公司必要的成长塑造期间是重要因素的假说。因此，随着我们研究的深入，我们必须拒斥伟大领袖的理论。这一理论根本不能恰当阐释高瞻远瞩公司和对照公司之间的差异。

不需要魅力

在我们描述高瞻远瞩公司和对照公司早期塑造者的重大差异之前（我们认为确实有重大差异），我们更乐意和读者分享一个必然会出现的推论：要成功地塑造高瞻远瞩公司，绝对不需要知名度高的魅力型风格。的确如此，我们发现，高瞻远瞩公司历史中若干最重要的 CEO，并没有完美的、高知名度、魅力型领袖的人格特质。

想想威廉·麦克奈特吧，你知道他是什么人吗？在你心里，他是 20 世纪最伟大的企业领袖之一吗？你能描述他的领导风格吗？你看过他的传记吗？如果你和大多数人一样，那么对麦克奈特一定知道得很少，甚至一无所知。到 1993 年为止，麦克奈特的名字还没有被列入《财富》杂志“全美企业名人录”，很少有文章提到他，他的名字也没有在介绍美国公司历史的《胡佛手册》里出现。惭愧地说，在我们研究的初期，甚至没有听过他的大名。可是，麦克奈特却领导一家公司长达 52 年之久（1914—1929 年任总经理，1929—1949 年任 CEO，1949—1966 年任董事长），赢得了全世界企业人士的好评和崇敬。这家公司就是备受尊崇的明尼苏达矿业制造公司，简称 3M。3M 很有名，麦克奈特却默默无闻。我们怀疑这是他刻意而为。

麦克奈特从1907年开始在3M工作，先是助理簿记员，后升为成本会计员、销售经理，再升为总经理。我们找不到他拥有高度魅力型领袖风格的证据。在3M自行出版的公司史中，提到麦克奈特将近50次，其中只有一次谈及他的个性，还只是描述他是个“轻声细语、彬彬有礼的人”。他的传记作者描述他“善于倾听别人的意见”“谦逊”“质朴”“略有点儿驼背”“谦恭而语气温和”“沉静、深思而严肃”。

在众多高瞻远瞩公司历史上重要的CEO当中，麦克奈特不是唯一打破完美魅力型高瞻远瞩领袖模式的人。索尼的井深大以谨慎、深思和内省闻名；休利特让我们想起一位友善、真实、平凡、脚踏实地的艾奥瓦州农夫；波克特和甘保是严肃、拘谨、规矩、保守，甚至面无表情的人；比尔·艾伦是波音公司历史中最重要的CEO，却是一位务实的律师，“和颜悦色，带着羞怯而不常见的微笑”；乔治·默克是“默克制药公司自制精神的具体表现”。

我们和不少经理合作过，他们看到有那么多书籍和文章讨论魅力型的企业领袖，觉得焦虑不安，都问一个敏感的问题：“如果高知名度魅力型领袖根本不是我的风格，怎么办？”我们的回答是：设法发展这种风格可能是浪费精力。原因之一是，心理学证据指出，人格特质透过遗传和环境因素在人生相当早的时候就定型了，几乎没有证据显示，到你担任经理角色时，还能够大大地改变你的人格形态。另一个更重要的原因是，我们的研究指出，不管怎么样，你都不需要这种风格。

倘若你是高知名度的魅力型领袖，很好。但如果你不是，那也不坏，因为你正好与构建3M、宝洁、索尼、波音、惠普和默克等公司的人一样，而他们是一群不错的人。

请不要误解我们的这一观点。我们不是说构建这些高瞻远瞩公司的人是差劲的领袖，只是指出，在构建高瞻远瞩公司时，显然不需要高知名度的魅力型风格。（事实上，我们怀疑，高度魅力型风格可能有点儿不利于构建高瞻远瞩公司，但是有关风格的资料太散乱、没有说服力，不能做出有力的证明。）我们也指出，这一点是本节的基本论点，两种公司在成长塑造阶段，都有足够坚强的领袖，所以，不管是魅力型或其他类型的伟大领袖，都不能解释高瞻远瞩公司的发展轨迹何以优于对照公司。

我们并不否认，在高瞻远瞩公司历史上的重要阶段中，有优秀的人物在领导组织，情形通常如此。此外，我们认为，一家公司如果持续由一连串平庸的人领导，这家公司也不可能保持极为高瞻远瞩的状态。事实上，我们发现，在发展和提拔公司内部能力高超的管理人才方面，高瞻远瞩公司做得比对照公司好。因此，它们在优秀的领导人才方面，可以经过很多代，仍然保持比较高的连续性。不过，就像伟大的产品一样，高瞻远瞩公司的优秀领导人能够有连续性，或许是因为该公司本身就是个杰出的组织，而不是杰出的个人造就了组织。

想想大名鼎鼎的杰克·韦尔奇吧！他是 20 世纪 80 年代末和 90 年代初期通用电气的 CEO，我们不否认韦尔奇在重振通用电气，在为 CEO 办公室带来蓬勃的活力、干劲和迷人的性格等方面扮演过极为重要的角色。但是，强调韦尔奇的领导风格，会让我们忽略核心重点：韦尔奇是在通用电气内部成长的，他是通用电气的产物，就像通用电气是韦尔奇的产物一样。不管怎样，通用电气这个组织有能力吸引、留住、开发、培养和选择韦尔奇当领袖，而通用电气早在韦尔奇之前就已欣欣向荣，很可能在韦尔奇之后还会继续欣欣向荣许久。毕竟，韦尔奇不是通用电气历史中第一位绝佳的 CEO，很可能也不是最后一位。韦尔奇的角色并非不重要，但在通用电气的历史中，韦尔奇的角色只是其中一小部分。选择韦尔奇根植于一个优异的企业架构——这个架构的起源可以追溯到科芬。科芬和乔治·威斯汀豪斯相反，他采取建筑师的方式构建通用电气公司。（我们在第 8 章会更详细地讨论韦尔奇和通用电气公司。）

建筑师方式：造钟师的运作

就像科芬和乔治·威斯汀豪斯的对照一样，我们在研究中，确实发现两家公司的早期塑造者大有差异，但是，这些差异比“伟大领袖”和“非伟大领袖”更微妙。我们相信，关键差异是取向的差异。证据显示，不管个人的领导风格如何，高瞻远瞩公司成长塑造阶段的关键人物要比对照公司里的领袖有着更强烈的组织导向。事实上，随着研究的深入，我们越来越觉得“领袖”这个称谓不妥，开始采用“建筑师”或“造钟师”的称谓（第二个关键差异和他们制造的时钟形态有关：这是后面章节的主题）。下面所提到的对照则进一步说明了我们所说的建筑师或造钟师方式的意义。

花旗银行与大通银行

詹姆斯·斯蒂尔曼于 1891—1909 年担任花旗银行的总裁，于 1909—1918 年担任董事长。他为了追求建立一家伟大的全国性银行的目标，致力于发展组织，把这家基础薄弱的地方性公司转型成“完全现代化的公司”；他监督花旗银行开设新分行，制定多个事业部的分权式结构，组织一个强而有力的董事会，董事都是大公司的 CEO，并设立管理培训和招募人才的计划（比大通银行早 30 年）。《花旗银行史：1812—1970 年》描述了斯蒂尔曼致力于构建一个在他身后很久仍然能够欣欣向荣的机构。

> 斯蒂尔曼意在使花旗国民银行（花旗银行的前身）在他去世后仍然保持既有的地位（全美最强、最大的银行）。为了确保这一点，他

任用认同他的梦想和企业精神的人，任用愿意构建一个组织的人。他自己愿意下台，让他们经营这家银行。

斯蒂尔曼在写给母亲的一封信里谈及他决定下台，转而担任董事长，以便实现公司在他离开后更容易成长的心愿。

> 过去两年来，我一直准备接任顾问的位置，并且拒绝重新被选为公司正式的领袖。我知道这是明智的做法，这样不但能让我卸下细琐工作的责任，也可以让我的同事有成名的机会，并为未来创造更大成就的无穷可能性奠定基础。

斯蒂尔曼在大通银行的对手艾伯特·威金却根本没有放权。威金在1911—1929 年担任大通银行总裁，是个果决、毫无幽默感而野心勃勃的人，他最关心的似乎是自己的功名。他在另外 50 家公司担任董事，用至为强悍、集权的手法经营大通银行，以致《商业周刊》写道："大通银行就是威金，威金就是大通银行。"

沃尔玛与 Ames 百货

毫无疑问，山姆·沃尔顿具有魅力型领袖光芒耀眼的人格特质。我们不禁想到，他为了实现激励员工突破 8% 利润率时许下的诺言，穿着草裙，戴着花环，在一群跳呼啦舞的队员的陪伴下，抖动着身体在华尔街跳舞的情形，或是想到他跳上商场柜台，领着几百位高声尖叫的员工进行一场狂热的沃尔玛啦啦队表演。不错，沃尔顿拥有独一无二的有力人格。但是，另外几千位不曾建立沃尔玛的人也同样具有这种人格。

的确如此，沃尔顿和 Ames 百货领袖的关键差异，不在于他比较具有魅力，而在于他更像造钟师，更像建筑师。沃尔顿在 20 岁出头时，人格形态就大致定型了，他把一生大部分的时间都无休止地花在努力建立和发展沃尔玛的组织协调能力上，而不是努力发展自己的领袖性格上。这一点，在沃尔顿自己眼里也是如此，他在《美国制造》一书里写道：

> 当时，包括我们自己的一些经理在内，很少有人了解我们从创立时起就极力设法成为最优秀的管理者，成为最专业的经理人的故事。毫无疑问，我有推动事业的人格……但是，在这种人格下，我总是有管理者的精神，是想把事情做好，然后做得更好，再尽力做到最好的人……我从来没有从事过短期的工作，我总是希望尽我所能建立一个完美的零售组织。

沃尔顿珍视变革、试验和不断的完善，但是他不光是宣扬这些价值观，还制定坚强的组织机制，刺激变革和进步。沃尔顿运用一种叫作“店中店”的想法，授予部门经理经营各自部门的权威和自由，就好像这个部门是经理自己的企业一样。对于有助于节省成本，提出加强服务的构想可供其他商店仿效的同人，他实行现金奖励和公开褒扬的制度。他以“量产项目竞赛”鼓励同人进行创造性的尝试。他召开商品会议，讨论应该选来用在整个连锁体系里的试验性做法。他还制定星期六早晨的会议制度，在这种会议上，主角经常是一位尝试创新，而且确实取得良好效果的员工；对于想出新构想使整个公司获益的员工，他用分红和员工持股作为直接的奖励。同事想出的点子和构想都刊登在沃尔玛的内部杂志里，沃尔玛甚至斥资设置卫星通信系统，“好把所有细节尽快传布到全公司各处”。1985 年，股票分析师爱德华兹描述沃尔顿这座滴答作响的时钟说：

> 员工在鼓励变革的环境里工作。无论哪一位卖场的同事提出和商

品销售或节省有关的建议，这些建议都会迅速地传播出去。设想 750 多家商店和 8 万多名员工（都有可能提出建议），都仿效建议中的做法，这样会带来多大幅度的销售增加、成本降低和生产力提高。

沃尔顿致力于创造一个能够自行进化和变革的组织，Ames 百货的领袖却从上而下限定所有的改变，并且在一本书里，详细、精确地限定卖场经理应该做的事情，没有留下任何主动的空间。沃尔顿培养了一位能干的继承人（大卫·格拉斯），好在他死后接管公司。吉尔曼兄弟却没有准备好这样的人，最终把公司留给了和他们理念不同的外人。沃尔顿把他的时钟制造取向传承给继承人，而 Ames 百货后来的 CEO 却鲁莽行事，推动带来惨剧的购并，盲目、执迷不悟地追求纯粹以成长为目的的成长，一次就吞下洁尔（Zayre）公司 388 家店面。格拉斯在描述沃尔玛未来成功发展的关键要素时说："沃尔玛的同仁会找到一条路。"又说："我们的人都努力不懈。"同一时期 Ames 百货的 CEO 却说："真正的方略和唯一的问题是市场占有率。"

1990 年，《财富》杂志有一篇文章谈及 Ames 百货，用惋惜的口吻写道："共同创办人赫伯特·吉尔曼亲眼看到自己的创造被摧毁。"沃尔顿在比较快乐的情况下去世，他的创造屹然无损，而且相信公司可以在他去世后长久兴旺下去，一天比一天强大。他知道他很可能活不到公元 2000 年，可是他在 1992 年与世长辞前不久，替公司定下发展到公元 2000 年的大胆目标，展现他对公司失去他之后可以有何等成就的高度信心。

摩托罗拉与顶峰

摩托罗拉创办人保罗·高尔文最大的梦想，是构建一个永续经营的伟大公司。高尔文确实构建起了历史上最成功的一家科技公司。他没有工程背景，但是他礼聘最优秀的工程师；他鼓励异议、讨论和歧见，并且给所有的个人“大致上可以独力运作的空间”。他制定需要挑战的目标，赋予员工沉重的责任，以便刺激组织和同人成长和学习，而且经常是从失败和错误中学习。高尔文的传记作者扼要指出：“他不是发明家，而是以人为蓝图的建筑师。”高尔文的儿子罗伯特·高尔文说：“家父督促我们拥抱群众，向所有人伸出双手，获得他们的领导才能，不错，是获得他们创造性的领导才能……很早以前，他就坚持管理上的传承，奇怪的是他不怕自己会长眠，他关心的是公司（强调我们的公司）。”

顶峰公司的创办人恰恰相反。“指挥官”小尤金·麦克唐纳没有传承的计划，因此在他于1958年猝逝后，公司的高层人才出现了一个真空。麦克唐纳是个具有惊人魅力的领袖，主要是靠着强大无比的人格力量推动公司前进。他被人描述为“顶峰公司暴烈、顽固的指导人”，拥有“对自己的判断力高度肯定而衍生的惊人自信”。除了最亲密的朋友之外，他希望所有的人都称呼他“指挥官”。他是个睿智的推行家和试验家，推动实施了很多自己的发明和构想，他具有坚持不屈的态度，这种态度几乎使顶峰错过电视机这个产品。顶峰出版的公司历史里写道：

> 麦克唐纳的风格光芒耀眼，这种风格反映在公司特有的广告制作上，再加上他创造发明的天赋和感受公众口味变化的能力，30多年来，在大众的眼里，麦克唐纳就是顶峰公司。

麦克唐纳死后两年半，《财富》杂志评论说：“顶峰靠着已故创办人的决心和想象力仍然在继续成长和赚钱，但是顶峰的未来如何，现在要看公司的能力和新动力如何，是否能应对麦克唐纳从来没有预想到的状况。”一位竞争对手评论说：“随着时间流逝，顶峰会越来越怀念麦克唐纳。”

高尔文和麦克唐纳的去世相隔一年半，摩托罗拉成功地驶进高尔文梦想不到的海域，顶峰却停滞不前，到 1993 年为止，顶峰从来没有恢复麦克唐纳在世时的精力和创新光芒。

迪士尼与哥伦比亚

提起迪士尼公司，你想到了什么？能想出与迪士尼有关的一个或一组清楚的形象吗？再想想哥伦比亚电影公司，你又想到了什么？能够指出明确、清楚的形象吗？如果你和大多数人一样，你可以想出迪士尼代表的形象，但是要指出和哥伦比亚电影公司有关的形象，就会有难度。

沃尔特·迪士尼在构建迪士尼方面，明显地为公司注入了他个人惊人的想象力和才能。他激发了迪士尼很多最佳创作的灵感，包括《白雪公主》（世界上第一部完整的长篇动画电影）、米老鼠的角色、米老鼠俱乐部、迪士尼乐园。从任何角度来看，他都是一位卓绝的报时者，不过，即使这样，和哥伦比亚电影公司的对手哈利·科恩相比，迪士尼仍更像一位造钟师。

科恩“刻意培养自己的暴君形象，在自己的办公桌附近放着一支马鞭，常常为了强调语气，把马鞭挥得啪啪响。在所有的大电影公司里，哥伦比亚电影公司有最高的电影作品推出率，主要是靠科恩的方法”。一位出席科恩 1958 年葬礼的人评论说，参加葬礼的 1 300 人“不是来道别，而是来确定他真的去世了”。我们找不到科恩关心员工的证据，也没有发现任何证据显示他有采取行动，为哥伦比亚电影公司培养长期发展的能力或建立明确的公司形象。

证据显示，科恩最关心的是成为电影大亨，在好莱坞发挥庞大的个人力量（他是好莱坞同时得到总裁和制片人头衔的第一人）。对于在他身后可能存续的哥伦比亚电影公司的特质和形象，他很少关心，甚至毫不在意。科恩以个人的目的推动哥伦比亚电影公司前进了很多年，但是，这种

“以自我为中心”的理念在创办人死后便不可能再指导和激励公司。科恩去世后，哥伦比亚电影公司立刻陷入散漫无章的状态，在 1973 年被依法强行收回，之后卖给了可口可乐公司。

另一方面，沃尔特·迪士尼直到去世前的最后一天还在医院里极力思考如何用最好的方式，开发佛罗里达州的迪士尼世界。他本人终究会死，但是迪士尼公司使大家快乐、为儿童带来欢乐、制造欢笑和令人感动的能力永远不会丧失。一生当中，迪士尼比哥伦比亚电影公司的科恩付出了更多的心血，发展自己的公司。20 世纪 20 年代末期，他付给创作人员的报酬比自己领的薪水还高；30 年代初期，他为所有动画人员设立了艺术班，在现场设置一个小动物园，提供活生生的动物，协助他们提高画动物的能力；他还发明了新的动画小组程序（例如故事板），而且继续在最先进的动画科技上投资。30 年代末期，他慷慨地设置卡通产业第一项奖金制度，以便吸引和奖励优秀的人才。50 年代时，他制订“你创造快乐”的员工培训计划，并且在 60 年代成立迪士尼大学，指引、培训和教导迪士尼的员工。哈利·科恩却从来没有采取过这一类的规划。

毫无疑问，迪士尼不像我们研究的其他建筑师那样，把时钟制造得那么好，而且迪士尼的电影公司在他逝世后，将近 15 年停滞不前，因为迪士尼公司的人一直在问自己：“沃尔特会怎么做？”但是事实俱在，迪士尼和科恩不同，他创造出一个远远超越自我的机构，创造出一个在他逝世后数十年，仍然能够在迪士尼乐园里为孩子们散播“迪士尼魔术”的机构。在同样的时间里，哥伦比亚电影公司已经不再是一个独立的实体，迪士尼则发动了一场悲壮（而且最后终于成功）的战斗，成功地防止了一次敌意购并。虽然对迪士尼家族及其经理们而言，要是兼并者成功的话，他们可以轻易地靠手中的股份净赚千百万美元的利润，但是因为他们的公司是迪士尼公司，所以必须以独立的实体留存下来。约翰·泰勒在他《攻击魔术王国》一书里生动地记述了这场收购迪士尼公司的意图。他在序言里写道：

> 接受（收购）是不可思议的事情，迪士尼公司并非只是随便的一家公司……不必为了合理化而出卖资产，好为股东追求最高的利润。迪士尼也不仅仅是另一个品牌名称而已……经理人把公司看成为世界各地儿童塑造梦幻生活的力量，公司已经深深融入美国文化。的确如此，公司的使命——他们相信公司的确有一个重要的使命——和替股东赚钱一样重要，那就是宣扬美国的价值观。

迪士尼公司在 20 世纪 80 年代和 90 年代继续生存，重振沃尔特·迪士尼以前建立的传统。相形之下，科恩的公司根本没有什么可以拯救和重振的东西，没有人觉得哥伦比亚电影公司应该以独立实体保存下来。要是把公司卖掉可以为股东赚更多的钱，那就这么办吧！

CEO、经理人与创业家的重要信息

在构建高瞻远瞩公司时，最重要的不是采取行动，而是改变你的观念。在随后的章节里，你可以发现很多创造行动导向的东西。要想好好利用这些发现，最重要的是要有正确的思想架构，这一点正是本章的重点。我们认为，转变思想的重要性不亚于牛顿革命、达尔文革命和美国立国思想。

在牛顿革命之前，人类在解释世事时，主要是归结为上帝做出的决定。小孩摔断手是上帝的旨意，农作物歉收也是上帝的旨意。人类认为有个万能的上帝使每一件事情发生。到 17 世纪，大家开始说："不对，不是这样的！上帝只是创造了一个具有若干原则的宇宙，人类要做的是想出这些原则如何运作，上帝并没有做所有的决定，只是安排好能够自行运作的程序和原则。”从那时起，人类开始寻找整个系统的根本动力与原则。这就是牛顿革命的内涵。

同样，达尔文革命使人类对生物物种和自然史的想法发生了激烈的转变。这种思想转变产生了丰硕的成果，和我们在高瞻远瞩公司里所见到的成果相同。在达尔文革命之前，人类假设上帝创造了每一个物种，在自然界里各自担任一个特定的角色。北极熊长成白色的，是因为上帝把它们创造成了那个样子；猫儿喵喵叫，是因为上帝把它们创造成那样；知更鸟胸部的羽毛是红色的，也是因为上帝把它们创造成那样。人类急需假设一定有谁或有什么东西把世间的事情全部安排妥当，以便解释身边的一切——一定是有什么东西说：“我们需要胸部有红色羽毛的知更鸟，以便契合生态系统。”但是，如果生物学家的说法正确，世间事就不是这样的。我们不再直接想到知更鸟一定有红色胸部羽毛（报时）的结论，而是认定世界上有一种进化的基本过程［遗传密码、DNA（脱氧核糖核酸）、遗传变异和突变、物竞天择］，最后产生了胸部羽毛是红色、在生态系统中看来极为契合的知更鸟。自然世界犹如一座滴答作响的神奇时钟，它所具有的美感和功能，起源于其基本程序和复杂机能的成功运作。

同样，请你把高瞻远瞩公司的成功因素看成——至少部分看成来自深植在组织里的基本程序和根本动能，而非主要起源于一个伟大的构想，或来自若干高瞻远瞩的人——这些人无人不知，宛如上帝，做出伟大的决策，拥有惊人的魅力，且以最高的权威领导组织。如果你在构建和管理一家公司，我们请你少从高明前瞻的产品观点来思考，少追求魅力型领袖的人格特质，而多从组织方面的前瞻眼光思考，多考虑构成高瞻远瞩公司的特质。

的确如此，我们请你考虑在思想上做个转变。这种转变之大可以与18世纪时美国所需要的转变相提并论。在17世纪和18世纪的政治思潮引发激烈的革命前，欧洲国家强盛与否，主要靠国王（或女王）的素质。如果有一位明君，就会有个好的王国，如果国王是英明伟大的领袖，他的王国就可能随之强盛。

让我们比较一下明君心态和美国建国时所采取的方法。在 1787 年的立宪会议上，最重要的问题不是“谁应该当总统？谁应该领导我们？谁是我们当中最聪明的人？谁是最好的国王？”绝非如此！美国的建国先贤们致力思考的问题是：“我们能够创建什么样的程序，使国家在我们身后仍然能拥有很多优秀的总统？我们希望建立哪一种长治久安的国家？要靠什么原则来建国？国家应该如何运作？我们应该制定什么指导方针和机制，以便创造我们梦想的国家？”

托马斯·杰斐逊、詹姆斯·麦迪逊和约翰·亚当斯并不是具有高度魅力的“舍我其谁”型领袖，绝非如此。他们是眼光远大的组织型人才。他们创建了一部自己和未来所有领袖都应遵循的宪法，他们致力于建立国家，他们抛弃明君的模式，采取了建筑师的方法。他们是造钟的人！

但是，请注意：在美国这个例子里，制造出来的时钟不是冰冷、机械的牛顿式或达尔文式的时钟，而是以人类的理想和价值观为基础的时钟，是根据人类需要和渴望而制造的时钟，是一座有“精神”的时钟。

这一点引出我们发现的第二个要点：要制造一种特定形态的时钟，而不是随意制造一种时钟。虽然在不同的高瞻远瞩公司里，时钟的形状、大小、机能、造型、年龄和促成时钟滴答作响的其他因素各不相同，但是我们相信，它们都拥有一些根本的特质。我们在后面的章节中会说明这些特质，现在要记住的要点是，一旦你的心态从报时转变为造钟，就可以学到构建高瞻远瞩公司所需的大部分事情。你不必坐待好运到来，就会得到一个伟大的构想；你也不必接受错误的观念，认为除非公司里出现高瞻远瞩的魅力型领袖，否则就不可能成为高瞻远瞩公司。个中没有神秘的因素或深不可测的魔术，的确如此，一旦你学到基本要素，你和身边所有的人就可以开始努力工作，使公司成为一家高瞻远瞩公司。

插曲

太极生两仪

在本书以下部分，我们会持续运用中国二元哲学里的阴阳太极图。我们特意选择这个象征符号代表高瞻远瞩公司的一个关键要素。这些公司不用我们所谓的“非此即彼”来束缚自己——那是一种不能轻易接受矛盾的理性观点，认定两种表面冲突的力量或理念不能同时并存。非此即彼的二分法使大家相信事情非黑即白，因而有下述种种说法：

- 变革和稳定不能并存。
- 保守和勇猛不能并存。
- 低成本和高品质不能并存。
- 创新的自主性和一贯性及严格控制不能并存。
- 为未来投资和短期优异表现不能并存。
- 靠有秩序的规划追求进步和机会主义式的探索不能并存。
- 为股东创造财富和为人类行善不能并存。
- 理想主义（价值观导向）和务实主义（利润导向）不能并存。

高瞻远瞩公司不受二分法的限制，而是用兼容并蓄的方法让自己跳出这种困境，使它们能够同时拥抱若干层面的两个极端。它们不在非黑即白之间选择，而是想出方法，兼容黑白。

在我们阐述后面 8 章丰富的细节时，你会像我们在做研究时一样，遇到一系列的矛盾，一系列在高瞻远瞩公司里显而易见的冲突状况，例如，你会看到表 2.1 中所呈现的情况：

表 2.1　冲突状况

一方面	另一方面
利润之外的目的	务实地追求利润
相当固定的核心价值	勇猛的变革和行动
以核心为基础的保守主义	大胆、果断、冒险行动
清晰的愿景和方向感	机会主义式的摸索与实验
胆大包天的目标	渐进式的演变和进步
选择坚持核心价值的经理人	选择能诱导变革的经理人
理念的控制	拥有运作的自主性
极为严谨的文化（几乎像教派）	具有变革、行动与适应的能力
长期投资	要求短期业绩
达观、高瞻远瞩、面向未来	优异地执行实际日常营运
根据核心理念运作的组织	拥有适应环境的组织

此处我们不只是谈论平衡。“平衡”意味着中庸路线、彼此各半。高瞻远瞩公司不在短期和长期之间寻求平衡，追求的是短期和长期都有优异表现；高瞻远瞩公司不光是在理想主义和获利能力之间追求平衡，还追求高度的理想主义和高度的利润；高瞻远瞩公司不光是在严守核心价值与刺激勇猛的变革和行动之间追求平衡，而是两方面都做得淋漓尽致。简单地说，高瞻远瞩公司不希望把阴和阳混合成灰色，成为既非至阴、又非至阳、不清不楚的圆圈，而是同时和随时以阴阳区分目标。

不合理吗？大概是吧。罕见吗？不错。困难吗？绝对。可是正如斯科特·菲茨杰拉德点明的："检验一流智力的标准，就是在头脑中同时存在两种相反的想法但仍保持行动能力。"这正是高瞻远瞩公司所具备的特质。

第 3 章

利润之上的追求

“我们的基本原则从创办人构思出来后，一直维持不变。我们把核心价值和实务分得清清楚楚，核心价值不改变，但是实务做法可以改变。我们也清楚地表明：利润虽然重要，却不是惠普存在的原因。公司是为了更基本的原因而存在。”

惠普前任 CEO　约翰 · 杨

1992 年

“我们做的是挽救和改善生命的事业，所有的行动，都必须以能否圆满实现这个目标为衡量标准。”

《内部管理方针》

默克公司 1989 年印行

“把利润放在人和产品之后是福特公司造就的奇迹。”

福特公司前任 CEO　唐 · 皮特森

1994 年

默克公司创立100周年纪念时出版了一本书，名叫《价值观与梦想：默克百年》。你注意到什么了吗？书名根本没有提到默克做的是什么事。默克可以把书名定为《从化学品到制药公司：默克百年财务成就》，但是它没有这样做，反而去强调自己在100年历史里一直是由理想指引和激励的公司。1935年（在价值观宣言流行之前几十年），乔治·默克二世就阐述了这些理想。他说："在（我们）这一行工作的人真正受到了促进医学进步并服务于之的理想的激励。"到1991年——过了56年、整整三代领导人之后，默克的CEO罗伊·魏吉罗用同样的语气说道："最重要的是要记住，我们业务的成功意味着战胜疾病和帮助人类。"

有这些理想做背景，我们看到默克决定开发和捐赠美迪善这种药给第三世界国家对付"河盲症"（医学上称之为"盘尾丝虫病盲症"）就不会觉得惊异了。第三世界有上百万人感染河盲症，这种疾病是由大量寄生虫引起的，它们先是在人体组织里游动，最后转移到眼睛，造成令人痛苦的失明。100万个顾客是规模相当大的市场，只是这些人都是买不起产品的顾客。默克知道这个计划绝对不会有很大的投资回报（即使有的话），却仍然推动这个计划，希望产品检验通过后，某些政府机构或第三方会购买这种药品，分发给病人。但默克没有这么幸运，于是决定免费赠送药品给需要的人，且自行负担费用，直接参与分发的工作，以确保药品确实送到了受这种疾病威胁的上百万人手中。

问默克为什么决定推动美迪善计划，魏吉罗指出，若不推动生产这种药品的话，可能瓦解默克旗下科学家的士气——这些科学家服务的公司明确地认定，这是"挽救和改善生命"的事业。魏吉罗进一步指出：

> 我15年前第一次到日本时，日本的企业界人士告诉我，是默克在第二次世界大战之后把链霉素引进日本，消灭了侵蚀日本社会的肺结核。我们的确做了这件事，我们并没有赚到一分钱，但是，默克今

天在日本是最大的美国制药公司，绝非偶然。（这种行为的）长期影响并非总是很清楚，但是，我认为多多少少它会有报偿的。

务实的理想主义

是默克的理想——自 20 世纪 20 年代以来一直明确阐释的公司自我形象，促成了关于美迪善的决定呢，还是默克做这个决定另有实用的理由，例如，追求良好的长期业务或良好的公共关系？我们的答案是二者都对。在这个决定中，默克的理想主义扮演了重要的角色，而且证据显示，默克一定会进行这个计划，不管是否能够替公司的业务创造长期好处。但证据同样显示，默克的行动是假设这种善意行动“多多少少……会有报偿的”。这是典型的兼容并蓄胜过非此即彼的例证。默克公司在创立以后的大部分时间里，都同时展现出对崇高的理想和本身的实际利益的追求。乔治·默克二世在 1950 年解释了这个矛盾：

> 我希望……表明本公司同人所必须遵循的原则……简要地说，就是我们要牢记药品旨在治病救人。我们要始终不忘药品旨在救人，不在求利，但利润会随之而来。如果我们记住这一点，就绝对不会没有利润；我们记得越清楚，利润就越大。

事实上，默克概述了最为高瞻远瞩公司的理念的本质，那就是务实的理想主义。我们的研究显示，高瞻远瞩公司能够奋勇前进，根本因素在于指引、激励公司上下的核心理念，亦即核心价值和超越利润的目的感。这种理念在很长的时间里一直相当固定。我们在本章中会用高瞻远瞩公司同时也是高效率的赚钱企业的事实，描述、证明和说明这个重要却矛盾的因素。

你或许会认为："像默克这样的公司，当然很容易声明和追求感召人心的理想——默克制造的药品确实能够治病救人，减轻大家的痛苦。"这样说很对，我们也同意。但是，和对照公司辉瑞制药相比，辉瑞和默克同属一种产业，同样制造治病救人、减轻大家痛苦的药品，我们却发现默克公司长久以来更注重以理念来驱策自我。

默克把描述公司历史的书定名为《价值观与梦想》，辉瑞则把说明公司历史的书定名为《辉瑞……非正式历史》；默克四代以来一直清楚地说明一组始终如一的崇高理想；而辉瑞，在 20 世纪 80 年代末期之前，我们找不到有类似讨论的证据，也找不到任何证据证明辉瑞有过可以与默克赠送美迪善或推广链霉素媲美的行为。

乔治·默克二世对利润采取一种矛盾的看法（"药品旨在救人……利润会随之而来"）。和默克二世同一时代的辉瑞制药总裁约翰·麦基恩却表现出一种比较偏颇的观点，他说："在人道之外，我们的目标是从所做的一切事情当中得到利润。"根据《福布斯》杂志一篇文章的说法，麦基恩相信"闲置资金是一种不事生产的罪恶资产"。默克保留资金，投资在新药品的研究和开发上面，麦基恩却发动狂热的购并热潮，在 4 年里买下了 14 家公司，多元地投资在农产品、女性化妆品、剃须产品和颜料色素等领域。为什么？为了赚更多的钱，而不顾业务的类别。麦基恩说："我宁可从 10 亿美元的销售额中赚取 5%，也不愿意从 3 亿美元（处方药）中赚取 10%。"在此，我们无意辩论策略问题（是靠购并进行多元化投资，还是靠研发推动专业和创新），但是，证据显示，辉瑞制药在这段时间里，表现出了比默克更纯粹务实、追求利润的倾向。

当然，像默克这样的公司有资格拥有崇高的理想。早在 1925 年，默克二世从父亲手中接过公司时，就已经拥有了极为成功的业务，财务后盾颇为雄厚，因此，似乎只有像默克这样极为成功、有能力宣称一种理念的公司才能奢谈崇高的理想吧？不对。我们发现，高瞻远瞩公司经常不是在成功以后才拥有崇高的理想，才有一种核心理念，而是在它们还在奋力求生存时就已如此。再看下面的两个例子：索尼创业期间和 1983 年福特转危为安时的情况。

井深大于 1945 年在日本战败后的废墟中创立索尼时，在东京市区一栋遭到轰炸和火烧的旧百货公司空荡的楼房里租用了一间废弃的电话总机房，靠 7 位员工和 1 600 美元的个人储蓄开始创业。他优先做的事情应该是什么？在残破的废墟中，他最先应该做什么？创造周转用的现金？想从事什么业务？推出产品，还是服务顾客？

井深大的确致力于这些工作（请回想第 2 章里失败的电饭煲、味噌汤和粗陋的电热毯），不过，他也做了别的事情——除了勉强应付日常的生存问题之外，他也做出企业家罕见的事情，替自己新创的公司确定了一种理念。1946 年 5 月 7 日，离他迁到东京不到 10 个月，而且远未赚到多余的周转资金之时，他就替公司制定了一份公开“说明书”，其中包括下述文字（实际文件相当长，以下只是摘译）：

> 如果能够建立一种环境，让员工能够靠坚强的团队合作精神团结在一起，并全心全意发挥他们的科技能力……那么，这种组织便可以带来说不尽的快乐和利益……志趣相投的人自然会结合起来，推动这些理想。

公司目标

- 构建一个工作场所，让工程师能够感受科技创新的欢乐，了解他们对社会的使命，并心满意足地工作。
- 动力十足地追求科技活动以及用生产来复兴日本和提升国家文化的

行动。

• 把先进科技应用在公众生活中。

管理方针

• 我们要消除任何不当追求利润的行为，始终强调实用与根本的工作，而不是只追求成长。

• 我们欢迎科技上的难题，并且专注高度精密、对社会有重大用处的技术产品，而不计较数量的多寡。

• 我们要把强调的重点放在能力、表现和个人品格上，以便每个人在能力和技术上有最好的表现。

停下来想想：你知道有多少新创企业把这种理想主义的情操放进创业文件里？有多少公司的创办人还在拼命设法赚取足够的现金以支持下去时，就有这么宏大的价值观和归属感？有多少公司能在创立之初，对应该制造什么产品还说不太清楚的时候，就构想并宣示清晰的理念？（这里打个岔，如果你处在发展公司的初期，而且决定在事业有成之前暂缓表明公司的理念，或许你可以停下来考虑索尼的例子。我们发现，井深大在公司历史中这么早就提出的理念，在引导公司的前进上扮演了重要的角色。）

尼克·莱昂斯 1976 年在《索尼之梦》一书里指出，这份说明书里具体表现的理想“过去 30 年来一直是索尼的指导力量，即使在索尼以极为少见的惊人速度成长时，也只有少许的修正”。在井深大写下这份说明书 40 年后，索尼 CEO 盛田昭夫用简洁优美的声明重新阐述公司的理念，称之为“索尼的先驱精神”：

> 索尼是先驱，绝对无意追随别人。索尼希望借助进步造福全世界，始终做未知事物的探索者……索尼拥有尊敬和鼓励个人能力的

原则……总是设法把一个人最好的东西引导出来。这是索尼公司的活力。

本研究中索尼的对照公司健伍则相反。我们试图直接向健伍索取一切能够描述公司哲学、价值观、梦想和理想的文件，健伍回答说没有这种文件，只送来最近几年标准的年报。我们尝试取得外人就这个主题所写的作品，也同样毫无收获。或许健伍像索尼一样，拥有持续一贯、始终奉行和可以追溯到公司创立时的理念，但是，我们却找不到任何有关的证据。关于索尼的理念，我们从其公司内部和外部都能够毫无困难地找到很多书籍、文章和文件，至于健伍，我们几乎找不到任何类似的出版物。

此外，大量的证据证明，索尼的理念直接转化为实务的特性和做法，例如，高度个人主义的文化、（比其他日本公司）倾向分权式的组织结构以及明显避开传统市场研发产品的做法。“我们的计划是用新产品引导市场，而不是询问顾客需要哪一种产品……我们不做很多市场研究，而是把一种产品做得尽量完美……并依靠教育大众，与大众沟通，设法创造这种产品的市场。”从这种由意识形态推动的实际做法里，索尼制定了一系列产销没有明确需要的产品决策，包括于1950年在日本推出第一部磁带录音机、在1955年推出第一部晶体管收音机、在1957年推出第一部袖珍型收音机，在1964年推出第一部家用录像机，以及在1979年推出索尼随身听。

索尼希望有成功的产品，不想当走向破产的先驱。然而，“索尼的先驱精神”起源于公司创立之初，建立于公司成为有获利能力的企业之前，而且将近半个世纪以来，这种精神基本不变，仍然是公司的指导力量。不错，索尼制造过粗糙的电热毯和味噌汤，以求生存（务实主义），但是也始终梦想和致力于做出先驱性的贡献（理想主义）。

现在看看处在另一个端点的公司，一家处于转型期的老巨人。20世纪

80年代初期，福特汽车公司在日本竞争者的一再攻击下，遍体鳞伤，赤字累累，形势江河日下。请你设身处地替福特高级管理层想想，身为公司领导层，看着公司在3年里净亏损33亿美元（占公司净值的43%），他们应该怎么做？他们最优先做的事是什么？

福特的管理层自然火烧火燎般地展开了一连串紧急措施，以阻止公司继续失血，好稍事喘息。但是，他们也做了另一件事——面临重大危机时管理层该做的一件罕见的事情：他们暂停下来，澄清公司经营的指导方针。研究福特80年代转危为安并著书立说的罗伯特·舒克（Robert Schook）说："目的是要创制一份清楚陈述福特公司立场的声明，讨论过程……常常像大学里的哲学课，而不像业务会议。"（我们找不到任何证据证明，面临相同产业困境、同样出现亏损的通用汽车曾经像福特在1983年所做的一样，暂时停下来，进行基本的哲学讨论。）也正是这个过程，产生了福特的"使命、价值观和指导方针"。福特前CEO唐·皮特森就此评论说：

> 大家花了很多时间来讨论人员、产品和利润的重要性，决定人员绝对应该列为第一（产品其次，利润第三）。

如果你熟悉福特的历史，很可能会怀疑这一次序。别误会我们的意思，纵观福特的整个历史，在劳资关系和产品品质方面，我们并不把福特当作模范。福特在20世纪30年代和劳工有过血腥而残酷的争执，70年代的Pinto车型发生过爆炸事故，这显然使福特的记录留下了污点。不过，我们找到了证据，证明福特管理层对"人员、产品、利润的重要次序"的思考重新唤起了亨利·福特拥护的意识形态，这件事可以追溯到公司早年。80年代使福特反败为胜的管理层不是在创造全新的理想，却有一部分是替长久以来已经沉睡的理想注入生机。亨利·福特曾经在1916年描述过公司早年的"人员、产品和利润"之间的关系：

> 我认为，我们的汽车不应该赚这么惊人的利润，合理的利润完全正确，但是不能太高。我主张最好用合理的小额利润，销售大量的汽车……因为这样可以让更多的人买得起，享受使用汽车的乐趣；还因为这样可以让更多的人就业，得到不错的工资。这是我一生的两个目标。

这是理想主义的呓语吗？这是安抚大众的虚假声明吗？或许是吧。但是，请记住，福特用大家买得起的 T 型车（国民车），改变了美国人的生活方式，这主要是得益于 1908—1916 年福特把汽车的价格降低了 58%。当时，福特的订单数量超过其生产能力，本来可以提高车价的，但福特先生却不断地降低价格，即使在遭到一位股东提出诉讼，反对他的这种做法之时，仍然如此。而且，在同一期间，他大胆采用工人日工资 5 美元的制度，大约是业界标准薪资的两倍，使产业界又惊又气。罗伯特·赖西在《福特传》里把这件事描述得很清楚：

> 《华尔街日报》谴责亨利·福特“即使不是犯罪，也是犯了经济上的重大错误”，说这种错误很快“会回过头来困扰他和他所代表的产业和组织化的社会”。这家报纸宣称，福特天真地希望改善社会，“把精神原则注入不属于他们的地方”，说这是一种极为可恶的罪行，而且业界领袖群起谴责“这个工业社会历来最愚蠢的尝试”。

有意思的是，亨利·福特推动“这个工业社会历来最愚蠢的尝试”，显然部分是受高度理想主义的哲学家爱默生的影响，特别是受他一篇题为“论补偿”的文章的影响。但是，福特不受“非此即彼”的限制，推动这种做法，也是因为他清楚地认识到工人一天赚 5 美元，加上较低的车价，会导致 T 型车的销售量大增。是实用主义吗？是理想主义吗？两者都是。

我们还是不希望在理念方面把福特描绘成与默克和索尼相同等级的公司，在这方面，福特的历史记录起伏不定的程度要大多了。但是，和通用汽车相比，福特受理念指引的程度的确高得多。事实上，通用汽车代表了一个有意思的个案，显示仅仅有造钟的导向还不够。通用汽车的总设计师阿尔弗雷德·斯隆有明显而强烈的造钟导向，但是斯隆制造的时钟没有灵魂。他造出的是冷酷、不讲人情、没有人道精神、纯粹在商言商、完全务实取向的时钟。彼得·德鲁克细心研究过通用汽车和斯隆，然后写出巨作《公司的概念》。他在书里简要地说明了这种情形：

> 通用汽车公司这个机构的失败——的确是失败，大部分是一种可以称为“科技官僚”的态度造成的……斯隆的著作《我在通用汽车的岁月》是最好的例子……这本书的焦点完全放在政策、业务决策和结构上……或许这是有史以来最无私无我的回忆录。而这一点显然是故意的，斯隆的书……只知道一个方面，就是管理一家企业，使这家企业能够有效率地生产、提供就业机会、创造市场和销售额，并且产生利润。企业融入社区、企业是生活而不是维持生计的手段、企业是好邻居、企业是力量的中心——这些东西在斯隆的世界里完全没有。

德鲁克在他的大作《管理：任务、责任和实务》里补充说：“通用汽车始终沉迷在斯隆的理念里，而且从斯隆的观点来看，通用汽车的成功令人敬佩，但它失败得也很惨。”

核心理念：探索利润神话

默克、索尼和福特各自就一个常见的模式提供了不同的切面，这个模式就是：有一个核心理念，是高瞻远瞩公司历史发展中的首要因素。就像伟大的国家、教会、学校或任何经久不衰机构的基本理想一样，高瞻远瞩公司的核心理念是一组基本的准则，像基石一样稳固地埋在土地里，表明“这就是我们的真面貌，这就是我们的主张，这就是我们追求的东西”。就像具体表现在美国独立宣言里的指导方针（“我们认定这些真理是不言自明的……”），也像 87 年后在葛底斯堡演说里回响的指导方针（“一个以自由立国的国家，衷心拥护人类生而平等的主张”），对一家机构而言，核心理念是至为根本的东西，很少改变。

在若干案例中，如索尼，核心理念起源于创业时的根基；在某些案例中，如默克，核心理念来自第二代领导层；在别的案例中，如福特汽车公司，核心理念沉睡多年，到了后来才再度绽放光芒。但是，几乎在所有的案例里，我们都找到了证据，证明核心理念不仅仅形诸文字，也是重要的塑造力量。我们很快会更详细地探讨核心理念的细节，以及组成核心理念的两个部分——核心价值和目标，但是，我们首先要转而探究另一个最有趣的发现。

和商学院的教条相反的是，我们在大多数高瞻远瞩公司的历史中，并未发现“尽量扩大股东的财富”或“尽量扩大利润”是主要的动力或首要目标。它们通常追求一组目标，赚钱只是其中之一，而且不见得是首要目标。的确，对很多高瞻远瞩公司来说，业务一向不只是一种经济活动，不光是赚钱的方法。在大多数高瞻远瞩公司的历史中，我们发现一种超越经济因素的核心理念，而且，重要的是，它们拥有核心理念的程度远远超过我们研究的对照公司。

详细的配对分析显示，在 18 对公司中，有 17 家高瞻远瞩公司主要为理念所驱动，而不纯粹为利润目标所驱动（见附录 3 表 A.4）。我们发现，这是高瞻远瞩公司和对照公司最显著的差异之一。

我们当然不是说，高瞻远瞩公司对利润或股东的长期财富没有兴趣。不错，它们追求利润，可是它们也同样追求更广泛、更有意义的理想。扩大利润的目标并不主导一切，但是，高瞻远瞩公司是在能够获利的情况下追求目标的——它们同时达成两种目标。

> 利润是生存的必要条件，而且是达成更重要目的的手段，但是对很多高瞻远瞩公司而言，利润不是目的，利润就像人体需要的氧气、食物、水和血液一样，这些东西不是生命的目的。但是，没有它们，就没有生命。

以下是一些重要的例证，显示在我们的研究中，遍及各行业的高瞻远瞩公司，在程度上远比对照公司更能拥抱“兼容并蓄的融合法”，也就是同时拥抱理念和利润。

惠普与德州仪器

假设你是戴维·帕卡德，时间是 1960 年 3 月 8 日。你的公司三年前首次上市，电子革命已经把你的公司推上爆炸性成长的轨道。你一直在和快速成长所带来的问题和挑战做斗争。但是，你特别关心的是惠普公司能否发展出自行培养精明能干经理人才的能力（你相信，内部晋升制度是你的公司动能十足的关键因素）。因此，你创设培养惠普管理层的方案，认为这个方案是组织长期健全的基石，而且你正要对一群负责这个方案的惠普人发表谈话。你希望在他们的心里铭刻一种重要的信息，让他们在为培训一代又一代的惠普经理人设计各种方案时作为指导方针。你谈话的主题是什么？你希望这些训练人员牢记什么样的信息？

帕卡德在简短地表达了欢迎之意后，开始他的谈话。他说：

> 我首先想探讨一家公司存在的原因，换句话说，我们为什么会

> 在一起？我想，很多人误以为公司存在的目的只是为了赚钱。这一点其实只是一家公司存在的一种重要结果，我们必须进一步深入地去发现我们存在的真正原因。在探讨时，我们不可避免地会得到一个结论：一群人结合在一起，以我们称之为公司的机构存在，是为了能够合力完成一己之力无法做到的事情——对社会做出贡献。这个名词听来平凡，却是根本因素……随处（整个企业界）都可以看到，有人只对金钱有兴趣，对其他一切事情都没有兴趣。但是，根本动力大部分来自能在其他方面做出成就的意愿，例如，制造一种产品，提供一种服务，大致上就是做一些有价值的事情。所以，我们把这一点记在心里，来探讨惠普公司存在的原因……我们存在的真正原因，是我们要提供一些独一无二（能做出贡献）的东西。

和帕卡德共过事的人描述他的管理风格是一种实际、脚踏实地、“卷起衣袖开始工作”的态度。他在大学时主修工程，不是要当哲学教授，但是，我们看到帕卡德深思我们称之为“公司存在主义”的理念，从哲学而非经济的角度思考他的公司“存在的理由”。根据帕卡德的说法，“实现利润不是管理层正确的目的和目标——仅是使所有正确目的和目标得以完成的手段”。

帕卡德明白地接受利润及非利润目的之间的紧张关系，完美地示范了“兼容并蓄的融合法”。他一方面清清楚楚表明，经营惠普应该“首先强调对社会做出贡献”，而且“我们的主要目标是设计、开发和制造最完美的电子（设备），以求促进科学发展和人类福祉”。另一方面，他同样清楚地表明，利润使惠普得以追求这些比较广泛的目的，“如果不能接受（利润）这个最重要的目标之一的话，任何人，无论是现在或是将来，在这家公司的管理队伍里都没有一席之地”。

此外，他把这一观点制度化，传承给约翰·杨（1976—1992 年担任惠普的 CEO）。杨在接受我们访问时，说了下面一段话：

> 尽量增加股东的财富一直是我们放在很下层的目标。没错，利润是我们所作所为的基础——是衡量我们贡献大小的指标，也是自立支持公司成长的手段——但它本身一向都不是重点。事实上，重点是求取胜利。胜利与否要由顾客的眼睛来判断，由你是否做了一些能够自豪的事情来判断。这当中有逻辑上的对称性，如果令真正的顾客感到真正的满意，我们就会获利。

我们在比较德州仪器和惠普时，审视了 40 多份历史文献和个案研究，却找不到半份声明说德州仪器是为了赚钱以外的目的而存在。这种声明可能存在，但是我们没有找到任何证据。事实上，德州仪器在界定自己时似乎完全以规模、增长率和获利能力为准绳——与帕卡德所说的“企业存在的理由”几乎毫无关系。德州仪器总裁哈格蒂在 1949 年为公司制定“格言”时说：“我们是优秀的小公司。现在，我们必须成为优秀的大公司。”这种专注于规模和成长，几乎不注重“理由”的执迷态度，在德州仪器的成长历史中从未改变过。例如，我们注意到，和惠普不同，德州仪器所有推动公司前进的目标都纯粹以财务上的成长为导向。

德州仪器的首要企业目标

> 销售额达到 2 亿美元（1949 年制定）。
> 销售额达到 10 亿美元（1961 年制定）。
> 销售额达到 30 亿美元（1966 年制定）。
> 销售额达到 100 亿美元（1973 年制定）。
> 销售额达到 150 亿美元（1980 年制定）。

公正地说，我们在很多高瞻远瞩公司，特别是沃尔玛，也发现同样的财务目标。但是，德州仪器和大多数高瞻远瞩公司不同，而且绝对和惠普不同，它似乎把财务上的销售目标作为唯一的动力，对于个中“理由”，似乎远不如其他公司那么强调。对德州仪器来说，越大就是越好。即使产品品质低劣，对科技毫无贡献，也不在乎。但是，对惠普来说，唯有在能够“做出贡献的架构下”，越大才会越好。例如，德州仪器公司在 20 世纪 70 年代生产便宜的袖珍型计算器以及 10 美元一只的一次性数字手表，显然是“大就是好”的策略；惠普面对同样的市场机会，却明确不追求便宜的低档产品，因为这些产品不能为科技做出贡献。

强生与百时美

强生公司像惠普公司一样，明白地宣扬理想重于利润，然后在这些理想的架构下，强调利润的重要性。1886 年罗伯特 · 约翰逊在创立强生公司时就以“减轻病痛”为理想目标，到 1908 年，他把这个目标扩大成一种企业哲学，把服务顾客和关心员工放在股东报酬之前。强生早期的研究经理弗雷德 · 吉尔默在 20 世纪初期解释了这种哲学如何界定研究部门的角色。他说：

> 这个部门不是靠任何狭隘的商业精神推动……不是为了发放股利或完全为了强生公司的利益工作，而是以协助医疗技术的进步为归宿。

1935 年，小罗伯特 · 约翰逊在被他称之为“启发性自利”的哲学中，再度声明这些精神：“服务顾客是第一位的……服务员工和管理层其次……服务股东最后。”后来（1943 年），他把服务社区加在名单里（仍然放在服务股东之前），并且把强生的理念归纳在《我们的信念》里，印在老式的羊皮纸上，采用和美国独立宣言相同的文字体例。他写道："我们尽到这一切责任后，股东们应该得到公平的报偿。"虽然强生从 1943 年以来坚持定期检讨和略微改动这些有关信念的文字，但是从这个信念写就以来直到现在，根本理念始终不变，始终阐述从顾客到股东的责任梯次，并且明白地强调"公平"的报酬率，而不是强调"最大"的报酬率。

我们的信念

我们认为我们的首要责任是对医生、护士、医院、母亲和所有使用我们产品的人负责。

我们的产品必须始终维持最高的品质。

我们必须不断致力于降低这些产品的成本。

我们的订单必须迅速而精确地完成。

我们的经销商必须赚取公平的利润。

我们的第二个责任是对和我们一起工作的同人——对在我们的工厂和办公室里工作的男士女士负责。

他们在工作上必须有安全感。

工资必须公平而适当，管理层公正，工时合理，工作状况整洁有序。

员工应该有一个有组织的建议和申诉制度。

监督人员和部门主管必须合格，心态必须公平。

够格的人必须有晋升的机会，在考核一个人时必须以个人的尊严和品德状况为根据。

我们的第三个责任是对我们的管理层负责。

我们的经理人必须有才能、受过教育、有经验和有能力。
必须是具备常识、能为他人着想的人。

我们的第四个责任是对我们所在的社区负责。
我们必须做个好公民——支持正义和慈善事业，而且依法纳税。
我们有幸使用的房产必须维持良好的状态。
我们必须提倡改善市政，提倡卫生、教育和清廉的政府，并且让社区熟悉我们的活动。

我们的第五个即最后一个责任，是对股东负责。
企业必须赚取相当利润。
必须保障储备金，必须进行研究，开发有冒险精神的项目，支付犯错的代价。
必须为逆境预做准备，支付税款，购买新机器，构建新厂房，推出新产品，制订新的销售计划。
我们必须实践新的构想。
我们尽到这一切责任后，股东们应该得到公平的报偿。
我们决心在慈悲的上帝的协助下，尽我们最大的力量完成这些义务。

这是小罗伯特·约翰逊 1943 年写就的第一份关于信念的文字。

20 世纪 80 年代初期，CEO 吉姆·伯克估计，他当 CEO 期间 40% 的时间用来和公司上下沟通这一信念。他如此说明这个信念和利润之间的互动关系：

我们的管理层在日常业务上全以利润为导向。这是在业务上就事论事的一部分。但是，在我们这一行和其他行业，大家通常这样想：

> “我们最好这样做，因为如果不这样做，后果就会在短期报表上表现出来。”而这份文件（强生公司的信念）使他们可以说：“等一下，我不必这样做。”管理层告诉过我，他们……希望我在这一套原则下做事，所以，我不必随俗起舞。

我们发现，在接受理念指引方面，百时美远远不如强生公司。强生早在40年代之初就把公司的信念正式刊印，而且回溯到20世纪初就对公司的信念有明确的意识。我们发现，在1987年百时美发布《百时美誓言》前（看来有抄袭改写强生信念之嫌），找不到任何证据显示百时美有与强生信念类似的东西。我们也找不到任何证据显示这份誓言在百时美公司得到了贯彻，成为其指导性文件。强生公司的员工能明确说出公司信念和重大决定之间的关系，而我们在百时美员工身上，没有看到同样的情形。

哈佛商学院曾经用个案研究，探讨强生如何把信念化为行动，如何落实在组织结构、内部计划程序、福利制度、战略性业务决策以及危机时的有形指导方针里。例如，强生在1982年遭遇“泰诺”危机时就用这套信念作为应对基础。当时，在芝加哥地区有7人死亡，调查显示有人（不是公司员工）动过泰诺药瓶，在药里掺了氰化物。虽然只有芝加哥地区发生了死亡事件，强生公司却立刻从整个美国市场收回了所有的泰诺胶囊，估计花了1亿美元的费用，并且发动2 500人参与沟通行动，警告大众并处理这个问题。《华盛顿邮报》报道这个危机时写道：“强生公司成功地向大众显示，它愿意不计成本，为所当为。”

泰诺危机发生后没有多少天，百时美面临一个几乎相同的问题，该公司的“爱西特”药片在丹佛地区被人动了手脚。百时美不像强生从整个美国市场收回所有的药品，只是收回在科罗拉多州出售的药品，而且没有发动警告公众的行动。自称是“深思熟虑、讲究细节的经理人”的百时美的董事长理查德·盖尔布，很快在邓白氏公司的《商业月刊》里强调爱西特事件“对百时美的赢利能力几乎毫无影响”。强生有一套成文的理念指导公司应对危机（无论好坏），而百时美却缺少同样的指导方针。

波音与麦道

在波音公司的整个历史中，比起麦道公司，它制定重大决策更深地依据其自视甚高的理想化观点，同时也依据其战略性的务实主义。波音的特殊之处，是拥有冒着巨大风险豪赌、制造更大和更先进飞机的长久历史。这些豪赌都得到了回报，使波音成为高度获利的公司（比麦道获利更高），这些决定的确是务实的决策。但是，证据显示，波音从根本上讲，并非只追求利润——无论是长期的或其他的利润；波音一向追求成为航空先驱——追求制造大型、高速、先进、性能更好的飞机，追求开拓航空科技的新领域，追求冒险、挑战、成就和贡献，追求正确的道路。如果没有利润，波音显然不能追求这些目的。但是利润不是一切事情的“理由”，就像查克·耶格尔不是完全为了金钱做试飞员一样。1945—1968 年任波音 CEO 的艾伦曾经谈及波音的工作目的：

> 波音公司总是面向明天。要达成这一点，唯有依靠生活、呼吸、吃饭和睡觉都念念不忘自己所作所为的人……（我有幸）和一大群知识丰富，热心奉献，吃饭、呼吸和睡觉都念念不忘航空事业的人成为同事……人类的目标应该是有机会达成更大的成就，提供更多的服务；人生所能提供的最大乐趣，是参与一种艰苦和有重大建设性任务而带来的满足。

以波音决定制造波音 747 喷气式客机为例。不错，波音的确有经济上的动机，但是也有非经济上的动机。波音制造 747 的原因是兼顾自我形象和追求利润，因为波音公司相信自己应该站在空运时代的最前列。为什么要制造 747？“因为我们是波音公司！”波音董事克劳福德·格林沃尔特问一位高级经理，倡议建造 747 所预测的投资回报率如何，这位经理告诉他，他们做过一些研究，但是记不得结果了。罗伯特·瑟林在《传奇与传承：波音公司的人与事》这本书里写道：“格林沃尔特把头埋在桌上，喃喃说道：‘天啊，这些家伙竟然不知道这个项目的投资回报如何。’”

摩托罗拉与顶峰

摩托罗拉公司创办人高尔文把利润看成追求公司目标的必要手段，而不是最终的目标。不错，他不断地督促手下的工程师降低成本，同时改善品质，以便为公司提供获利基础。他同样认为，企业人士需要赚取利润，以便从自己的努力中得到满足。但是，他从来没有让利润变成公司至高无上的首要目标——他还认为任何公司都不应该如此。在 20 世纪 30 年代的“大萧条”期间，摩托罗拉还是一家挣扎求生存的新公司，同业习惯的做法是向经销商提供虚假的财务情况，宣传夸大产品的好处。高尔文承受到采取同样做法的压力，他的应对方式是不加理会。“告诉他们真相，”他说，“第一是因为这是应该做的正确事情，第二是因为他们早晚都会发现真相。”高尔文的反应再度展现本研究中许多高瞻远瞩公司的二元性质——务实的理想主义，但它们不完全是理想主义，也不完全是务实主义，它们兼容并蓄。

摩托罗拉之类的高瞻远瞩公司，不认为必须在遵循价值观和务实之间做出抉择；它们认为，寻找务实的解决方法，同时遵循核心价值行事是一种挑战。

此外，高尔文把这种矛盾的观点制度化，使之成为摩托罗拉世代的指导方针。到 1991 年，罗伯特·高尔文（保罗·高尔文的儿子和继承人）写了一系列的文章给员工，谈论“我们的立场和存在的意义”。他在 31 篇文章里探讨了创造力、更新能力、顾客的彻底满意程度、品质、伦理、创新和类似主题的重要性，却没有一次提到尽量提高利润，也没有暗示这是公司根本的目的或是一切所作所为的“根本原因”。摩托罗拉的正式宣言和上述精神一致，记载在一份内部出版物中，叫作《我们的立场：目的、原则及伦理宣言》。这份宣言把利润和更广大的目的合为一体，追求适当的利润（不是最大的利润）处于次要而非主要地位：

> 摩托罗拉的目标是以公平的价格向顾客提供品质优异的产品和服务，光荣地服务于社会；以赚取企业成长所需的行之有效的利润，并为我们的员工和股东提供机会，以求达成合理的个人目标。

相形之下，在顶峰，“指挥官”麦克唐纳没有为公司留下一种长盛不衰的理念。在麦克唐纳当家的时代，公司的主要目的似乎是成为创办人的玩具和舞台。在麦克唐纳去世后，公司几乎没有任何指引或激励方向，陷入停滞不前的状况，降格到典型的纯粹追求利润的地步。我们在检视有关摩托罗拉和顶峰的文章时，注意到谈论摩托罗拉的文章不断强调公司“无形的”层面：不拘一格、平等主义、科技上的进取精神、乐观主义、永远前进等等；然而，谈论麦克唐纳死后顶峰情况的文章则更强调财务状况、市场占有率以及其他纯属财务方面的事项。我们在顶峰没有发现和摩托罗拉“我们的立场”相似的文件。事实上，我们发现，1958 年麦克唐纳去世后，顶峰除了追求提高市场占有率和最高的利润外，没有任何重要的理念。

万豪与豪生

与摩托罗拉和惠普两家公司一样，万豪酒店明白地接受了务实理想主义的矛盾。有人问老威拉德·马里奥特，他创办万豪酒店，是要赚100万美元还是要建立一个帝国，他回答说：

> 不，根本不是。我心里只是有三个一贯的构想，三者同等重要：第一是对我们的客人提供友善的服务；第二是以合理的价格提供高品质的食物；第三是尽我所能日夜努力工作，赚取利润……我希望收获成长带来的报酬，包括给更多的员工工作机会，有钱照顾我的家庭，并且对好的宗旨有所贡献……服务业是有很高回报的行业，对社会有很大的贡献。为离家在外的人提供一顿好吃的饭、一张舒适的床、友善的待遇……让离家在外的人觉得置身于朋友当中，而且真正受人欢迎，是很重要的事。

像前面提到的例子一样，马里奥特把这个观点制度化，以便在他去世后仍然能够流传久远。他创设复杂的甄选员工和灌输理念的程序，以强化员工是第一流人才、顾客是贵宾的理念；创立管理发展计划，以确保经过马里奥特理念训练的管理人才源源不绝。他细心培养儿子兼继承人小威拉德·马里奥特，不但教导他经营公司的实际业务，也教导他传承公司的价值观。1991年一篇文章评论说："在庄严的气氛下，万豪酒店的经理们遵循了威拉德1964年在儿子成为执行副总裁时写给他的'管理指导方针'。"我们发现了那封长信的复本，注意到那些方针和20年后他儿子主张的方针非常相似。

表 3.1

1964 年	1984 年
老威拉德 · 马里奥特	小威拉德 · 马里奥特
人是最重要的——他们的发展、忠诚度、兴趣、团队精神……（他们的）发展是你首要的任务……要看到人的长处，教他们技术，协助他们成功	我们从事和人有关的事业……要教导、协助和关心他们，给他们以公平的待遇，使他们设法发展这些特质，成为赢家
要授权并且担负起成败的责任，如果……一个员工很明显地不能胜任他的职务，你应该替他另外寻找一个适合的工作，否则就开除他，别犹豫	吸纳优秀的员工，期待他们有出色的表现。如果你的选择有误，就尽快并公正地解雇他
管理你的时间……使工作时的每分钟都顺利运行……保持幽默感，使业务成为你和其他人的兴趣	努力工作，但是要有乐趣，做事和完成任务是乐事，个中关键是要保持这种状态

小马里奥特遵循他父亲数十年前为公司奠定的指导原则，表示驱动公司的主要因素“不是金钱”，而是把工作真正做得很好而产生的自豪感和成就感。他指出，只要尽力照顾员工，提供体现顾客价值的服务（对待他们像贵宾一样），“诱人的”（不是“最大的”）股东报酬就会自然地随之而来。

虽然证据显示，老霍华德 · 约翰逊也有一种理念（强调一贯性和品质），我们却没有找到任何证据显示他把这种理念传承给他的儿子（兼继承人），或是以其他方式把他的理想铭刻在公司里，成为一套长盛不衰的原则。从第一代到第二代，没有任何传授理念的记录，也不像马里奥特那样刻意挑选理念式的人才和灌输理念程序的记录。到 20 世纪 70 年代中期，小霍华德 · 约翰逊采用一种偏激的、纯粹以财务为重点（追求成长和投资回报率）的方针积极经营豪生酒店，丝毫或根本不强调顾客或员工。根据三篇不同的文章（两篇出自《商业周刊》，一篇出自《福布斯》杂志）的报道，豪生酒店用昂贵但质量一般的食物、差劲的住宿设备和缓慢、冷漠的服务压榨困在高速公路上的旅客。最后小约翰逊以 18 倍本益比的高价把公司卖给了一位英国投资者。

菲利普·莫里斯与雷诺公司

和雷诺公司比较，我们在菲利普·莫里斯发现的证据显示，这家公司在一套理念的架构下规范地工作，而不只是尽量扩大股东的财富。菲利普·莫里斯公司副董事长罗斯·米尔希泽在 1979 年说过：

> 我喜爱香烟。香烟是使人生真正值得继续下去的东西之一……香烟提供了某些欲望、某些基本的人性因素（层面）。人性因素总是设法自行平衡，香烟在其中扮演了某种角色。

是理念还是自欺的错觉？或者只是优异的公共关系？我们不可能分辨清楚。但是我们在菲利普·莫里斯公司，发现了一种团队精神和共同目的的意识，而我们在雷诺公司过去 30 年的历史中根本找不到这种东西。菲利普·莫里斯的经理们对他们的香烟所表现的热情，远远超过雷诺公司的经理们；菲利普·莫里斯的经理们在他们维护香烟的意识上表现出极为强烈的反抗精神。雷诺公司的员工大约在 1960 年以后，除了把香烟当作一种赚钱的工具外，似乎就不再关心他们的产品了。根据雷诺公司董事长在 1971 年的谈话，如果公司不能再卖出香烟，替股东多赚些钱，那也没什么关系。他和米尔希泽不同，对香烟没有一种意识上的忠诚。

菲利普·莫里斯的经理们恰好相反，几乎以理直气壮的道德含义来界定为香烟奋斗的战争。他们据此声明：我们有权吸烟，这是自由选择的问题。别拿走我们的香烟，别压制我！我们在查阅有关菲利普·莫里斯的文章时，注意到该公司很多经理的照片，都是摆出叛逆不羁的姿势，手里拿着香烟，看着照相机，神情传达出“要我放下这根香烟，想都不要想”的意思。《财富》杂志有一篇文章指出：

> 一种近乎顽抗的吸烟文化渗透了经理们所在的楼层，这里的居民从口袋里拿出那种往后一推就开的香烟盒……点上火……然后把香烟盒抛到桌上，让大家都看得到。

实际上，他们就好像把自己看成孤独、勇猛而独立的牛仔，好似描绘在无所不在的万宝路广告牌上的牛仔。一位菲利普·莫里斯前员工描述说，在公司工作好比加入了“吸烟教派”，她还告诉我们，说公司强迫她和同事把一盒盒的香烟和薪水一起带回家。菲利普·莫里斯一位董事告诉我们（手上还把玩着一盒过滤嘴香烟的烟盒）：“我真的喜欢担任菲利普·莫里斯的董事。它的确是一家好公司。我的意思是它确实是一家伟大的公司，担任董事就像身为某种真正特别、真正自傲的东西的一部分。”《福布斯》杂志1971年有一篇文章在谈及菲利普·莫里斯董事长约瑟夫·卡尔曼时写道：

> 很多人厌恶卡尔曼，因为他以侵略性的方式为吸烟辩护。他没有为香烟道歉，反而指出“吸烟有益”精神健康。

请别误解我们的意思，我们不认为菲利普·莫里斯所做的事是为人类谋福利的工作。菲利普·莫里斯的理念，主要和个人的选择自由、首创精神、努力工作、机会根据能力而来、争取胜利和不断改进有关——完全是因求好心切，而把业务做得特别好。而且不断地进步，以便赢得尊严、骄傲。迈克尔·迈尔斯在1991年成为菲利普·莫里斯的CEO。《财富》杂志曾经描述他“沉迷业务成痴……务实、无情、专注……冷血”，是一个

"生活中每一分钟都想到业务的人"。迈尔斯说过："我看不出（香烟）事业在道德上有什么不对的地方……我看不出销售大家不需要的产品有什么不对的地方。"这不是特别"软性"或"合乎人道精神"的价值观，而且香烟毕竟不能治疗河盲症。但是——这一点或许让你惊讶（的确让我们讶异），我们发现，菲利普·莫里斯和默克一样，拥有和强烈的核心理念有关的团队精神。不错，菲利普·莫里斯的理念和默克的差异极大，但是，在理念指引公司这一点上，两家公司都远远超过它们的对照公司。在这个重要层面上，过去 40 年来，菲利普·莫里斯和默克的相通之处比它和雷诺公司还多，默克和菲利普·莫里斯的相通之处也比它和辉瑞制药的多。

有普泛的"正确"理念吗

就产品对大家的影响而言，默克和菲利普·莫里斯是处在两个极端的两家公司。两家公司都是高瞻远瞩公司，由强而有力但差异极大的理念指引。这一事实引发出若干有趣的问题：有没有一种"正确的"核心理念，可以造就高瞻远瞩公司？意识形态的内涵很重要吗？在各家高瞻远瞩公司的核心理念中，有没有任何共通的要素或普遍的形态？

我们在研究高瞻远瞩公司的核心理念时发现，虽然有一些要点出现在不少高瞻远瞩公司里（例如贡献、团结、尊重员工、服务顾客、走在创造或领导的前列、对社区的责任），却没有任何一点普遍而一贯地出现在所有公司里。

• 有些公司，像强生和沃尔玛，把顾客当作公司理念的核心，其他公司，如索尼和福特汽车却并非如此。

• 有些公司，像惠普和马里奥特，把关心员工当作公司理念的核心，其他公司，如诺思通和迪士尼却并非如此。

• 有些公司，像福特汽车和迪士尼，把产品或服务当作公司核心理念的重点，其他公司，如 IBM 和花旗银行却并非如此。

- 有些公司，像索尼和波音，把大胆的冒险当作公司理念的核心，其他公司，如惠普和诺思通却并非如此。

- 有些公司，像摩托罗拉和 3M，把创新当作公司理念的核心，其他公司，如宝洁和美国运通却并非如此。

> 总之，我们并未发现任何与成为高瞻远瞩公司息息相关的特别理念。我们的研究显示，理念的真实性和公司连续一贯符合理念的程度要比理念的内容重要。

换句话说，不管你喜不喜欢或同不同意菲利普·莫里斯的理念，都没有什么差别——除非你是替菲利普·莫里斯工作。外人是否同意默克的理念，或马里奥特、摩托罗拉、迪士尼、惠普的理念，也没有什么关系。我们的结论是，关键问题不在于公司是否有“正确的”核心理念，或者是否有“让人喜爱的”核心理念，而在于是否有一种核心理念指引和激励公司的所有人。

表 3.2　高瞻远瞩公司的核心理念

公司	核心理念
3M	• 创新；“你不得扼杀一个新产品的创意” • 绝对正直 • 尊重个人的首创精神及个人成长 • 宽容诚实的错误 • 产品质量及可靠性 • “我们的真正业务是解决问题”
美国运通	• 英雄式的顾客服务 • 世界性的服务可靠性 • 鼓励个人的首创精神

（续表）

公司	核心理念
波音	• 领导航空工业；永为先驱 • 应付重大挑战与风险 • 产品安全与品质 • 正直与合乎伦理的业务 • “吃饭、呼吸、睡觉念念不忘航空事业”
花旗银行	• 扩张主义：在规模、服务种类、地区设点方面采取扩张主义 • 遥遥领先：例如最大、最好、最能创新、获利最高 • 自主与企业精神（通过分权） • 实力主义 • 积极进取与自信
福特汽车	• 人员是我们的力量源泉 • 产品是“我们努力的终端成果”（我们以汽车为业） • 利润是必要的手段与衡量我们成就的指标 • 以诚实及正直为基础 （注：这是 20 世纪 80 年代福特公司《使命、价值观和指导方针》文件中的次序，在福特公司不同的历史阶段，次序有所不同。）
通用电气	• 以科技及创新改善生活品质 • 在对顾客、员工、社会与股东的责任之间求取互相依赖的平衡（没有明确的等级之分） • 个人责任及机会 • 诚实与正直
惠普	• 给我们从事的领域贡献技术（我们公司存在的目的是要做出贡献） • 尊敬惠普人并给予他们机会，包括共享企业成功的机会 • 对我们所在的社区奉献与负责 • 提供顾客负担得起的高品质产品 • 利润与成长是使所有其他价值观与目标可能实现的手段
IBM	• 给予每个员工充分的考虑 • 花很多时间使顾客满意 • 坚持到底把事情做好，追求卓越

（续表）

公司	核心理念
强生	• 公司存在的目的是要“减轻病痛” • “我们的责任层次分明：顾客第一，员工第二，整个社会第三，股东第四”（参见本章前面所刊公司信念） • 根据能力给予个人机会与报酬 • 分权＝创造力＝生产力
万豪	• 友善的服务与绝高的价值（顾客是贵客）；“让离家在外的人觉得置身于朋友当中，而且真正受人欢迎” • 人员第一，善待他们，寄予高度期望，其余一切会随之而来 • 努力工作，但保持工作乐趣 • 不断自我提高 • 克服逆境，建立格调
默克	• “我们做的是挽救和改善生命的事业。我们所有的行动都必须以达 成这个目标的成就来衡量。” • 诚实与正直 • 企业社会责任 • 以科学为基础，力求创新，不事模仿 • 在公司的所有层面追求完美 • 追求利润，但利润须来自有益人群的工作
摩托罗拉	• 公司存在的目的是“以公平的价格向顾客提供品质优异的产品和服务，光荣地服务于社会” • 不断进行自我革新 • 发掘“我们内部潜藏的创造力” • 不断改进公司的一切作为：创意、品质与顾客满意度 • 以尊严对待每一位员工，视之为个体 • 在业务的所有层面追求诚实、正直、合乎伦理
诺思通	• 服务顾客最优先 • 努力工作，追求生产效率 • 不断改进，永不满意 • 追求完美名声，让自己与众不同

（续表）

公司	核心理念
菲利普·莫里斯	•捍卫个人自由选择（吸烟、购买想买的东西）的权利 •争取胜利：追求至善与击败别人 •鼓励个人首创精神 •根据能力给予员工达成成就的机会，不以性别、种族或阶级为根据 •努力工作，不断自我提高
宝洁	•产品完美 •不断自我提高 •诚实与公平 •尊重与关心个人
索尼	•体验以“科技进步、应用与创新”造福大众的真正快乐 •提升日本文化与国家地位 •做先驱：不追随别人，但是要做不可能的事情 •尊重、鼓励每个人的能力和创造力
沃尔玛	•“我们存在的目的是向顾客提供物有所值的东西”：用比较低的价格和比较多的选择改善他们的生活，其他一切都属次要 •力争上游，对抗凡俗之见 •和员工成为伙伴 •热情、热心、认真工作 •精简经营 •永远追求更高的目标
迪士尼	•不容有犬儒主义式的嘲笑态度 •狂热地注意一贯性与细节 •以创造力、梦想与想象力不断追求进步 •狂热地控制与保存迪士尼的“魔力”形象 •“带给千百万人快乐”，并且歌颂、培育、传播“健全的美国价值观”

注：上表代表本研究里每一家高瞻远瞩公司历史中一贯的意识形态，这不是修改这些公司最近有关价值观、使命、愿景或声明的文件（如果有的话），我们绝对不是只依靠一个来源而是在很多代的CEO中寻找历史的一贯性

言还是行

我们怎么能确定高瞻远瞩公司的核心理念不只是好听的口头禅？不是没

有约束力的言辞？不只是用来安抚、玩弄或误导的言辞？我们有两个解答。

首先，社会心理学的研究强调指出，当人们公开拥护一种特别的观点时，即使他们以前不主张这种观点，在行为上也可能远比以前更符合这种观点。换句话说，声明一种核心理念的事实（高瞻远瞩公司这样做的情形远超对照公司），会影响行为去配合这种理念。

其次，更重要的是，高瞻远瞩公司不只是宣布一种理念，它们也采取很多步骤，使之贯彻于组织上下，并且超越任何个别的领袖。我们在后面的章节会说明：

- 高瞻远瞩公司和对照公司相比，会比较彻底地对员工灌输核心理念，创造出极其强而有力、几乎成为教义般环绕这种理念的文化。
- 高瞻远瞩公司和对照公司相比，会比较谨慎地根据是否符合核心理念来培养和选择高级管理者。
- 高瞻远瞩公司和对照公司相比，在诸如目标、策略、战术和组织设计等方面，比较能够一贯地配合核心理念。

当然，高瞻远瞩公司经常会发现，要维持和实践自己的理念并非易事。通用电气 CEO 韦尔奇描述过，在实用主义和理想主义的紧张之间生存，也就是在他称之为“数字和价值观”的冲突之间行事，的确困难重重。

> 谈及数字和价值观，我们并没有最后的答案，至少我自己没有。对于完成绩效并且与和我们的价值观一致的人，可以不断前进和爬升；对于未完成绩效但和我们价值观一致的人，可以再给他们一次机会；既没有共同的价值观又没有绩效的人，也很好办。问题出在不认同我们的价值观却有绩效的人……我们设法说服他们，只能和他们搏斗，并为这些人烦恼不已。

事实上，我们发现，高瞻远瞩公司本身并非总是自己理念的典范。例如，通用电气在 20 世纪 50 年代和 60 年代，就有一些违反伦理和法律的罪行，包括 1955 年和几家电力公司共谋，涉嫌参与一件投标舞弊案。宝洁在 1991 年借助阴险的手段，取得辛辛那提的电话记录，以便追查（大概想惩罚）泄露消息给《华尔街日报》的公司雇员，从而明显违反公司津津乐道的“尊重个人”的价值观。即便是拥有著名信念的强生，也有几次必须奋力维护公司的理念，继续作为塑造力量的记录。1979 年，也就是罗伯特·约翰逊写下这份信念的 36 年后，强生公司为了这份信念，自行展开一次全面探索和思考的过程。当时担任 CEO 的伯克说：

> 我的前辈热情地相信这份信念，但是（1979 年时的）经理并非一致遵循……所以，我召集了大约 20 位重要的经理，质问他们：“这是我们的信念。如果我们不再遵循它，就把它从墙上扯下来……我们要么继续遵循，要么就把它丢掉。”到会议结束时，这些经理对这份信念的了解和热心都大为增加。然后，（我们）在世界各地，和一拨一拨的经理开会，强调这份信念的存续。

高瞻远瞩公司并非一贯都是完美无缺的，但是，就像强生重新确认其信念，通用电气在绩效和价值观之间挣扎一样，高瞻远瞩公司通常都极力强调拥有核心理念，并且大力保存核心理念作为重要的塑造力量。而且，这又是关键要点，他们这样做的情形，远比本研究中的对照公司多很多。

CEO、经理人与创业家指南

建立高瞻远瞩公司关键的第一步是：清楚表明一种核心理念。我们根据高瞻远瞩公司的范例，拟定一个核心理念的定义，定义由两部分组成。

和我们合作的公司发现，这个定义在它们制定自己的理念时，是很有用的指导。

表 3.3　核心理念

核心理念 = 核心价值 + 使命	
核心价值　=	组织长盛不衰的根本信条，即少数几条一般的指导原则；不能与特定的文化或作业方法混为一谈；也不能为了财务利益或短期权益而自毁立场
使命　　=	组织在赚钱之外存在的根本原因——地平线上恒久的指引明星，不能和特定目标和业务策略混为一谈

核心价值

核心价值是组织长盛不衰的根本信条，不能为了财务利益或短期权益而自毁立场。IBM 前 CEO 小托马斯 · 沃森曾经谈及核心价值（他称之为信念）。他在 1963 年撰写的《一个企业的信念》说：

> 我相信一家公司成败之间真正的差别，经常可以归因于公司激发了员工多大的精力和伟大的才能，在帮这些人找到彼此共同的宗旨方面，公司做了什么？……公司在经历代代相传和发生各种变化时，如何维系这种共同的宗旨和方向感？……（我认为答案在于）我们称之为信念的力量，以及这些信念对员工的吸引力。我坚决相信任何组织想继续生存和获致成功，一定要有健全的信念，作为所有政策和行动的前提。其次，我相信企业成功最重要的唯一因素，是忠实地遵循这些理念……信念必须始终放在首位，如果政策、做法和目标似乎违反根本信念，它们就必须改变。

在大部分的案例中，核心价值可以升华为打动人心而单纯的信念，提供实质指引。看看沃尔顿是如何说明沃尔玛的第一个核心价值的："（我们把）顾客放在前面……如果你不为顾客服务，或不支持为顾客服务的人，那么我们不需要你。"看看詹姆斯·甘保是如何简洁陈述宝洁注重产品品质和诚实经营的核心价值的："如果不能制造足斤足两的纯粹产品，就去做别的正事吧，即使是去敲石头也好。"看看惠普前CEO杨是如何说明惠普风范的简单性质的："惠普风范的根本意义是尊重和关心个人，是说'己所欲施于人'。其实全部的意义尽在于此。"核心价值可以用不同的方法陈述，但始终是简单、清楚、直接而有力的。

高瞻远瞩公司通常只有几个核心价值，介于3~6个之间。事实上，我们发现，没有一家高瞻远瞩公司的核心价值超过6个，而且大多数公司都少于6个。我们的确应该期望如此，因为只有少数价值是真正的核心价值，是至为根本、深植在公司内部的，变动或妥协的机会极为稀少。

对于你在自己的组织里宣示的核心价值，这一点是很重要的启示，如果你列出的价值超过五个，你可能抓不住真正的核心价值；如果你已经有一份公司价值观宣言，或是正要新创一份宣言，你可能会自问："这些价值当中，哪些是我们决心勉力遵循的？不管外在环境怎么变化，即使环境不再利于我们拥有这些价值，甚至使我们受到惩罚，我们依然如此？"这些问题可以协助你认清哪些是真正的核心价值。

有一点很重要，就是我们极力鼓励你不要照搬高瞻远瞩公司（见表3.1）的核心价值，作为你组织的核心价值。核心理念并非来自模仿其他公司的价值观——即使模仿高瞻远瞩公司的价值观也不行。核心理念并非来自追随外人的指令，并非来自研读管理书籍，并非来自纯粹的智力运作，以便"计算"什么价值观最务实、最通俗或最能获利。在制定核心理念时，关键步骤是抓住自己真正相信的东西，不是抓住其他公司定为价值观的东西，也不是外在世界认为应该是理念的东西。

重要的是，要了解核心理念是以内在要素而存在，大致不受外在环境左右。美国开国先贤们灌输自由平等的核心理念，不是因为环境要求他们这样做。他们也不预期美国会因为环境的变化而放弃这些基本的理想，他们当时料想自由平等是跨越时空、不受环境左右的理想（他们认定这些是不辩自明的真理）——是未来世世代代始终要致力追求，又可以提供指引和激励的理想。这种情形在高瞻远瞩公司里也一样。

在高瞻远瞩公司里，核心价值不需要理性或外界的肯定，也不会随着当时的趋势和流行摇摆，甚至不会跟着市场情势的变化而改变。

小罗伯特·约翰逊在写下强生的信念时并不是基于一种结合信念和利润的理论，也不是因为他在哪里读到一本书，而是因为公司体现了他内心深深拥护、希望保存的信念。默克深深相信药物是用来济世救人的，他希望每一个默克人共同拥有这个信念。小沃森描述说，IBM 的核心价值“深深铭刻在我父亲的骨子里”，就他父亲而言，这些价值观是生命的准则——要不惜一切代价保存，要向别的人推荐，要在一个人的事业生涯里一心奉行。

帕卡德和休利特并没有预先“规划”惠普风范或惠普的“经营理由”，他们只是深信企业应该以某种方式构建，并且采取实际的步骤宣示和传播这些信念，以便保持并作为行动根据，而且他们使这些信念不受平庸而流行的管理思潮左右。我们在查看惠普的档案时看到帕卡德所做的下述声明：

（1949 年）我参加一次企业领袖的会议，在会议上表示管理层除了替股东赚钱之外，还有另一种责任，我说我们……对员工的责任是

> 承认他们作为人的尊严，以及确保他们应该分享由于自己努力而获得的成就。我还指出，我们对顾客、对整个社会也有责任。会议上没有人同意我的观点，这让我觉得讶异和震惊。他们相当礼貌地表示不同意。态度相当明显，他们坚决相信我不是他们中的一分子，显然不够资格管理一家重要的公司。

休利特、帕卡德、默克、约翰逊和沃森并非呆坐着问："什么样的企业价值观最能累积我们的财富？"或是问："什么价值观印在光滑的纸上看起来很棒？"或："什么信念会取悦金融界？"他们绝非如此！他们宣示内心的想法，宣示存在于他们肺腑里，铭刻在骨子里的信念。对他们来说，这样和呼吸一样自然，重点不在于他们相信什么信念，而在于他们对信念的信仰有多深（在于他们的组织多么持续一贯地相信这种信念）。此处要再度强调的是，关键的字眼是"真"——没有人工调料，没有糖精，100% 纯度的真。

使命

使命是公司除了赚钱之外存在的根本原因，高瞻远瞩公司能够体会和达成这样的使命，是靠着询问帕卡德在本章前面所提的问题（"我首先想探讨一家公司存在的理由，换句话说，我们为什么会在一起？我想，很多人误以为公司存在的目的只是为了赚钱。这一点其实只是一家公司存在的一种重要结果，我们必须进一步深入地去发现我们存在的真正原因"）。

使命不必独一无二。两家公司非常有可能拥有很相似的使命，就像两家公司非常有可能都坚信正直之类的价值观一样。使命的主要作用是指引和激励，不见得是要造成制造不同。例如，很多公司可能和惠普公司一样，以利用电子器材促成科学进步、增进人类的福祉、对社会做出贡献为使命。问题是他们是否像惠普一样深信这一点，并且始终遵循不渝？使命和核心价值一样，关键在于真实，不在于与众不同。

使命经过适当的构思，就可以成为基础广泛、根本而长盛不衰的东西。良好的使命应该用来长年指导和激励组织——说不定可以长达一个世纪以上。罗伊·魏吉罗在谈及默克的使命，描述其长盛不衰的角色时，瞻望到一百年以后。他说：

> 想象我们全都突然间被送到了2091年，由于无法预测的发展，（我们的策略和方法）大部分都改变了，但是不管我们的公司发生什么变化，我们都会发现一件事情、一件最要紧的事情……就是默克人的精神依然如故。一个世纪之后，我相信我们仍然会感觉到同样的团队精神……我最相信这一点，因为默克公司献身于对抗疾病、解除痛苦和协助大家，这是一种正义的事业——一种可以激励大家憧憬、从事的伟大事业。这是不受时间限制的事业，能领导默克人在未来一百年里，创造更大的成就。

确实如此，高瞻远瞩公司会持续不断地追求其使命，但是，就像追逐地平线或指引方向的星星一样，永远不会完全达成使命。沃尔特·迪士尼下面的谈话深得使命之精义："只要世界上还有想象力存在，迪士尼乐园就永远不会完工。"

无论波音怎样做，永远不会超出航空科技的尽头，世界永远需要像试飞员伊格这样志在凌云的企业精英。惠普公司绝不可能出现可以说"已经没有我们可以贡献的地方了"的一天。通用电气利用科技和创新改善生活品质的重大责任，永远没有完成的时候。

马里奥特可以不断演变，从艾德熊啤酒小店，变成连锁食品店、空中厨房、旅馆，21世纪还可能发展出谁也不知道的事业，但是绝对不会超出

“让离家在外的人觉得置身朋友当中，而且真正受人欢迎”的根本任务。

摩托罗拉可以不断演变，从修理家庭收音机电池整流器开始，演进到制造汽车收音机、家用电视机，再到半导体、集成电路、移动通信，再到卫星系统。21 世纪还可能发展出谁也不知道的事业，可是绝对不会超出追求“以公平的价格向顾客提供品质优异的产品和服务，光荣地服务于社会”的根本目的。

迪士尼可以不断演变，从廉价的卡通变成整部的动画电影，到米老鼠俱乐部、迪士尼乐园、大热门电影，再到欧洲迪士尼乐园，21 世纪还可能发展出谁也不知道的事业，却永远不可能超出“带给千百万人快乐”的核心工作。

索尼可以不断演变，从制造电饭煲和粗糙的电热毯，到制造录音机、晶体管收音机，到特丽珑彩电、录像机、随身听，再到机器人系统，21 世纪还可能发展出谁也不知道的事业，但是绝对不会超越应用科技创新，为人类带来“说不尽的快乐和福祉，以及提升（日本）文化”的核心使命。

简单地说，高瞻远瞩公司可以，而且经常演变，进入令人惊喜的新事业阶段，却仍然受到核心使命的指引。

这一点有很大的意义，就是如果你替自己的组织思考使命，我们鼓励你不要只就你的产品线或顾客层写下特定的说明（我们存在的目的是替某些顾客制造某些产品）。例如，对迪士尼来说，“我们存在，是为了替小孩制作卡通”，这必然是个差劲的使命宣言，既不引人入胜，也没有足可延续百年的弹性；但是，“用我们的想象力，带给千百万人快乐”，就是让人动容的使命，且容易延续百年。重要的步骤是为组织的生存寻找深层的根本的原因。要达到这个目的，一个有效的方法是提出下面这个问题：“为什么不干脆把这个组织关闭，出售资产，获取利润？”然后致力于寻找现在和百年后同样正确的答案。

我们要清楚地表明：我们在所有高瞻远瞩公司中都没有发现明白而正

式的使命宣言。我们发现，使命有的时候是用暗示或非正式的方式表达的。但是，因为使命和核心价值（18 家高瞻远瞩公司的核心价值都很明确）的作用和特点的差别很大，而且因为本研究里的 13 家公司在公司历史中的某一个阶段都有和目的类似的宣言（有的是正式而明白的，有的是非正式而隐含的），因此，定下公司的使命，使之成为核心理念一个明白、特定的部分，的确大有用处。我们发现，大多数公司因在它们的核心理念中宣示核心价值和使命而受益。我们鼓励你也这样做。

对非 CEO 的建议

虽然我们从整个公司的角度写了这一章，但我们发现，相同的构想可以适用于各级经理人，绝对没有理由说你不能替自己的科、处、部制定核心理念。如果你的公司拥有强烈的整体理念，你的部门理念自然会受那种理念的限制——特别是受到整体核心价值的限制，但是，你仍然可以拥有合乎本身旨趣的理念，而且肯定可以替自己的下层组织制定一个使命，例如，它存在的使命是什么？如果它不再存在，会有什么损失？

如果你的公司没有整体的理念，你仍然可以在你这级组织制定一种理念，而且你会有更大的自由度。没有整个公司的明确理念不代表你的部门不可以拥有一种理念！此外，你可以因为在自己的层级制定理念成为模范，而扮演关键的角色，进而敦促公司制定出理念。我们见过一些公司的下级团体因为在内部起到模范作用，对整个公司形成了很大的压力。

对新创企业和中小企业经理人的建议

并非所有高瞻远瞩公司创业时都有明白规定的核心理念。有几家公司的确有，例如，罗伯特·约翰逊从孕育强生时对公司的使命就拥有了一种意识（减轻病痛）。索尼的井深大在 1946 年撰写公司的说明书时，也和约翰逊一样。但是，其他公司，像惠普和摩托罗拉，在稳步走过草创期之前，并没有写下公司的理念，这些文字往往是在公司创办之后 10 年左右，在成为大公司之前写下的。大多数高瞻远瞩公司在早期只是设法起步，开始向前冲，一直到公司逐步发展后，理念才渐渐清楚。所以，如果你因为还处在推动公司前进的门槛上，还没有制定一种核心理念，也没什么不好。但是，这件事办得越早越好，事实上，如果你抽空看看本书，我们鼓励你现在就抽出时间制定你的理念。

第4章

保存核心，刺激进步

“保罗·高尔文敦促我们继续前进，为动而动……他敦促我们不断自我革新，变化很重要，但是，纯粹的变化会受到限制。不错，自我革新是变化，是要求‘用不同的方式做事’，是愿意更改和重做，但是也要珍惜已被证明的基本原则。”

摩托罗拉前CEO　罗伯特·高尔文

1991年

“原则的一贯性给我们以方向……自从公司在1837年创立以来，（某些原则）已经成为宝洁的特质。宝洁虽然是以进步和成长为导向，但重要的是，员工要了解公司而不仅是关心成果，并且还要关心成果是如何获得的。”

宝洁前总裁　爱德华·哈尼斯

1971年

前一章的内容说明，核心理念是高瞻远瞩公司的基本因素，但是，光靠核心理念，不曾而且的确不能造就高瞻远瞩公司。一家公司即使拥有世界上最珍贵、最有意义的核心理念，但如果只是无所事事，或拒绝改变，世界也还是会抛弃它。就像沃尔顿所说："你不能只是继续做以前行得通的事情，因为你四周的每件事情都在变化。想要成功，你必须站在变化的前面。"同样，小沃森在他的《一个企业的信念》里，深刻地记下一个惊人的警告：

> 一个企业组织如果要应付世事不断变化的挑战，除了"基本的"信念之外，企业在向前进时，还必须准备改变本身的一切……组织中唯一神圣不可侵犯的东西应该是它经营的基本哲学。

我们相信，IBM 在 20 世纪 80 年代末期和 90 年代初期开始丧失了高瞻远瞩公司的地位，原因之一是忘记了沃森敏锐的警告。我们在 IBM 的白衬衫、蓝西装、特定的政策、特定的程序、组织阶层、大型计算机——或者就事论事，在所有的计算机上，都看不到 IBM"三项基本信念"① 的影子。蓝西装和白衬衫不是核心价值，大型计算机不是核心价值，特定的政策、程序和做法也不是核心价值。除了本身的核心价值之外，IBM 应该更勇猛地改变一切，但实际并非如此。IBM 固守策略和营运、固守核心价值的文化表象太久了。

我们发现，许多公司因为把核心理念和非核心的特定做法混为一谈而陷入困境。把核心理念和非核心的做法混为一谈可能导致公司在非核心的事物上（追求适应和前进时应该改变的事物）固守太久。我们因此得到一

---

① IBM 的三项基本信念是：给予每个员工充分的关注；花很多时间使顾客满意；坚持到底把事情做好，追求卓越。

个重要的观点：高瞻远瞩公司小心地保存和保护核心价值，但是核心理念的所有表象却都可以改变和演进。例如：

- 在惠普的核心理念中，“尊重和关心每个员工”是恒久不变的部分；每天上午 10 点送水果和甜甜圈给所有员工则是可以改变的非核心做法。
- 在沃尔玛的核心理念中，“超出顾客的期望”是恒久不变的部分；在大门口招呼顾客是可以改变的非核心做法。
- 在波音的核心理念中，“领导航空工业，永为先驱”是恒久不变的部分；致力于制造大型喷气式客机是可以改变的非核心部分。
- 在 3M 的核心理念中，“尊重个人的首创精神”是恒久不变的部分；“15% 规定”（科技人员可以把 15% 的时间花在自选的研究计划上）是可以改变的非核心做法。
- 在诺思通的核心理念中，“服务顾客重于一切”是恒久不变的部分；注重区域性差异、大厅钢琴演奏和超量库存管理是可以改变的做法。
- 在默克的核心理念中，“我们从事挽救和改善生命的事业”是恒久不变的部分；致力于研究特定的疾病是可以改变的策略。

最重要的，是不要把核心理念与文化、战略、战术、作业、政策或其他非核心的做法混为一谈。日久年深之后，文化标准必须改变，策略必须改变，产品线必须改变，目标必须改变，权限必须改变，管理政策必须改变，组织结构必须改变，奖励制度必须改变。到最后，公司如果想成为高瞻远瞩公司，唯一不应该改变的就是核心理念。

我们由此得出本书的中心观点，即“保存核心，刺激进步”的根本动力是高瞻远瞩公司的基础。本章将简略介绍这个根本观点，说明一种作为后盾的组织架构，为后文十多个详细的故事和特定例子提供背景。

追求进步的驱动力

在高瞻远瞩公司中，核心理念和一心一意追求进步的驱动力携手合作，驱动所有不属于核心理念的东西变化和进步。追求进步的驱动力源自人类一种深层的冲动，一种探索、创造、发现、希望、成功、改变和改善的冲动。追求进步的驱动力不是一种枯燥的理性认知，不是认定“在不断变化的世界里，进步是健康的”，或“健全的组织应该改变和改善”或“我们应该拥有目标”，而是一种深入内心、具有强迫性、几乎是与生俱来的原动力。

就是这种驱动力，使沃尔顿在他宝贵生命的最后几天里，花时间与来医院病房看他的当地商店经理讨论当周的销售数字。马里奥特也有同样的驱动力，他的座右铭是“不断地保持建设性，做有建设性的事情，死而后已……让每天都过得有价值，直到尽头”。

就是这种驱动力，促使花旗集团在规模仍然很小时就定下目标，要成为遍布世界的金融机构，当时这个目标即使不算愚勇，也是可笑的。就是这种驱动力，使迪士尼辟建迪士尼乐园，在根本没有市场资料预示这么疯狂的梦想有没有需求时，就拿公司名声做赌注。就是这种驱动力，驱使福特把前途下注在“使汽车大众化”的大胆目标上，从而在世界上留下不可磨灭的影响。

就是这种驱动力，促使摩托罗拉遵循“为动而动”的座右铭，驱动公司从制造电池整流器和汽车收音机，到生产电视机、微处理器、移动通信设备和环绕地球的卫星，并且追求令人生畏的“六西格玛”品质标准（每100万只有3.4件次品）。罗伯特·高尔文用“自我革新”这个词来描述摩托罗拉内部追求进步的驱动力：

> 自我革新是公司向前冲刺的力量，实际上，家父自从1928年创

> 立公司，生产B型电池整流器时，就开始寻找替代的产品，因为可以预见消除器在1930年就会过时。在自我革新方面，他从来没有停顿过，我们也没有停顿过……自我革新这种理想不易捉摸，可以使创造性构想扩散……只有受过这种理想熏陶，而且毫不吝惜地奉献、致力于追求全新构想蕴含的风险和希望之人，才能茁壮成长。

就是这种追求进步的驱动力，促使3M不断实验和解决其他公司根本还没有看出的问题，从而创造出防水砂纸、思高牌胶带、“如意贴”便条之类极为流行的产品。这种驱动力促使宝洁在19世纪80年代开风气之先，采取了员工分红入股的方案，很久之后，这种措施才成为流行的事情。这种驱动力促使索尼早在20世纪50年代其他公司还没有行动之前，就证明晶体管产品有商业化的可能。这种驱动力使波音几次从事商业史上最大胆的豪赌，包括在市场需求极不确定时就决定制造波音747喷气式客机。其实早在波音公司创业初期，威廉·波音就明白宣示过这种驱动力。他说：

> 谁都不应该用“做不到”这一说法排斥新颖的创意。我们的工作是持续不断地研究和实验，一旦发现实验室研究的成果可行，就应当立刻应用到生产上。我们不能错过飞行和飞行设备新的进展。

的确如此，追求进步的驱动力对现状永远不会满足，即使现状运作得很顺利也是如此。在任何状况下，高瞻远瞩公司追求进步的驱动力都不会满足，即使公司已经获致惊人成就也一样。就像亨利·福特所说：“我们永远可以做得更好，永远可以进步，永远可以发现新的可能性。你必须不断地向前做下去。”

内在的驱动力

就像核心理念一样，追求进步的驱动力是一种内部动力，不待外在世界提醒“该是改变的时候了”，或“该是改进的时候了”，或“该是发明一些新事物的时候了”。这就像伟大艺术家或多产发明家内心的动力一样，追求进步的驱动力就在那里，向外和向前推进。你不必等待外在环境的要求才去创造迪士尼乐园、建造波音747喷气式客机、追求六西格玛的超高品质、发明3M“如意贴”便条、在19世纪80年代制定员工分红入股办法，或是在临终前会见一位商店经理。这种事情是发自内心追求进步的迫切欲望。在高瞻远瞩公司里，更进一步、做得更好、创造新的可能性的欲望，不需要外界的肯定。

高瞻远瞩公司靠着追求进步的驱动力，展现出自信和自我批评的强力组合。自信使高瞻远瞩公司可以设定大胆的目标，做出勇敢果断的行动，有时候就应该勇敢反抗业界的凡俗之见或战略性的谨慎。高瞻远瞩公司从没想过自己不能打败命运，完成伟大的使命，成为真正杰出的公司。另一方面，在外在世界还没有要求改变和改善前，自我批评就会促成公司自我诱导，实施改变和改善。因此，一家高瞻远瞩公司会成为本身最严厉的批评者。也因此，追求进步的驱动力会从公司内部促使一切不属于核心理念的东西持续不断地改变和前进。

当有人恭维诺思通的客户服务大有成就时，布鲁斯·诺德斯特龙则回答说：“我们不想谈论我们的服务。我们没有大家说的那么好。名声是很脆弱的事情，你必须日日夜夜、时时刻刻这样做。”请你注意其中所蕴含的自我强加的严厉约束。惠普的一位营销经理在谈及绝不让手下以既有的成就自满时，请你注意他所描述的内部动力：

> 我们以自己的成功为荣，也欢欣庆祝。但是，想出未来怎么做得

更好，才真正令人意气风发。看看自己可以做到多好，是一种永无止境的过程，没有一条终点线可以让我们说："我们已经到达了。"我从不希望我们对自己的成就满意，因为这是堕落的开始。

保存核心与刺激进步

看看表 4.1，注意核心理念和追求进步的驱动力之间的强力互动。

保存核心与刺激进步间的互动是本研究中最重要的发现之一。高瞻远瞩公司根据兼容并蓄的精神，不寻求保存核心与刺激进步之间的平衡，而是寻求同时具有崇高的理想和进步。的确如此，核心理念和追求进步的驱动力像中国的阴阳八卦一样，在高瞻远瞩公司中和平共存，互相协助、补足和强化。

表 4.1

核心理念	追求进步的驱动力
提供一贯和稳定性	促成持续不断的变化（新方向、新方法、新策略等）
在地下打好相当稳固的基桩	鞭策持久的行动（追求目标、改善、梦想等）
限制公司可能的行动和方向（限于符合公司理念的内容）	扩增公司可能的方式的数目和类别
具有明确的内容（这是我们的核心理念，任何进步都好）	可以不需要具体内容（只要符合我们的理念，就不会背离）
设计一种核心理念，本质上是一种保守行动	表明追求进步的驱动力，可以带来重大、激烈和革命性的变化

• 核心理念提供一贯的基础，使高瞻远瞩公司可以据此演进、实验和改变，而获致进步，因为明确了解什么是核心（因此相当固定）公司更容易在不属于核心的所有事情上追求变化和行动。

• 追求进步的驱动力强化核心理念，因为如果没有持续不断的变化和前进，坚持这种核心理念的公司在变化无常的世界中便会落伍，不再强大，甚至无法生存。

虽然核心理念和追求进步的驱动力的起源可以追溯到特定的个人，但极为高瞻远瞩的公司都能把个人的核心理念制定为制度，融入组织结构中，这些因素并非只是以普遍的理想或文化存在。极为高瞻远瞩公司不只是环绕着核心和进步，拥有一些模糊的意愿或激越的热忱而已；极为高瞻远瞩的公司确实拥有这些东西，但是也拥有具体切实的机制，以便保存核心，刺激进步。

迪士尼并非让自己的核心理念随机起伏，而是创设迪士尼大学，要求每一个员工参加“迪士尼传统”研讨会。惠普不只是谈论惠普风范，也制定宗教般的内部晋升政策，并把公司哲学转化成许多方面的措施，用来评估和提升员工，使得任何不密切契合惠普风范的员工，都不可能成为高级经理人。马里奥特不只谈论公司的核心价值，也制定严格筛选员工的机制、教导程序和复杂的顾客反馈循环。诺思通不是空谈完美的顾客服务，而是创造一种以服务为宗旨，并用具体的奖惩制度——服务顾客表现优异的“诺思通人”成为待遇优厚的英雄，对待顾客恶劣的人会立刻被公司赶走。

摩托罗拉不只是宣扬品质，也坚决追求惊人的六西格玛质量管理目标和鲍德里奇国家质量奖。通用电气不只在20世纪初努力宣扬持续不断推动科技创新的重要性，还创设了世界上最早的工业研发实验室。波音不只是梦想成为航空业的领导先驱，也义无反顾地推动了波音747喷气式客机之类的大胆计划。实际上，如果这个计划失败，可能使公司走上倒闭之路。宝洁不只认为自我强化的进步是好主意，还设计一种结构，使公司不同的产品线之间激烈竞争，因此用制度化的内部竞争作为强力刺激进步的机制。3M在鼓励个人主动和创新方面，也不只是给予口头奖励，公司还采用分权制度，容许研究人员有 15% 的时间进行他们喜爱的任何计划。公司还创设一个内部的创业投资基金，制定一条规则，规定每个部门年销售额的 25% 应该来自最近 5 年推出的产品。

有形、具体、特定、实在。看看高瞻远瞩公司的内部，你会发现好像一座时钟一样嘀嘀嗒嗒，呜呜有声，或是嗡嗡作响，到处回旋转动，配合运行、拍击。你在这种公司的上上下下都可以看到核心理念和追求进步的驱动力的有形表征。

有意图是好事，但是，把意图转化为具体事项、变成有约束力的机制，才能分出高下，决定是成为高瞻远瞩公司，还是永远的空想而已。

我们发现，很多组织通常都有伟大的意图和鼓舞人心的梦想，但是，它们没有采取关键的行动，把意图转化为实际的办法。更糟的是，它们经常容忍违反崇高志趣的组织特质、战略和战术，因而产生混淆并采取嘲笑的态度。在滴答作响的时钟里，器械和机制不会彼此摩擦，而是同步运作、彼此配合，以便保存核心和刺激进步。构建高瞻远瞩公司的人，在战略、战术、组织制度、结构、奖励制度、建筑蓝图、岗位设计，在一切事物上，都寻求配合。

CEO、经理人与创业家必读

我们在和在职的经理人合作时，发现把我们研究所得的所有关键构想整理出来，形成一个整体结构，可以让他们在诊断和设计自己的组织时，当作观念上的指引。

我们的结构有两个层次，如图 4.1 所示。结构的上层包括前面章节讨论过的要素，包括造钟导向（见第 2 章）、阴阳的象征（见第 2 章“插曲”部分）、核心理念（见第 3 章）和追求进步的驱动力（见本章前面的讨论）。你可以把上层想成一组无形的指导方针，是成为高瞻远瞩公司的必要条件。但是，不管这些无形的因素有多重要，都不足以造就高瞻远瞩公司。要成为高瞻远瞩公司，就必须把这些无形的东西转化为整个结构中的第二层，这一点是大多数公司不及格的地方。

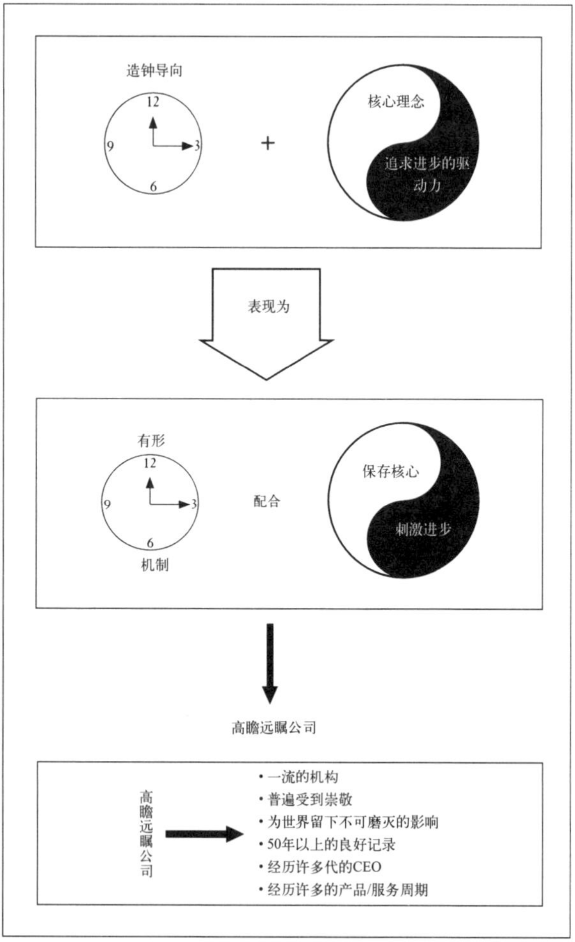

图 4.1　观念结构

> 如果你致力于构建和管理一个组织，本书可供采用的最重要的一点，是配合保存核心及刺激进步的心态创造有形机制。这是造钟的根本要义。

的确如此，如果要萃取我们 6 年的研究项目精华，形成一个关键的观念，使之最能表达有关构建高瞻远瞩公司所需的信息，我们就会画这个太极图。

在后面几章里，我们会说明保存核心和刺激进步的特殊方法，这两点就是高瞻远瞩公司和对照公司不同的地方，最后一章将探讨配合的问题。这些章节可以分为以下 5 类：

图 4.2

• 胆大包天的目标：探讨高瞻远瞩公司从事大胆、具有挑战性而且经常具有高风险的目标及计划，并投入诸多努力的情形（刺激进步）。

• 像宗教一样的文化：只有对于相信高瞻远瞩公司核心理念的人，这些公司才是他们绝佳的工作场所；不符合公司理念的人会像病毒一样被排挤（保存核心）。

• 多方尝试，保存有用的部分：探讨高瞻远瞩公司大量的行动和实验，这些实验经常是未经计划、没有确定方向却能产生新颖和意外的进步之路，使高瞻远瞩公司模仿生物物种的进化（刺激进步）。

• 自行培养的经理人：探讨高瞻远瞩公司从内部提拔人才的问题，只有长时间浸淫在公司核心理念里的人才能升到高层（保存核心）。

• 永远不够好：探讨持续不断、一心一意追求自我改进的程序，目标是要越做越好，永远追求更好（刺激进步）。

我们会提供例证、逸事和系统的证据，支持和说明上述每一种方法。在你阅读以下各章时，我们鼓励你用我们的整体结构，作为诊断你自己的组织的指导：

• 组织的观点是否已从报时改为造钟？

• 组织是否排斥非此即彼的二分法，采用兼容并蓄的融合法？

• 组织是否有一个核心理念——赚钱之外的核心价值和目的？

• 组织是否有追求进步的驱动力——在核心理念以外的其他事项方面，是否有一种几乎与生俱来、追求改变和前进的冲动？

• 组织是否透过具体的做法，例如，制定胆大包天的目标、自行培养经理、采用本书后面章节所描述的其他做法以保存核心和刺激进步？

• 组织内部是否协同一致，使大家得到始终如一的信号，强化大家的行为，支持核心理念，达成期望的进步？

看完后面 6 章，你应该会记得一长串实际、有用、特别的东西，将它们用在你的组织里，使公司变得更高瞻远瞩。不论你是 CEO、经理、员工，还是企业家，你都可以实施这些构想。

第5章

胆大包天的目标

“尝试伟大的事情，赢取光荣的胜利，即使遭遇失败，也远胜过与既不享受多少东西、也不承受多少痛苦的可怜虫为伍，因为他们活在不知战胜和败退为何物的灰色朦胧地带。”

西奥多·罗斯福

1899年

“我们努力工作（以求实现我们的目标），因为我们没有恐惧，我们可以做更刺激的事情。”

索尼创始人 井深大

1991年

“在我做过的事情当中，最重要的是协调为我们工作的人才，为他们指点一些目标。”

迪士尼创始人 沃尔特·迪士尼

1954年

假设你是1952年波音管理层的一员，你的工程师有个构想，要制造一种较大的民航飞机，你的公司在民航飞机市场几乎无足轻重，而且过去涉足民航飞机市场的尝试全都失败了。你的公司过去主要是替军方制造飞机（B–17空中堡垒轰炸机、B–29超级堡垒轰炸机、B–52同温层堡垒轰炸机），你的公司4/5的业务来自一个客户：美国空军。此外，你的销售人员报告说，美国和欧洲的航空公司表示，对波音制造的民航飞机没有什么兴趣。航空公司有一种反波音的偏见，“他们就会制造优异的轰炸机，如此而已”。没有一家飞机制造公司证明民用喷气式飞机有市场，竞争对手道格拉斯飞机公司相信螺旋桨飞机会继续主宰民航机市场。你的公司对第二次世界大战结束后，把员工从51 000人裁减到7 500人的痛苦经验记忆犹新，而且你估计为了这个重大的新计划，为了开发这种喷气式客机的原型，大约要耗费过去5年平均年度税后纯利的3倍，大致是你公司整个净值的1/4（幸运的是，你相信你也可以把这种喷气式飞机卖给军方，作为空军的空中加油机，但是，你仍然需要拿你公司1 500万美元的资金做赌注，来开发原型机）。

你该怎么办？

如果你是波音公司管理层的一员，你会对抗不利的形势，制定致力于成为民航机市场领导厂商的大胆目标，你制造了这种喷气式客机，把它叫作波音707，就此把世界带进了喷气式时代。

相形之下，道格拉斯飞机公司（后来成为麦道公司，在我们的研究中，是波音的对照公司）却做出明确的决定：固守活塞螺旋桨，对于民航喷气式客机采取伺机而动的慎重做法，道格拉斯等啊等，看到波音飞机从自己眼前飞过去，夺取了民航机市场的主控权。直至1957年——照《商业周刊》的说法，这一年“航空公司都争先恐后，急着淘汰螺旋桨飞机了”——道格拉斯仍然没有喷气式客机可以出售，到1958年，道格拉斯终于推出DC–8型喷气式客机，但是，此后就再也没有赶上波音。

你可能会想："波音或许只是幸运吧？事后来看，波音的确精明，不过，当初也可能容易走错。"说得好，我们也想同意这个说法。但有一件事我们不同意，因为波音投身大胆而艰巨的挑战，有着长远而一贯的历史。我们回头看看，早在 20 世纪 30 年代，波音就有过这种大胆献身的行为。当时，波音定下成为军用飞机市场主力厂商的目标，把公司的前途赌在 P–26 军用机上，接着又把公司的命运赌在 B–17 空中堡垒轰炸机上。

这种行为模式在 20 世纪 50 年代并未结束。波音把前途系在波音 707 之上，到 60 年代初期开发波音 727 时，波音把一家潜在客户（东方航空公司）的要求化为对旗下工程师清楚、精确且几近不可能的挑战：建造一种喷气式客机，可在纽约拉瓜迪亚机场 4–22 号跑道（长约 1 480 米，比当时既有喷气式客机所需要的跑道短多了）上降落，要能从纽约直飞迈阿密不必落地，而且宽度又够放一排 6 个座位，还要能够载客 131 人，又要符合波音坚固耐用的高标准。波音的工程师获得重大突破，制造出了波音 727 飞机，主要原因是——别无选择。

相形之下，道格拉斯却反应迟钝，一直到波音 727 问世两年后才推出 DC–9 型喷气式客机，使道格拉斯在民航机市场上再度落在波音之后，而且当时波音已经开发出另一种更好的短程客机——波音 737。从理论上来说，道格拉斯应和波音一样快速回应东方航空公司的挑战，但是，道格拉斯没有这样做（此处谈一个闲话，波音对 727 客机市场规模的原始估计是 300 架，最后卖出 1 800 多架。波音 727 飞机已成为航空业广为应用的短程客机）。

1965 年，波音做出其企业史上最大胆的行动之一，决定进行波音 747 巨无霸喷气式客机计划。但这个决定几乎毁了波音公司。在做最后决策的董事会会议上，一位董事说："要是（747）计划不成功，我们还是可以抽身。"

波音董事长艾伦强硬地回答说："抽身？如果波音说我们要制造这种

飞机，我们就会造出来，即使耗尽整个公司的资源，也要造出来！”

的确如此，就像推动 P–26、B–17、波音 707、波音 727 一样，波音义无反顾地投身制造波音 747——在财务、心理和宣传方面都全力投入。在波音 747 开发期间，一位参观波音的人说：“呃，艾伦先生，（波音）在那架飞机上寄托了许多希望。如果第一架飞机在起飞时坠毁，你该怎么办？”艾伦停顿了好一阵子才回答说：“我宁可谈一些愉快的事情——譬如核战争。”

对手麦道像制造 DC–8 和 DC–9 一样，迟迟没有投身制造巨无霸客机的计划，再度陷入另一回合苦苦追赶波音的困境。麦道的对抗机种 DC–10 在市场上的地位迄今仍没有赶上波音 747 客机。

刺激进步的强大机能

高瞻远瞩公司如何应用大胆的目标作为特别有力的机制以刺激进步？波音就是典范。我们把这种任务称作胆大包天的目标。胆大包天的目标不是高瞻远瞩公司刺激进步的唯一强力机制，而且并非所有高瞻远瞩公司都大量应用这种方法（有些公司，像 3M 和惠普，基本上喜欢依靠其他机制来刺激进步，后面我们会讨论到）。但是，在我们研究的总共 36 家、配成 18 对的公司中，我们发现，在 14 家高瞻远瞩公司里，应用这种机制的证据比较多，相对照的 14 家公司应用这种机制的证据则较少。有 3 组配对公司（3M 与诺顿、强生与百时美、诺思通与梅尔维尔）在运用胆大包天的目标方面分辨不出差异，只有一对（惠普与德州仪器）对照公司应用胆大包天目标的证据比高瞻远瞩公司多（见附录 3 的表 A.5）。

所有的公司都有目标，但是，只拥有目标和献身于惊人的艰巨挑战不同。后者就像攀登高峰一样。想想美国 20 世纪 60 年代的登月任务，肯尼迪总统和他的顾问本来可以走进会议室里，拟出“我们要加强美国的太空计划”或其他类似的空洞声明。在 1961 年时，最乐观的科学评估认为，登月任务成功的机会只有 50%，事实上，大多数专家更为悲观。但是，肯尼迪总统在 1961 年 5 月 25 日声明：“我国要致力于未来 10 年内实现送人登陆月球，并且安全返回地球的任务。”美国国会同意他的声明，立刻拨出 5.49 亿美元，而且同意在以后 5 年里拨出数十亿美元的经费。就成功的机会来说，这种大胆的目标在当时的确是荒谬无比，但它也是使美国摆脱 20 世纪 50 年代及艾森豪威尔时代造成的虚弱而奋勇向前的一种强大机制。

明确、动人的目标

像登月任务一样，真正胆大包天的目标都明确、动人，是众志成城的重心，经常创造出惊人的团队精神。这种目标有一条明确的终点线，达成目标时，组织上下都会知道；人人都喜欢有一条终点线可以冲刺。

> 胆大包天的目标可以促使大家团结——这种目标光芒四射、动人心弦，是有形而高度集中的东西，能够激发所有人的力量，只需略加解释，或者根本不需要解释，大家立刻就能了解。

登月任务不需要一个专门委员会花费时间，咬文嚼字，把目标化成烦琐不堪、毫无意义、教人无法记得的“任务声明”。根本不必如此。目标本身（要攀登的高峰）易于了解，本身就特别动人心魄，所以可以用数百种不同的方式轻易地让每一个人了解。一支探险队出发去攀登珠穆朗玛峰时，不需要三页复杂的“任务声明”来解释珠穆朗玛峰是什么。想想你们的组织里是不是流行冗长的声明，却不能激发明确动人的大胆目标，不能像登月任务、攀登珠穆朗玛峰或本章所说胆大包天的企业目标一样？我们看过的大多数公司的声明当中，有些虽然有助于保存核心，却几乎完全不能激发勇猛向前的行动。如果你刺激进步，我们鼓励你超越传统的公司声明，考虑胆大包天目标的强大机制。

想想通用电气一类公司面临的挑战，它的 CEO 韦尔奇宣称，公司的第一步——在所有其他步骤之前，“是用普遍而清楚的名词界定公司的目标，公司需要一个至关重要、伟大而易懂的信息”。像什么呢？通用拿出了下面的信息：“在我们服务的每一个市场中，我们要成为数一数二的公司，并且改革公司，拥有小企业一般的速度和活力。”通用上上下下的员工都了解，而且记得这个胆大包天的目标。现在拿通用公司明确动人的胆大包天目标同西屋难以了解、不易记住的“愿景宣言”做比较。西屋的宣言是在 1989 年制定的。

表 5.1

通用电气	西 屋
在我们服务的每一个市场中，要成为数一数二的公司，并且改革公司，拥有小企业一般的速度和活力	全面品质 市场领袖 科技驱动 全球化 重点成长 多元化

这里，问题不是通用拥有“正确的”目标，而西屋的目标是“错误的”。问题是通用的目标像登月任务一样清楚动人，较能刺激进步。一家公司是否拥有正确的胆大包天的目标，这个胆大包天的目标是否能使大家走向正确的方向，二者并非完全不相关。第一个问题没有抓住根本要点，要抓住胆大包天目标的基本重点，最好问问下面这些问题：“这种目标会刺激进步吗？会创造动力吗？会促使大家行动吗？会让人活力四射吗？他们会认为这种目标有刺激性、冒险性、令人激奋吗？他们愿意为此贡献创造力和精力吗？（请注意：这不仅表示出高瞻远瞩公司追求任何胆大包天的目标，同样重要的问题是：“这种目标符合我们的核心理念吗？”本章后文会详细探讨这一点。）

以菲利普·莫里斯和雷诺公司为例，1961 年时雷诺公司规模最大，拥有最大的市场占有率（几乎达到 35%），在香烟行业里拥有最高的获利能力；另一方面，菲利普·莫里斯排行业界第六，市场占有率不到 10%。但是，菲利普·莫里斯有两点追求，雷诺公司则没有。第一点一定不能忽略，就是菲利普·莫里斯把一种鲜为人知、“万宝路”牌的女性香烟重新定位，并以牛仔为标志在市场销售，这后来被证明是惊人的成功之举；第二点，菲利普·莫里斯有一个努力的目标。

菲利普·莫里斯虽远远落后，却制定了一个大胆的目标，要成为香烟行业里的通用汽车。在 20 世纪 60 年代，成为“业界的通用汽车”，意思就是要成为世界性的龙头厂商。当时，菲利普·莫里斯投身于这个目标，从第六大公司进到第五，再从第五进到第四，持续前进，一直到把长期盘踞冠军宝座的雷诺公司赶下台为止。在这段时间里，雷诺公司散发出的是守旧、老大和臃肿的气息，除了替股东赚取丰厚的投资回报之外，没有其他明确的野心可以激励员工。

菲利普·莫里斯当然比雷诺公司更容易表现，从后面赶上来推倒业界巨擘，像大卫对抗巨人一样，远比光是保持第一更能激励人心。和巨人作战的确惊险刺激，打败巨人更是让人兴奋莫名。事实上，20 世纪 60 年代有 5 家香烟公司落在雷诺公司后面，只有菲利普·莫里斯一家野心勃勃，定下从后面打倒巨人、成为业界通用汽车的目标，并且实现了。有时候我们以菲利普·莫里斯的状况为例（经过掩饰，以免泄露底细），让受过良好战略规划训练的 MBA（工商管理硕士）学生来做练习，几乎没有一个学生认为这家公司应该追求这种大目标。有一位学生说：“他们没有适当的战略性资产和能力，他们应该坚守在自己占优势的市场区间。”菲利普·莫里斯当然可能做错，变成早已被人忘却的公司，我们也应该不会在这本书里写它。但同样肯定的是，如果菲利普·莫里斯懦弱地固守它的优势，不向巨人挑战，我们在这本书里也不会写到它。

胆大包天的目标是一种英勇壮烈的、灰色的目标，这里理智和谨慎的心态或许会说："这样不合理。"但是追求进步的动力会说："无论如何，我们都相信可以做到。"此处我们要再次指出，这些不只是目标，而是胆大包天的目标。

另一个例子是亨利·福特这位企业家。他在1907年43岁时用"我们要让汽车大众化"这一胆大包天的目标，刺激他的公司奋力向前。福特宣称：

> （制造）一种供大多数人使用的汽车……这种汽车的价格会非常低，低到任何一位薪水还过得去的人，都不会因买不起车而不能在上帝恩赐的开阔大地上和家人一起共享快乐、幸福的时光……每一个人都会买得起一部车，每一个人都会拥有一部车，马儿会从我们的公路上消失，汽车会被当成理所当然的东西。

福特在定下这个胆大包天的目标时，美国有30多家汽车公司正在激烈竞争，以便在新兴的汽车市场里分一杯羹，福特只是其中一家。在这个混乱的新兴行业里，没有一家已经建立稳固、明确的主导地位，福特只占有15%的市场。这个荒诞不经的野心激励了整个福特公司的设计部门，他们以狂热的步调，每天晚上工作到10点或11点。设计部门的成员查尔斯·索伦森说："有一次，福特先生和我工作了大约42个小时，停都没停过。"

在这期间，通用汽车（本研究中福特的对照公司）看着自己的市场占有率从20%掉到10%，福特则升为汽车工业的最大厂商。

具有讽刺意义的是，福特在达到汽车大众化胆大包天的目标后，就没有再定出胆大包天的新目标，而且变得自满自足，只是看着通用制定同样大胆、要击败福特公司的目标。我们在此应该强调，胆大包天的目标只有在达成之前能够协助一个组织，福特患了所谓的“我们完成了”的病症。这是一种自满不振的毛病。若一家公司在实现了一个胆大包天的目标后，却没有设定新的胆大包天的目标，就可能出现这种毛病。（打个岔，如果你的组织有一个胆大包天的目标，或许你希望在完成现有的目标前想一想下一个目标是什么；如果你发现自己的组织陷在轻微不适的状态，或许你可以自问：你们是否曾经有过一个胆大包天的目标——不管是明示的还是暗示的，你们已经达成目标，却没有用新的目标来取代。）

我们再看看另一家年轻小公司胆大包天目标的例子。20 世纪 50 年代末期，东京通信工业公司（一家相当小的公司，在日本以外无人知晓）决定不惜代价，抛弃本来的公司名称，改名索尼公司。这家公司的往来银行反对这一构想，说：“你们公司成立后，花了 10 年时间才使东京通信工业的名号在这个行业里广为人知，经过这么久之后，你们还打算做这种毫无意义的改变，到底是什么意思？”索尼的盛田昭夫只回答说，这样能够使公司扩展到世界各地，因为旧的名字外国人不容易念出来。

你或许会认为，这种行动不是什么惊人之举，毕竟，大多数中小型企业最后都要发展海外市场，把公司名称从东京通信工业改成索尼公司不是什么大不了的改变，但是，你仔细看看盛田昭夫为了这个动作所提出来的原因，因为其中蕴藏着一个胆大包天的目标：

> 虽然我们的公司还很小，而且我们认为日本是一个相当大、有潜力、有活力的市场……可是对我们来说，情况已经很明显，如果我们不把眼光放在国外的营销上，我们绝对不会茁壮地成长为井深大和我梦想的那种公司。我们希望改变日本产品（在世界各地）品质低劣的形象。

在 20 世纪 50 年代，“日本制造”代表“廉价、低劣、品质差”。我们在细读过有关索尼的资料后，断定索尼不但希望公司有业绩，还希望改变日本消费产品品质低劣的形象，成为最广为人知的公司。对于一家员工不到 1 000 人，根本没有海外知名度的公司来说，其志不小。

这不是索尼历史上第一个胆大包天的目标。例如，在 1952 年，索尼派出有限的工程人员，追求一个似乎不可能实现的目标，要制造一种“袖珍型”收音机，可以放在衬衫口袋里，并且可以普及。我们身处 20 世纪 90 年代，把迷你化视为理所当然，但在 50 年代初期，收音机是用真空管做的，要制造这么小的收音机，需要长期艰辛的尝试和重大的创新。世界上还没有一家公司成功地把晶体管技术应用在收音机这种消费产品上面。

“不管面临什么困难，我们都要研制出晶体管收音机，”井深大宣称，“我相信我们可以制造出收音机用的晶体管。”

当井深大把这个大胆的构想告诉一位外面的顾问时，这位顾问回答说：“晶体管收音机？你有没有搞错？即使是在美国，晶体管也只是用在不是以赚钱为目的的国防用途上。就算你们做得出应用晶体管的消费产品，谁买得起元件这么昂贵的收音机？”

“大家都这么想，”井深大回答说，“都说晶体管在商业上行不通……这一点使这件事更有意义。”事实上，索尼的工程师对于以索尼这么小的公司，要做外人认为愚不可及，甚至可能认为不可能做到的事情，都十分沉迷。结果，索尼制造出袖珍型收音机，实现了梦想，创造了一种普及全世界的产品（索尼一位科学家因为在晶体管的发展上有所突破，最后获得了诺贝尔奖）。

沃尔玛公司同样有设定胆大包天目标的姿态，而且是从 1945 年山姆·沃尔顿创立第一家廉价商店时就开始了。当时他的第一个目标是“在 5 年内，使我纽波特的小店成为阿肯色州最好、获利能力最强的杂货店”。要实现这个目标，这家店的销售额必须成长 3 倍以上，从年销售额 7.2 万美元，增长到 25 万美元。这家店达到了目标，成为阿肯色州和附近 5 个州获利能力最强的商店。

沃尔顿继续替他的公司设定同样惊人的目标，每过 10 年就定出一个目标。1977 年时，他定出的胆大包天的目标是：在 4 年内成为年销售额 10 亿美元的公司（即增长两倍以上）。但是，沃尔顿并不满足，他继续替公司制定大胆的新目标。以 1990 年为例，他定下一个新的目标：在公元 2000 年前，使公司拥有的商店数目倍增，并且使每平方尺的销售额增加 60%。我们在一篇文章里谈到这个例子后，收到以公司为傲的沃尔玛董事罗伯特·康恩写来的这封信：

> 你说得很正确，沃尔顿清楚地表明一个目标，要在公元 2000 年前把商店的数目增加一倍，并且把每平方尺的销售金额提高 60%。
>
> 更重要的一点——也是大家没有注意到的是，他确实定出 1 250 亿美元的明确目标！目前世界上最大的零售商的年销售额已经达到 300 亿美元，在 1991 年元月结束的一年里，沃尔玛的销售额达到 326 亿美元，并且成为美国和世界最大的零售商。全世界唯一达到年销售额 1 250 亿美元的公司是通用汽车。
>
> 我从 1980 年起担任沃尔玛的董事，我对沃尔顿所定的目标一定会实现有着充分信心。要是有人认为他在 1977 年所定的目标胆大包天，现在的目标一定会吓死他们。
>
> 管理顾问兼沃尔玛董事
>
> 罗伯特·康恩谨启
>
> 1992 年 1 月 10 日

这才是真正的胆大包天的目标！

献身与风险

不是只有目标能刺激进步，献身实现目标的程度也可以刺激进步。的确如此，如果实现目标不要求高度献身精神，这种目标也不能算是胆大包天的目标。例如，制造波音747飞机是一个很好的目标，甚至可能是大胆的目标，但是，“制造这种飞机，即使耗尽整个公司的力量也在所不惜！”这一献身精神使这个目标变成彻底而胆大包天的目标。事实上，20世纪70年代初，当这种“大鸟”的销售比预期缓慢时，波音受到沉重打击，从1969—1971年的三年期间，波音总共裁掉8.6万名员工，大约占所有员工的60%。在这段艰苦的岁月里，有人在西雅图5号州际公路附近立了一个广告牌，上面写着：

“谁最后离开西雅图，请把灯关掉好吗？”

我们都知道，波音747飞机成了航空业首屈一指的巨无霸客机，但是，从60年代末期的观点来看，这个决定比现在困难多了。波音甘冒风险，采取大胆行动，这才是重点。就像波音的例子所显示的，风险并非毫无痛苦，但留在舒适安全的地方丝毫不能刺激进步。

我们在迪士尼里也发现了同样的模式。迪士尼在公司的整个历史中，也靠着大胆，而且经常是冒险，献身于惊人的计划来刺激公司进步。沃尔特·迪士尼在1934年决定做一件电影业前所未有的事情：创作一部动画电影长片。迪士尼在创作《白雪公主》这部片子上投入了公司的大部分资源，不顾把这件事称作“迪士尼蠢行”的大多数电影从业人士的冷嘲热讽。毕竟，有谁愿意看卡通电影长片呢？在经过20年出品了一连串动画电影长片，包括《木偶奇遇记》《幻想曲》和《小鹿斑比》之后，迪士尼又做出另一个冒险的决定，要做另一件“迪士尼古怪的构想”，建造一个非常新颖的娱乐园区，即后来闻名于世的迪士尼乐园。到 20 世纪 60 年代，迪士尼公司根据迪士尼临终时的愿望，再次在佛罗里达州建设更新更大的迪士尼乐园。沃尔特·迪士尼的哥哥罗伊负责完成这一重大决策。根据迈克尔·艾斯纳的说法：

> 他几乎把生命奉献在实现他弟弟兴建佛罗里达州迪士尼乐园的梦想上。他放弃应有的宝贵退休岁月，把迪士尼注重的品质灌注到整个乐园的里里外外，直到整个计划完成，并在开幕日亲自剪彩。他在完成这件大事后两个月去世。

相形之下，哥伦比亚电影公司很少做什么大胆、高瞻远瞩或冒险的事情。哥伦比亚在 20 世纪三四十年代制作次级电影，在五六十年代制作一些好电影，但是，显然无意为未来的大业计划献身。迪士尼在大力推动佛罗里达州迪士尼乐园时，经营哥伦比亚的人自认为自己“最重要的是——而且始终是一群投资人，而不是经营者”。80 年代初期，哥伦比亚终于被人购并，迪士尼则在打败一场敌意购并之后，勇猛地重振声势并追求更大胆的新目标——日本迪士尼乐园和欧洲迪士尼乐园。

IBM 和迪士尼一样，也是在公司发展的重大关键时刻以献身胆大包天目标的决心，大力超过了竞争者宝来。我们要特别指出，IBM 在 60 年代初期用胆大包天的目标重新塑造了电脑工业。为了达成胆大包天的目标，IBM 甘冒公司存亡的风险，进行了一个不是大获全胜，就是一败涂地的冒险：投资开发一种叫作 360 系列的大型电脑。当时这是民间部门前所未有的最大商业投资计划，需要的财力比美国花在制造第一颗原子弹的曼哈顿计划还多。《财富》杂志把 360 系列大型电脑称作“IBM 50 亿美元豪赌……可能是近代史上最冒险的商业判断”。在推出 360 系列期间，IBM 制造了将近 6 亿美元的库存，几乎需要紧急贷款来支付员工薪水。

尤有甚者，360 系列会使 IBM 原有的产品几乎全部过时。在 IBM 公布 360 系列大型电脑后，IBM 原有产品的需求完全枯竭。IBM 发现自己投身在一个不能回头、飞越深谷的长期跃进上，如果 360 系列大型电脑失败，绝对不会有什么好下场。《财富》杂志写道："这件事大概可以比作通用汽车决定废弃所有现有的厂牌和车型，换成提供一系列彻底重新设计、燃油效率惊人的新型车，以满足从最高到最低的整个需求。"小沃森写道：

> 我们没有多少犯错误的空间。这是我做过的最大、最冒险的决策，我为这件事苦恼了很多个星期，但是，在我内心深处，我相信 IBM 没有什么事情做不到。

具有讽刺意味的是，宝来（在本研究里 IBM 的对照公司）在电脑科技方面拥有领先 IBM 的优势，但是，在必须大胆献身电脑的时刻来临时，却采取了保守的对策，选择专注在比较老式的计算机上。就像道格拉斯和波音的对照一样，宝来看着 IBM 取得市场的控制权。宝来当时的总裁雷·麦克唐纳在描述宝来这段历史时解释说："1964—1966 年，我们将主要精力放在提高获利能力上，电脑研发计划受到限制，因为我们需要立刻改善获利状况。"

就像前文讨论的核心理念一样，我们又一次看到，当公司不把业务看成纯粹是尽力提高获利能力时，极度高瞻远瞩的行为才会出现。IBM 一定要成为第一，之所以推动 360 系列大型电脑，不光是为了赚钱，而是因为它是 IBM。当然，IBM 并不是一直都是这样的。

回溯 1924 年时，计算制表记录公司只不过是一百多家相当平凡、想要施展身手的中型公司中的一家。3 年前，这家公司几乎破产，还是靠着大量借贷才熬过 1921 年的经济衰退。公司主要是卖打卡钟和磅秤，只有 52 位业务代表能够完成销售任务。但是，老沃森不希望看到公司继续平凡下去，他希望公司提高眼界，要比单调无趣的计算制表记录公司更上一层楼——远远超越这家公司。他希望公司改弦易辙，成为真正具有全球地位的伟大公司。所以，他改了公司的名称。我们今天认为“国际商业机器公司”的名字没有什么特别，但是回到 1924 年，这个名字看来就近乎荒谬可笑。照小沃森的说法是：

> 家父下班回来，拥抱家母，骄傲地宣布，从此以后，计算制表记录公司改称比较响亮的国际商业机器公司！我站在客厅的走廊上想：就凭那家小公司？家父心里想的一定是未来的国际商业机器公司。他实际经营的公司里仍然到处是叼着雪茄的家伙，卖的是咖啡研磨机，还有屠夫用的磅秤。

改名字不是什么大不了的事情，但是早在 1924 年，就自称是国际商业机器公司，而且真心希望如此，的的确确胆大包天（宝来在 1953 年前一直叫作宝来加法机器公司，我们感觉，员工展望未来时，宝来这个名称的影响一定不会比得上国际商业机器公司）。

即使是高度保守的宝洁，每隔一段时间也会运用一下胆大包天的目标。以 1919 年为例，宝洁制定了一个目标，希望彻底改革分销制度，绕过批发商，直接接触零售商，以便提供员工稳定的就业（批发商大量订购产品，然后就像蛇大吃完一顿要消化一样，躺着几个月不动，因而迫使宝洁随着需求的起伏，陷入忽而雇人、忽而裁员的变化）。奥斯卡·席士格在《宝洁展望明天》一书里描述了公司内部就这一目标所发生的辩论：

> “我们必须把账户的数目从两万家增加到 40 万家，”会计人员抱怨说，“你们知道这样对我们的会计成本有什么影响吗？”
>
> “我们必须在全国各地开设几百个仓库，”经销部门指出，“我们必须

雇用美国各地的货运公司来给这些零售商店送货。”

“批发商在其宝洁产品生意被剥夺后会不会愤恨之至，开始拒绝销货给任何直接和宝洁打交道的商店？”有些经理问道。“这样会毁了我们的。”

“宝洁怎么可能建立一支规模庞大，能够拜访全美每一家小杂货商店的销售人员队伍呢？”销售部门的人问道，“这个销售部门的人数一定得比美国陆军的人数还多。”

宝洁当时的总裁杜普利深信宝洁有能力克服这些困难。他认为，为了稳定的就业，值得冒这个险（他这么有信心，原因之一是在新英格兰直接接触零售商的实验成功）。宝洁径自推动这一构想，也想出让这种制度运作的方法。到 1923 年，宝洁已经达到了目标。报纸上有一篇文章宣布说：

1923 年 8 月 1 日，宝洁公司宣布一个声明，超出劳工界和工业界日常关注的事情，就是向公司分布在美国 30 个城市的工厂和办公室员工提出稳定就业的保证。这种划时代的宣言表示，在美国工业里，首次有一家美国最大的公司保证数千名员工全年可以稳定就业，而不论业务是否出现季节性的衰退。

杜普利在描述这种决心时解释说：

我们喜爱尝试不实际和不可能的事情，好证明事情不但可行，而且可能实现——最重要的是这种事情必须正确……你会做你认为正确的事情；如果事情运作顺利，你会放手行动；如果事情大大成功，你就典当家产，全力以赴。

相形之下，高露洁在整个历史中，在推出新颖、大胆、创新计划方面所显示的首创精神就远比宝洁少多了。就以直接同零售商交易这件事来说，高露洁在发现自己一再落后于宝洁之后，便一直陷在追随领袖的被动模式里（我们会在后面的章节里，更深入地探讨宝洁和高露洁之间的差异）。

笑傲因素

我们的一位研究助理发现，高瞻远瞩公司似乎有一种近乎自傲、信心十足与傲慢的自信，我们把这种情形叫作“笑傲”因素，在神话的词汇里，或许可以把这种情形当成嘲弄诸神。

要制定胆大包天的目标，需要某种程度的非理性的信心。决心献身研制波音 707 或波音 747 是不合理性的；IBM 研制 360 系列大型电脑谈不上慎重；身为一家制造肉摊磅秤的中型厂商，自称是国际商业机器公司，也称不上谦逊；创设迪士尼乐园不是谨慎的行为；宣称“我们要让汽车大众化”也不谦虚；对菲利普·莫里斯这家香烟工业里的弱小厂商而言，和雷诺公司对抗几乎是愚不可及；一家小公司宣称要以改变日本产品在世界上品质低劣形象的目标为己任，几乎可以说是荒谬绝伦。

这其中隐藏着高瞻远瞩公司背后令人发狂的矛盾。

> 胆大包天的目标，在外人看来远比内部的人看来还胆大包天。高瞻远瞩公司不认为自己的大胆行为是嘲笑诸神，只是他们从来不曾想到他们做不到他们决心要做的事情。

我们拿爬山打比方。想象你看着一位攀岩者没有使用绳索攀登陡峭的悬崖，如果他摔下来，一定会死掉。对于不知情的旁观者来说，攀岩者即使不是愚不可及的，也算是大胆而冒险的。但是，假设攀岩者攀爬的是他显然做得到、完全属他能力可及的岩壁，从攀岩者的观点来看，只要有适当的训练和专注精神，他就可以毫无疑问地攀上岩壁。对他来说，攀岩并非太冒险。他知道掉下去会死掉的想法只会更刺激他，他对自己的能力有信心。高瞻远瞩公司在制定胆大包天的目标时，很像这位攀岩者。

目标，而非领袖

我们希望强调，此处发生作用的主要机制不是魅力型的领导。让我们回到登月任务的例子。我们不能否认肯尼迪总统有着魅力型的领导风格，我们也不否认他在这方面功不可没，因为他认真地提出了这个有想象力的大胆目标，要在20世纪60年代结束前把人送上月球，再安全返回地球。但是，在刺激进步方面，肯尼迪的领导风格不是主要的因素。肯尼迪在1963年遇刺身亡，不再能够敦促、推动、鼓舞和“带领”美国人登陆月球。在他死后，登月任务是否变得不能振奋人心了呢？是否戛然而止呢？登月是否不再为美国提供推动全国的奋斗力呢？当然不是！登月任务一旦提出，任务本身就能刺激进步，而不管是谁当总统。登陆月球时尼克松总统在位，难道就不如肯尼迪在位那么令人激奋吗？绝非如此，目标本身已成为推动和激励的机制。

我们再回头看看沃尔玛董事康恩的信。他在1992年1月10日写这封信时，沃尔顿正在和骨癌搏斗，生命只剩最后几个月，到这一年的4月5日便溘然长逝。但是，就在沃尔顿的健康急速恶化时，康恩却表示“对沃尔玛会达到目标”具有十足的信心。在我们写下这些话时，沃尔玛是否能在公元2000年时成为年销售额1 250亿美元的公司，仍是未定之数，但是，即使沃尔顿魅力型的领导风格已经不在，这个目标仍然存在，像磁铁一样牵引着公司向前进。沃尔顿定下这么胆大包天的目标，留下刺激公司进步的强大机制，显示目标已超越领袖的魅力。

目标也超越了波音的领袖。在促成波音投身研制747喷气式客机方面，艾伦的确担任了关键的角色，但是，目标本身变成了推动大力前进的刺激力，而不是艾伦在刺激进步。事实上，艾伦的继承人威尔逊在1968年成为波音公司总裁时，747还在开发阶段。这只大鸟初期销售缓慢，以致公司必须为生存而奋斗，但还不是几乎致命的艰巨任务。艾伦退休之后，波音并没有停顿下来或是消极不振，公司并没有面临生死存亡的困境，当然更没有让民航史上最令人惊异的商用客机就此寿终正寝。请注意：波音在艾伦担任总裁之前很久，就用这种机制刺激进步（如制造P–26、B–17轰炸机和其他飞机）；在艾伦退休之后很久，仍然如此（如研制完成747喷气式客机，接着又研发757和767喷气式客机）。迄今为止，波音在六代领袖领导期间，反复投身胆大包天的目标始终是其重要的机能，是这座时钟能够滴答作响的功能的一部分。

相形之下，麦道比波音进步少，大部分原因可以追溯到詹姆斯·麦克唐纳的个人领导风格。《商业周刊》1978年在一篇题为“管理风格决定策略”的文章中详细描述了“麦先生”的风格，说他“极为保守，小心衡量每一种风险……绝不产生一种没有经过彻底讨论的策略”。在波音，奋勇献身于大胆惊人的计划成为这个机构的特征，而不管是哪一位领袖在领导公司。这里，我们再度在波音看到了造钟取向，在麦道则看到了报时取向（更何况，就事论事，报时还报得并不很准）。

索尼也把胆大包天的目标当作制度化的习惯，当成了生活方式。尼克·莱昂斯在他写的《索尼之梦》一书里探究了索尼管理程序的内部运作，他说：“目标，我（在索尼）一再听到这个词。”20世纪70年代中期担任索尼研究部门主管的菊池博士对莱昂斯说：

> 虽然外界普遍传言，索尼的研究经费占总销售额的比率远远超过

其他公司，其实根本不是这样。我们和其他日本公司努力的差别不在于科技的高下，不在于工程师的素质，甚至不在于研发经费金额的高低（约占销售额的5%）。主要的差别在于……我们建立了以任务为导向的研究和适当的目标。很多其他的公司给研究人员完全的自由，我们并不这样做。我们寻找一个目标，一个非常真实和明确的目标，然后建立必要的专门小组，把事情做好。井深大教导过我们：一旦下定前进的决心，就永远不要放弃，这一点普遍深入到索尼所有的研发工作里。

后英明领袖期停顿

企业在精力充沛的领袖（通常是创办人）离开后，常常面临如何维持动力的困境。我们在本研究中的很多对照公司里发现了这种“后英明领袖期停顿”现象，包括博厄之后的宝来、洛克菲勒之后的大通曼哈顿银行、科恩之后的哥伦比亚电影公司、老约翰逊之后的豪生酒店、梅尔维尔之后的梅尔维尔公司、哈格蒂之后的德州仪器、乔治·威斯汀豪斯之后的西屋和麦克唐纳之后的顶峰。在高瞻远瞩公司里，我们倒没有看到这么多，18家公司中只有两家有这种情形，它们是沃尔特·迪士尼之后的迪士尼公司和老亨利·福特之后的福特汽车。高瞻远瞩公司提出的部分对策，就是创造本身有生命的胆大包天目标，作为可以历经多代领袖而不坠的刺激。（如果你是即将退休的CEO，我们鼓励你慎重地对待这个教训。你的公司有没有一个大家可以献身的胆大包天目标，可以在你离开很久后仍然为公司提供动力？更重要的是，公司有没有能力在很久之后的未来继续制定大胆的新目标？）

例如，我们在审视花旗银行时就注意到，花旗银行虽经历了多代的领袖仍继续用胆大包天的目标推动公司前进。在 19 世纪 90 年代，花旗银行当时还叫作城市银行，是一家毫不起眼的区域性银行，只有一位总裁、一位出纳和若干员工，但是，总裁斯蒂尔曼制定了近乎荒谬绝伦（但的确能够振奋人心）的目标，要“成为伟大的全国性银行”。1891 年一位金融记者写道：

（他）梦想有一家伟大的全国性银行，而且认为城市银行可以变成这样的银行，他也努力这样做。这件事占据了他整个心灵，也鼓舞他的行动。他经营自己的银行不是为了股利，而是为了一个理想……为了让这家银行在国内和国际金融界出人头地，这就是斯蒂尔曼的梦想。

我们的确不能亲自向斯蒂尔曼本人查问这个胆大包天目标的观念起源何处，但是，这个目标本身得到了生命，在很久以后的未来世代里，继续推动花旗银行前进。继承斯蒂尔曼担任总裁的弗兰克 · 范德黎在 1915 年写道（这时离斯蒂尔曼的“梦想”已相隔 1/4 个世纪，离斯蒂尔曼退休搬到巴黎也有 6 年了）：

我非常有信心，知道我们可以成为有史以来最强大、最有用、最具影响力的世界性金融机构。

这的确是大胆的目标，对一家一年前只有“8 位副总裁、10 位中级职员、不到 500 位职员……全聚在华尔街一个地点上班”的银行来说，尤其如此。接着，到下一代，查尔斯 · 米切尔在 1922 年对员工发出同样向前奋进的豪语：“我们正走在大展宏图的路上。花旗国民银行的前途从来没有像现在这么光明过……我们现在已经准备好，要全速向前冲。”为了追求

19 世纪 80 年代结束前开始梦想的伟大抱负，花旗银行全力冲刺，从 1914 年总资产 3.52 亿美元，成长到 1929 年时的 26 亿美元，平均年增长率超过 35%。

到 20 世纪 30 年代，花旗银行和大多数银行一样挣扎求存，但是，第二次世界大战后，花旗银行飞跃前进（历经另 5 代的领袖）、活力更高，朝着斯蒂尔曼和范德黎的抱负前进，要成为“有史以来最具影响力的金融机构”。1959—1967 年担任总裁的乔治·穆尔说的话和半世纪前他的前辈的语气非常相像。他说：

> 在 1960 年，（我们决定）要致力在世界上的任何地方提供每一种有用的金融服务。

请注意这么多世代以来的一贯性。不错，每一代都有一位 CEO；不错，花旗银行原始的梦想可以追溯到最初的建筑大师。但是，目标本身超越了这位建筑大师，而且追求胆大包天目标的倾向深深铭刻在这个机构里，成为一种形态。

本研究中花旗银行的对照公司大通银行也有同样的野心，而且，事实上，两家银行互相视对方为激烈竞争的对手，在整个 20 世纪里，花旗银行和大通银行不分轩轾，并驾齐驱。在 60 年代，两家银行互争年底资产总值冠军的荣衔，而且在 1954—1969 年，两家银行几乎不分高下，事实上，一直到 1968 年，花旗银行才明显领先大通银行，最后规模达到大通银行的两倍。我们承认，花旗银行在 80 年代末期和 90 年代初期曾经步履蹒跚，但是大通银行也一样，另外还有很多同病相怜的银行，因为很多银行在 80 年代都经历过艰苦的岁月。

即使有这些相同之处，花旗银行和大通银行在支持本身远大目标的豪气和策略上却有着重大的差别。这种差别或许可以解释它们在 1968 年以后为什么会走上不同的道路。戴维·洛克菲勒在 1960 年成为大通银行的总裁，打败花旗银行的目标更像洛克菲勒本人的目标，而不像大通银行的目标。

花旗银行的 CEO 和大通银行的不同，他们主要是利用组织上（造钟）的策略来促使花旗银行实现目标。斯蒂尔曼注重管理上的传承和组织结构。范德黎说过："我所能看到的限制就是管理层的素质问题。"因此，他把大部分的精力放在组织设计和创设管理发展计划上。乔治·穆尔最注重的事情大体上是以发掘、培养和提升人才为基础的程序，"使花旗银行成为一家机构"。他写道："没有这些程序所培养的干才，我们的目标便没有一个能够实现。"相形之下，大通银行主要是注重市场和产品策略，这种像报时而非造钟的策略。

像波音和花旗银行一样，摩托罗拉在运用胆大包天的目标作为构建经历多代仍然滴答作响的时钟方面堪称典范。摩托罗拉的创办人保罗·高尔文常常运用胆大包天的目标，激励手下的工程师完成看似不可能的事情。以 40 年代末期摩托罗拉涉足电视机市场为例，高尔文替电视机事业部定下一个极富挑战性的目标，要在第一年以 179.95 美元的单价卖出 10 万台电视机，还要有利润。

当时，他手下的一位经理宣称："我们的新工厂根本没有那么大的生产能力。"另一个人抱怨说："我们永远卖不到那个数量，那种销售量会让我们变成业界第三或第四大厂商，而我们在家用收音机方面，最好的成绩也不过是第七或第八。"一位负责生产的工程师说："我们甚至不能肯定（成本）是不是能够降到 200 美元以下。"

但是，高尔文却回答说："我们一定要卖出这个数量。在你们拿出用这种价格、卖出这个数量，并且还有利润的报表给我看之前，我不想再看任何成本报表。我们一定要努力做到这一点。"

摩托罗拉确实在一年里晋升为电视机行业的第四大制造商。但更重要的是，高尔文灌输了一种追求进步的制度化驱动力，产生了能够在公司里重复制定胆大包天目标的运作形态。他在培养儿子接任 CEO 的工作上，不断强调“保持公司前进的重要性”，也继续强调“往任何方向大力前进都胜过坐以待毙”的理念。他建议大家，随时都要有些想追求的东西。

高尔文在 1959 年去世。几十年后，他的公司仍然运用胆大包天的目标，包括成为先进电子工业主力的目标、实现极高品质表现的目标、赢得鲍德里奇国家质量奖的目标等等。高尔文的儿子兼继承人罗伯特·高尔文用“自我革新”这个词语表达其不断转型的理想，并经常借助投身于大胆计划的决心实现这种理想。后来他把“偶尔我们必须进行一种赌博，做一些无法明证，但知道大致可行的重大事情”的命令，传承给下一代的公司领导人。

同样的这家小公司，创业时替西尔斯修理收音机电池整流器，接着制造粗糙的汽车收音机，并利用大胆的目标奋勇前进，一而再，再而三地重复创新，远远超越公司创办人的生命；同样的这家小公司，已经远远脱离收音机和电视机；同样的这家公司，最后创造了 M68000 微处理器，被苹果电脑公司选用，作为苹果电脑的大脑；而且在我们撰写这一部分时，同样的这家公司又继续向前，推动公司有史以来数额最大、最胆大包天的目标：依计划，这是 34 亿美元的商业豪赌，要和其他公司合作投资，创造一个世界性的卫星通信系统，使地球上任何两个点都能用电话通话。

顶峰像摩托罗拉一样，早年也有过一些胆大包天的目标，包括决心使调频收音机成为普及的实际商品，初期决心成为电视机行业的主要厂商，在有线电视方面有巨额投资，等等，但是这一点是关键，顶峰不像摩托罗拉，在 1958 年创办人去世后，没有展现出制定胆大包天目标的组织倾向，到 20 世纪 70 年代初期，“固有的谨慎小心”成为顶峰的办事风格。1974 年其财务官如此描述说：

> 很难解释我们为什么会做出不做某些事情的决定，这背后有若干原因——包括固有的谨慎小心。例如，我们总是忙着做很多工作（应付我们现有的市场），我们总是倾向于固守似乎有最大报酬，而且我们知道自己最擅长的事情……我们并不觉得我们在……那些（新）市场里能够与人一争高低，除非我们愿意牺牲一部分利润，然而我们不愿意这样做。我们基本上是一家美国式公司，而且可能继续维持这个样子。

顶峰 CEO 约翰 · 内文在谈及公司像以前进入固态电子类的领域时一样，在进入新科技领域同样动作缓慢时，也表达了同样的看法："我认为你必须说顶峰在推出创新产品方面一直比若干竞争者谨慎……我们现在格外努力地要在市场上推出（固态电子产品），但是，我怀疑是否会有成果。"

顶峰的指挥官麦克唐纳不像摩托罗拉的保罗 · 高尔文，没有在身后留给公司用胆大包天目标继续创新的能力。麦克唐纳是伟大的领袖，但是他很久以前就去世了；而另一方面，在保罗 · 高尔文去世 35 年后，他的公司仍然继续存在，继续生气勃发。高尔文建构了一座时钟。

CEO、经理人与创业家借鉴

虽然我们主要是从企业的角度写这一章，但其实胆大包天的目标可以运用于组织的任何一个层次里。宝洁不同产品系列的经理人，经常替自己主管的品牌订立胆大包天的目标；诺思通系统地在公司上下——从区域、卖场到部门和每个业务代表，订立不同的胆大包天的目标；3M 产品能够克服所有的不利因素、怀疑和否定，证明它的奇怪发明能够在市场上大受欢迎，欣欣向荣。一个组织可以拥有任何数目的胆大包天的目标，不必自己限定一次只能有一个胆大包天的目标。以索尼和波音为例，它们经常同时在公司的不同阶层里追求多个胆大包天的目标。

胆大包天的目标特别适合创业家和小公司。回想一下沃尔顿的情形，他最初的目标是要在 5 年内使他的第一家廉价卖场成为阿肯色州最成功的商店；回想一下索尼早年要“制造袖珍型收音机”的目标，或者是回想一下老沃森，他的目标是要把他只有一栋办公楼的小公司变成国际商业机器公司。的确如此，大多数创业家都有一个与生俱来的胆大包天的目标：对大多数新创企业而言，光是从无到有，到达生存不再是问题的地步，就是一个胆大包天的重大目标。

我们已经探讨过与胆大包天的目标有关的多数要点。以下一些你或许可以铭记在心，以便在替自己的组织考虑胆大包天的目标时拿来参考：

• 胆大包天的目标应该极为明确动人，需要的解释很少，或者根本不需要解释。请记住：胆大包天的目标是一种目标——像爬山或登陆月球一样，而不是一种宣言。如果不能让大家活力四射，就根本不是胆大包天的目标。

• 胆大包天的目标应该远远处于轻易可达的区域之外。组织里的人应有理由相信他们可以实现这个目标，但是，这需要英雄般英勇的努力，而且可能还需要一点儿幸运——就像 IBM 的 360 系列大型计算机和波音的 707 客机一样。

• 胆大包天的目标本身应该极为大胆和振奋人心，即使组织的领袖在目标实现前去世了，仍然能够继续刺激进步——就像花旗银行和沃尔玛的情形那样。

• 胆大包天的目标具有潜在的危险，目标一旦达成，组织可能就此停步，沉醉在“我们已经到达了”综合征里，就像 20 年代的福特汽车一样。一家公司应该准备好后续胆大包天的目标，以防止这一点，并用刺激进步的其他方法，来弥补胆大包天目标之不足。

• 最后一点最重要，胆大包天的目标应该符合公司的核心理念。

保存核心与刺激进步

光靠胆大包天的目标造就不出高瞻远瞩公司。的确，光靠进步，不管用什么机制来刺激进步，也造就不出高瞻远瞩公司。一家公司在追求胆大包天的目标时，应该小心地保存自己的核心。

例如，波音 747 是风险特别高的冒险项目，但是，在冒险的过程中，波音公司没有忘记公司的核心价值：珍视产品安全，应用商用客机历来最保守的安全标准、测试和分析。不管金融压力有多大，迪士尼在制作《白雪公主》、兴建迪士尼乐园和佛罗里达州迪士尼世界时，仍然保存极为注重细枝末节的核心价值。默克在保存发挥想象力的核心价值的同时，主要是靠着突破性的创新，而不是制造追随他人生产的药品来追求高人一等。通用的韦尔奇明白地表示，在追求数一数二的地位时，牺牲正直是绝对不能接受的。花旗银行在追求扩张业务成为“有史以来最具影响力的世界性金融机构”时，继续强化本身对精英主义和内部企业精神的信念。摩托罗拉在追求自己选择的胆大包天的挑战时，从来没有放弃个人尊严和尊重个人的基本信念。

此外，高瞻远瞩公司不会盲目追求任何随意得来的胆大包天目标，只是追求既能加强本身核心理念，又能反映公司自我定位的胆大包天目标。请注意表 5.2 所列核心理念和胆大包天目标之间的关系。

对福特而言，在 1909 年要彻底改革铁路事业，绝对是一个胆大包天的目标，但是，福特并不从事铁路事业，而是经营汽车制造业。对索尼来说，在 1950 年创造有史以来最便宜的收音机，不管是品质还是创新方面，都绝对是一个胆大包天的目标，却不符合索尼自认是创新先驱的形象，也不符合自愿担任重要角色，以求提升日本的世界地位的形象。对菲利普·莫里斯而言，20世纪60年代美国卫生局局长（有关吸烟有害健康）的报告发布后，改投资其他事业，完全放弃香烟工业，一定是个胆大包天的目标，但是，这样做怎么可能符合公司的自我认定形象？又怎么可能是个具有反抗精神、卓尔不群、自由思考、自由选择、特立独行的万宝路牛仔呢？是绝对不符合的。

表 5.2

需要保存的核心理念		刺激进步的胆大包天目标
领导航空工业；愿为先驱；冒险	波音 ⟷	全力一搏，研制B-17轰炸机、707和747客机
在我们所从事的所有领域追求卓越；花很多时间使顾客满意	IBM ⟷	投身研制360系列大型计算机的50亿美元豪赌；迎合我们的顾客即将出现的需求
我们从事的是汽车工业，尤其是为普通人生产汽车	福特 ⟷	促使汽车大众化
发掘“我们内部潜藏的创造力”；自我追求，自我革新；不断改进；提供优异的产品，光荣地服务社会	摩托罗拉 ⟷	发明一种方法，以单价179.95美元卖出10万台电视机；达到六西格玛的品质；赢得鲍德里奇国家质量奖；推动“铱星”计划
争取胜利——追求至善与击败别人；保卫个人自由选择权利；提升日本文化与国家地位；愿为先驱，做不可能的事情	⟷	杀死巨人，成为香烟工业领袖，无惧社会反对吸烟的压力； 改变日本产品品质低劣的世界形象，创造袖珍型晶体管收音机
“带给千百万人快乐”；狂热地注意细枝末节；创造力、梦想、想象力	迪士尼 ⟷	建造迪士尼乐园，而且根据我们的形象、不根据业界标准建造
保护和改善生命；药品意在治病救人，不在将本求利；想象力和创新	默克 ⟷	成为杰出的世界性药业制造商，以大量的研发和能够治疗疾病的新产品达成目标

不错，任何能够激励贵公司员工的胆大包天的目标都能刺激变化和行动，但是，这种胆大包天的目标应该也是公司理念的有力声明。事实上，胆大包天的目标有助于强化保存核心理念的重要机制，就是强化教派礼节般的公司文化，这是下一章的主题。为了反抗不利的因素，面对胆大包天的挑战——特别是植根于理念的挑战，的确有助于大大促进员工的归属感，认同自己的集体是精英和更好的特别团体。

我们再回到高瞻远瞩公司的一个关键方面：核心理念和追求进步的驱动力之间的强力互动。这两样东西就像中国哲学里的阴阳八卦，彼此补足和强化。的确，核心理念提供了一贯的基础，高瞻远瞩公司可据以推动可与媲美的登月任务的企业目标，从而刺激进步；同样，进步也可以强化核心理念，因为没有变化和进步，公司最后会失去活力。此处要再次指出，这不是核心理念或进步的问题，甚至不是核心和进步之间绝佳的平衡，而是两种有利因素的百般纠结，无法分开，彼此都全力促进机构的最高利益。通用电气的一个员工在讨论到公司胆大包天的目标——“在我们服务的每一个市场里，成为数一数二的厂商，并彻底改革公司，以拥有小企业的速度和活力”时，用下面的话生动地描述了核心和进步之间的强力互动：

> “我们通用电气……为生活带来了好东西。”大多数人不会承认这一点，但是，通用电气的每一个人听到这句响亮的话时都会肃然起敬。这句简单、老调的话抓住了他们对公司的感觉……这句话代表工作和经济增长；代表对顾客的品质和服务，对员工的福利和训练，对个人的挑战和满足。这句话意味着彻底的正直、诚实和忠心不二。没有这种价值观和献身精神，韦尔奇就无法实施他的革新。

第6章

教派般的文化

“现在，我希望你们举起右手并且记住我们在沃尔玛所发的誓言，记住‘君子一言，驷马难追’——跟着我念：我庄严地承诺和声明，从今以后，每当有顾客走近我身边三米时，我就会微笑，看着他的眼睛，并且招呼他。我敢向山姆发誓。”

山姆·沃尔顿

通过卫星电视对十多万名沃尔玛同仁的讲话

20世纪80年代中期

“IBM确实善于激励员工，我在妻子安妮的身上看到了这一点。她可能被某些人的标准洗脑了，不过这是好的洗脑。他们的确在员工心里灌输了忠心不二和努力工作的精神。”

IBM员工配偶的话

1985年

“好，你为什么想到诺思通公司工作？”面试官问。

“因为我的朋友罗拉告诉我，说这里是她工作过的最好的地方。”罗伯特[①]回答说，“她滔滔不绝地谈论和最优秀的人共事的故事，成为精英中的精英，真是乐趣无穷。她几乎像是替你们布道的传教士。她骄傲地自称是诺思通的员工。而且，她得到很好的报酬。她 8 年前从库房职员做起，现在升为商店经理，而她才 29 岁。她告诉我，大家在这里赚的钱，比其他商店的销售员多多了。她说在商场工作最优秀的店员，一年可以赚到 8 万美元以上。”

“对，你在这里工作，的确会比在其他百货公司赚更多钱。我们的销售人员赚的钱，通常是全美零售业员工平均薪资的两倍，很多人赚得更多。但是，当然不是每一个人都具有成为诺思通企业家庭成员所需要的真正素质，”面试官解释说，“我们会精挑细选，很多人过不了关，你必须在每一个层次都证明自己够资格，不然就得离开。”

“是，我听说有一半的新进人员一年后就离开了。”

“差不多是这样。不喜欢有压力，不喜欢勤奋工作，不相信我们的制度和价值观的人，都会离开的。但是，如果你有驱动力、首创精神，还有最重要的是，有成效，有服务顾客的能力，你就会做得很好。问题的关键是诺思通是否适合你，如果不适合，你很可能会痛恨这里，输得很惨，然后离开。”

“我有资格应征什么职位？”

“和其他新进人员一样，你要从最底层做起，在库房和商场里工作。”

“可是我有学士学位，是学生会的优秀会员，华盛顿大学的毕业生，其他公司会让我从见习经理开始干起的。”

---

① 罗伯特是诺思通公司一位典型的新职员，是虚构的人物，但是，文中描述的经历千真万确。我们在采访完诺斯通的离职员工后，写出罗伯特的这一段经历。文中的小故事取材于诺思通董事长吉姆·诺德斯特龙的讲话、公司文件、书籍和文章。

“在这里可不行。每一个人都得从底层工作做起。布鲁斯、吉姆、约翰三位先生——这三位升到董事长的“诺氏三兄弟”，都是从卖场干起的。布鲁斯先生喜欢提醒我们，说他和他的兄弟都是在卖鞋的部门，从坐在顾客前面的小板凳上卖鞋子开始往上爬的。这是我们牢记在心的事实和象征性的职位。你在这里有很多业务上的自由，没有人会指导你的每一个动作，唯一的限制是你自己的表现能力（当然，要在诺思通风范的限制范围内）。但是，如果你不愿意尽一切方法让顾客满意，例如，亲自送一套西装到他的旅馆客房去，跪着问顾客鞋子合不合脚，在顾客故意捣蛋时强迫自己微笑，那么你就不属于这儿。没有人告诉你要成为顾客服务英雄，这只是一种期望而已。”

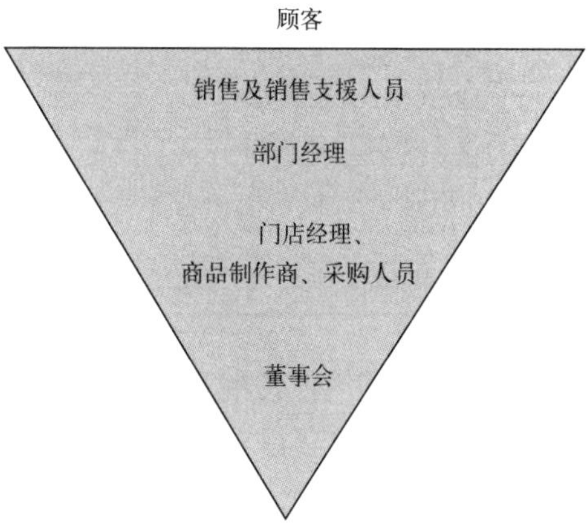

罗伯特接受了诺思通的工作。他对于即将加入的特别团队，对于他要工作的地方，都深感兴奋。收到个性化的名片，而不是得到一块铭牌，使他深感骄傲。公司发的资料把诺思通的“公司结构”画成倒金字塔形，这使他感觉自己越发重要。

他也收到了一份诺思通公司的员工手册，手册只是一张5英寸[①]×8

① 1英寸≈2.54厘米。——编者注

英寸的卡片。全部文字如下：

欢迎加入诺斯通公司

- 我们很高兴你加入我们的公司
- 我们的第一要务是提供杰出的顾客服务
- 请你定下高标准的个人和事业目标
- 我们对你达成目标的能力深具信心

诺斯通的规定

- 第一条规定：运用你良好的判断力应付所有状况
- 除此以外无其他规定
- 有任何问题，请勿迟疑
- 随时问你的部门经理、门店经理或分区总经理

开头几个月，罗伯特全心投入，成为很多员工自称的“诺家帮”的忠贞成员。他发现自己花很多时间在店里工作、参加诺家帮的聚会，或是和诺家帮的其他成员交往，这些人成为他的支持团体。他听到数十个有关服务顾客的英雄事迹：一个诺家帮的人，替一位当天下午要开会的顾客熨烫新买的衬衫；一位诺家帮成员高兴地帮助一个顾客，将其在梅西百货买的东西做好礼品包装；有一个诺家帮的人在冬天顾客快买好东西时，帮顾客先去发动汽车；有一个诺家帮的人，替一位年长的顾客亲手织了一条围巾，因为这位顾客需要一条特定长度，不会卷进轮椅轮轴的围巾；有一位诺家帮的人在最后一刻，把宴会服送到心急如焚的女主人手里；甚至有一个诺家帮的人，为了一组轮胎防滑链退钱给顾客，事实上，诺思通并不卖

轮胎防滑链。诺思通的店员会彼此写便条，罗伯特也知道这种便条叫作“表扬信”，表扬信加上顾客的来信和员工写给顾客的道谢函，会决定哪家店能得到当月最佳服务奖。

顾客来信至为重要。他的经理向他解释说：“顾客来信在这家公司里真的非常重要。你无论如何都绝对不希望收到一封不好的信，那样就是真正的罪过了。但是，道谢函会协助你成为‘顾客服务之星’，你以为学生会优秀会员很了不得，但是，成为顾客服务之星那才真的是了不起。诺氏三兄弟中的某一位会亲自和你握手，你的照片会被挂在墙上。你也会得到奖金和折扣，成为人上人，而且如果你赢得生产力竞赛，你会成为‘百胜冠军’，公司会发给你特制的名片，给你 33% 的商品折扣，只有绝对优秀的人才能成为百胜冠军。”

“怎样才能成为百胜冠军呢？”罗伯特问道。

经理解释说：“很简单，你定下很高的销售目标，然后超越目标就行了。”然后经理问道：“对了，你今天的销售目标是多少？”

大家谈来谈去，总是谈到销售目标、成效和成就。罗伯特注意到在员工办公室的墙上贴了不少“警语”，例如，“列出每天必须做的事情！”“列出目标，定出先后次序！”或者“别让我失望！”“力争上游，做个百胜冠军，追求高难度目标！”

他很快就知道计算每小时的销售额是多么重要！他的经理解释说：“要是超过自定的每小时的销售目标，你可以得到净销售额 10% 的佣金，如果没有超过，你只能得到基本的小时薪资，而且，如果你每小时的销售额很高，就能在比较好的时段上班，有比较好的升迁机会。你可以在后面办公室电脑列印的报表上查对你的每小时销售额。我们依据金额高低列出所有员工的每小时销售额，这样你就可以比较，确定自己是不是落后了。你的每小时销售额也会印在你的薪水单上。”

罗伯特的第一次发薪日到了之后，员工聚集在后面办公室里一块布告板旁，上面列出员工每小时销售额的排名，有几位落在纸上画的红线下面。罗伯特很快就知道，自己应该尽力避免落后。一天夜里，他做了一个噩梦，梦见自己走进后面的办公室，看到自己的名字掉到最后一个，他惊醒过来，冒着冷汗。梦境清清楚楚，于是，他那个白天疯狂地工作，生怕落在同事后面。

第一次发薪日之后不久，他注意到同一区的一位店员很早就下班了。“约翰去哪里了？”他问。

“今天提早下班……惩罚他对一位顾客生气。”比尔说。比尔和他一样是店员，最近刚在微笑竞赛里获胜，所以照片能够挂在墙上。“这就像不让你吃晚餐就叫你回房间一样，他明天会回来上班，但是，他们会密切注意他几个星期。”

比尔才 26 岁，已经在诺思通公司做了 5 年，已经是百胜冠军和顾客服务之星。他显然拥有能够在诺思通力争上游的特有素质。他解释说：“大家在诺思通购物时，应该得到我们最好的服务。我对任何人，对每一个人都挂着微笑。”比尔几乎只穿诺思通的衣服，而且除了赢得微笑竞赛外，前一年他还赢得了名为“谁最像诺思通员工”的竞赛。有一天，店经理朗诵一位满意的顾客写来谈到比尔的信，同事鼓掌欢呼，比尔沉醉在大家赞美的荣耀中。

比尔喜爱诺思通的工作，总是迫不及待地指出：“我到哪里可以找到待遇这么好，又有这么多自主权的地方？诺思通最先让我觉得自己真正属于一家与众不同的公司。不错，我的确在很辛苦地工作，但是，我喜欢努力工作。没有人告诉我该做什么，我觉得只要我有心奉献，我可以尽我所能地去做事。我觉得自己就像一个企业家。”

比尔先前曾经和 100 多位其他同事被公司从西海岸的诺思通商场调到东海岸新开张的商店里工作。“我们不希望让‘诺家帮’以外的人来开新店，即使横穿美国大陆，也要派‘诺家帮’过去。”他解释道。他描述开幕日热闹兴奋的情形说："员工们都在拍手，顾客走进来，也拍着手，到处流露着活力和兴奋之情，这种气氛令人感动，让你有一种'我自己也是其中一部分'的感觉，让你觉得自己真正与众不同。"

对罗伯特来说，比尔是杰出的模范。比尔告诉罗伯特，说他在公司举办的加强动力的研讨会上，学会了怎样写鼓励自己向上的"肯定语"，并且一再对自己说："我对于身为百胜冠军深感骄傲。"比尔的目标是成为店经理，所以他经常朗诵肯定自己的话："我乐于当诺思通的店经理……我乐于当诺思通的店经理……我乐于当诺思通的店经理。"

比尔解释说，当诺思通的店经理很辛苦、很吃力。他描述店经理必须在每季一次的会议上公开宣布自己的销售目标。比尔说："约翰先生有时候会穿着胸前印着大 N 字的 T 恤衫，在会议上鼓舞大家，接着有些人会说出一个秘密委员会替每一家店所定的销售目标，我听说定的目标比秘密委员会定得低的经理会被人嘲笑，定得比委员会高的人会得到大家的欢呼。"

对罗伯特而言，比尔也是诺思通风范的指导员和消息来源。比尔警告罗伯特说："你在和外人谈话时要特别注意，公司对自己的隐私很在意，喜欢严格控制流到外界的消息，这一点是高层指示下来的。我们在公司里的所作所为，与外人毫不相干。"

"对了，"一天晚上很晚了，他们合力做打烊的工作时，比尔问道，"你知道今天有一位'秘密买主'来过吗？"

"一位什么？"

"一位秘密买主，就是公司员工假扮成顾客——当然是秘密的，来检查你的举止和服务。她今天走过你身边，我想你做得很好，但是你要注意皱眉的习惯。你努力工作时，好像常常皱眉。一定要记住：要微笑，不要皱眉。皱一下眉可能成为你档案里的一个污点。"

"第二条规定，"罗伯特心想，"别皱眉，要快乐。"

在随后的6个月里，罗伯特发现自己在诺思通越来越不舒服。早上7点，当他和诺家帮一起开会，喊着“我们是第一流的”，喊着“我们要替诺思通把事情做好”时，罗伯特回想到《美国最适合就业的100家大公司》这本书里有关诺思通的话，书中开宗明义地说：“如果不喜欢在狂热的气氛里工作，不喜爱和总是奋发向上的人共事，那么这个地方就不适合你。”他知道自己的表现不错，从来没有落到每小时销售额排名的红线下方，但是，他显然也算不上杰出，从来没有得到机会和诺氏三兄弟握手，没有成为百胜冠军或顾客服务之星，而且害怕会对一位秘密买主皱眉，或是接到一封顾客不满的来函；而且最糟的是，有些人就是远比他更符合诺思通的标准，那些人已经把他甩在后面了，他们拥有成为诺思通人的适当素质。他没有，他就是不合适。

11个月后，罗伯特从诺思通公司离开了。一年后，他在另一家店里当上部门经理，意气风发。“诺思通的经验非常好，但是，那里不适合我。”他解释说：“我知道有些朋友在那里快乐得不得了，他们真的喜欢那里，而且毫无疑问，诺思通确实是一家杰出的公司，不过，我和这里比较合得来。”

“弃之如敝屣”

我们开始这一研究项目时，猜想证据会显示高瞻远瞩公司是绝佳的工作地点，或者至少比对照公司更适于工作。但是，我们发现，实情并非如此，至少并非对每一个人都如此。还记得比尔和罗拉多么适合在诺思通工作，又有长足的发展吗？对他们来说，那里是真正一等的工作地点，可是请注意，罗伯特就是不能完全相信那一套的，对他来说，诺思通不是什么很好的工作地点。只有真心虔信，而且很适合诺思通风范的人，诺思通才是绝佳的工作场所。

在我们研究的很多高瞻远瞩公司里，同样有这种情形。如果你不愿意热忱地接纳惠普风范，那你就根本不适合待在惠普公司里；如果你不能真心相信沃尔玛对顾客的狂热奉献，那你就不适合沃尔玛；如果你不能宝洁化，那你就不属于宝洁；如果你不想加入狂热追求品质的队伍，即使你刚巧是在公司餐厅里工作，你也肯定不会变成真正的摩托罗拉人；如果你对个人自行决定该买什么东西的权利（例如买香烟）有所质疑，你就不适合在菲利普·莫里斯工作；如果马里奥特那种深受摩门教影响、生活简朴、热心献身于服务的气氛让你觉得不舒服，那你最好远离马里奥特，要是你不能拥护“健康”“神奇”和“仙尘”（迪士尼片头小精灵以仙女棒点出的幻景），并且让自己变成“彻底的拥护者”，那你很可能会讨厌在迪士尼工作。

我们发现，要建造高瞻远瞩公司，你不需要创造一个“温和”或“舒适”的环境。我们也发现，就绩效和契合公司理念而言，高瞻远瞩公司对员工的要求通常要比其他公司严。

我们发现，高瞻远瞩不是表示柔弱和无纪律，正好相反，因为高瞻远瞩公司对于自我认知、事业目的要达到的目标，都说得极为明确。不愿意或不符合公司规定的标准的人，在公司里通常没有多少生存空间。

一次，我们研究小组开会时，一位研究助理说：“加入这些公司让我们想到参加组织极为严密的团体或社团。如果你不适合，最好不要加入；如果你愿意真心相信并乐意为公司的目标贡献，你一定会很满意，很有成效——很可能再快乐不过了，否则你很可能会苦苦挣扎，觉得无法立足，感觉差极了，终会离开，就像病毒一样被排挤。这是二选一的问题，不是留在里面，就是离开，似乎没有中间地带，几乎和教派一样。”

这个说法似乎很实际。所以，我们决定研究探讨一下有关教派的文献，看看高瞻远瞩公司的特质和教派相通的地方，是否真的比对照公司多。我们发现，文献里对教派没有大家一致接受的定义（这个说法的确符合许多高瞻远瞩公司的情形）；在教派和非教派的差别方面，我们也没有找到普遍被人接受的对照表，但是，我们发现了一些共同的宗旨，特别是找到了教派 4 个特点，高瞻远瞩公司表现这些特点的情形，远比对照公司强烈：

- 热烈拥护的理念（第 3 章在探讨核心理念时已经谈过）
- 灌输信仰
- 严密契合
- 精英主义

看看诺思通和梅尔维尔这两家公司的对照情形。请注意诺思通公司的强力灌输过程。诺思通首先用面谈，接着不断用诺家帮服务顾客的英雄事迹、墙上的警语、朗诵肯定自我的文字和欢呼等对员工灌输信仰。请注意诺思通是如何促使员工写下其他员工的英雄事迹，并且运用同事和顶头上司推行灌输程序的（教派常见的做法是靠着社交活动，指引和积极吸收新徒众）。请注意诺思通是如何设法招募年轻人，从他们事业生涯的初期，就塑造他们接受诺思通的风范，并且只提拔密切反映公司核心理念的员工的。请注意诺思通是如何达到严密的契合——符合诺思通风范的员工得到很多正面的强化（薪资、奖金、表扬），不符合公司风范的员工得到负面的加强的（落后、罚金、污点）。请注意诺思通是如何在自己人和外人之间划出明确的界线，又是如何将自己人描述为与众不同的精英的——这又是教派常见的做法。的确，“诺家帮”这个名称就有教派的意味。我们在梅尔维尔的历史里，找不到任何证据显示梅尔维尔曾经刻意培养和维持这么明确的类似做法，或曾经持续运用过这种做法。

高瞻远瞩公司用一系列做法，围绕着核心理念，创造一种几乎像教派一样的环境。我们把这种情形叫作“教派主义”。就这一点来说，诺思通代表了一个绝佳的例证。这些做法通常会帮助企业在雇用前或在事业生涯之初大力筛除不符合公司理念的人，也会灌输一种深厚的忠贞意识，影响留在公司里的人，让他们长期持续配合公司的核心理念，并且奉行不渝。

请别误会我们说的这一点。我们不是说高瞻远瞩公司是一个教派，而是说它们和教派比较像，实际上还不是教派。“教派主义”和“像教派一样”这两个说法可能引发一些负面的想象和含义，这两个说法比文化的意义强烈，但只是说高瞻远瞩公司拥有自己的文化，不能说明什么其他的事情。所有的公司都有文化！我们观察到有一些远比文化强烈的东西在起作用。“教派主义”和“像教派一样”只是描述性的说法，没有轻蔑或其惯常的意味，意在抓住一些我们发现在高瞻远瞩公司里比较有持续性，在对照公司里则不然的做法。这些特性在保持核心理念方面扮演着重要的角色。

分析高瞻远瞩公司和对照公司后，可以得到下列结论：

• 在 18 对公司里，证据显示有 11 家高瞻远瞩公司在其整个历史中，比对照公司更强力地向员工灌输核心理念。（我们发现，高瞻远瞩公司大都比较强调员工培训，不仅是在理念的引导方面如此，在技术和专业发展训练上也是这样，这一点会在后面的章节里探讨。）

• 在 18 对公司里，证据显示有 13 家高瞻远瞩公司在其整个历史中，表现出比对照公司更严格的选拔情形——员工通常不是极为符合公司及其理念的要求，就是一点儿都不符合（不相信就滚蛋）。

• 在 18 对公司里，证据显示有 13 家高瞻远瞩公司在其整个历史中，比对照公司表现出程度更强烈的精英主义（一种属于优秀团体、与众不同的意识）。

• 总括三个层面（灌输信仰、严密契合、精英主义），在 18 对公司里，证据显示有 14 家高瞻远瞩公司在其整个历史中，比对照公司表现出更强烈的教派主义，仅有 4 对没有明显的差异。

下面用 IBM、迪士尼和宝洁三家公司的例子，说明这些特质在高瞻远瞩公司的发展上是如何发挥作用的。

IBM 走上伟大之路

IBM 在 20 世纪上半叶声名鹊起，全美知名。IBM 前 CEO 小沃森在谈及这段历程，描述 IBM 的环境时，说其像是“教派一样的气氛”。这种气氛的起源可以追溯到 1914 年。当时，他的父亲老沃森刚刚接任一家挣扎求活的小公司 CEO 职务，开始刻意创造一个由坚贞之士组成的组织。老沃森在墙上贴了一些口号，诸如“失去的时间永远找不回来”“停滞不动绝不可能”“我们绝对不能自满”“我们卖的是服务”“员工代表公司的形象”等等。他制定了严格的个人行为准则：要求业务代表注意仪容，身着深色西装，鼓励结婚（他认为结过婚的人因为要养家糊口，会比较努力地工作、比较忠心）；他也劝阻员工吸烟，禁止喝酒；他还制订了培训计划，以便系统地把公司的哲学灌输给新进人员；他招募有可塑性的年轻人，并且严格遵守从内部提升的做法；后来，他又创设了 IBM 经营的乡村俱乐部，鼓励 IBM 人员的内部交往，而不鼓励和外界的人来往。

IBM 和诺思通一样，设法为最能体现公司理念的员工创造英雄式的神话，并且把他们的名字、相片和英雄事迹刊登在公司的刊物上，少数典范甚至拥有公司献给他们的歌！另外，IBM 也像诺思通一样，强调在集体努力的架构下，个人的努力和首创精神极为重要。

到 20 世纪 30 年代，IBM 已经制定了一套教导、灌输员工的完整程序，创立了一所完整的学校，用来培养和训练未来的公司职员。小沃森在《父子同心缔造 IBM》一书里写道：

> 这所学校的每一样东西都意在激发忠心、热忱和崇高的理想。IBM 认为，这是成功之道。前门刻有 IBM 无所不在的座右铭“思考”二字，每一个字母有两英尺高，一走进去，是花岗岩的楼梯间，意在让学员踏着楼梯去上每天的课程时产生一种奋发向上的心态。

老资格的员工穿着“中规中矩的 IBM 服装”，负责授课，强调 IBM 的价值观。每天早上，学员们在四周贴满公司各种座右铭的标语和口号的环境下站立起来，选唱《IBM 歌曲集》里的歌。歌曲集里包括美国国歌《星条旗永不落》，封面内页是 IBM 的公司歌《永远奋进》。歌词中写道：“与 IBM 一同前进，与伙伴们并肩工作。只要拥有勇敢的心，我们在任何地方都一往无前。”

虽然 IBM 后来演变到超脱高唱公司歌曲的境界，但仍然保留了以价值观为导向的密集训练和社会化过程。IBM 的新人都要学习“三项基本信念”（参见第 4 章），经历强调公司哲学和技术训练的课程。IBM 人必须学习公司文化特有的语言（IBM 用语），公司期望他们随时展现专业精神。1979 年，IBM 盖起一座占地 26 英亩[①] 的“管理发展中心”，用 IBM 人的话来说，这个中心“可能被人误认为修道冥想的地方——到那里才发现，自己是在教室里忙个不停”。

1985 年版《美国最适合就业的 100 家大公司》一书这样描述 IBM 公司：“把自己的信念像教会一样制度化……结果形成了一家充满虔诚信徒的公司（你不虔诚的话，可能不会舒服）……有人把加入 IBM 比作参加教团或从军……如果你了解海军陆战队，你就会了解 IBM……你必须乐于放弃部分自己的个人意识，以便生存下去。”

1982 年《华尔街日报》一篇文章指出，IBM 的文化极为深入，以致有一位任职 9 年后离开的人说：“离开这家公司就像移民一样。”

的确如此。IBM 在其整个历史中（至少到本书写作时为止），实施了员工必须严格符合公司理念的政策。IBM 前营销副总裁巴克 · 罗杰斯在他的著作《IBM 风范》里写道：

---

① 1 英亩 ≈4 046.9 平方米。——编者注

> IBM 早在雇用员工之前，即在第一次面谈时，就开始把公司的哲学灌输给他们。对某些人来说，“灌输”意味着“洗脑”，但是，我倒认为这并没有什么不好的。基本上，IBM 会告诉任何想进这家公司工作的人说：“注意，这就是我们做生意的方式……我们对做生意代表什么意义，拥有很特别的看法——如果你为我们工作，我们会教导你怎么对待顾客，如果我们对顾客和服务的看法跟你的不同，我们就分手吧，而且越早越好。”

精英主义也贯穿于 IBM 的整个历史中。从 1914 年起，当公司在全美还没有半点儿知名度前，老沃森就设法灌输一个观点，说这家公司是一个与众不同的优越的工作地点。他告劝说：“要是你不相信这家公司是世界上最伟大的公司，你在任何事业上都不会成功。”（请记住前面一章曾提到，他是如何用具体的行动，把公司的名字从听来枯燥无味的计算制表记录公司改为国际商业机器公司，借以强化这种精英的态度的。）1989 年，在老沃森确定公司是特别的精英团体的自我认知之后的 3/4 个世纪中，为纪念公司创立 75 周年，小沃森写了一篇文章，收在《与众不同的 IBM 公司》一书里。他又谈及同样的主题：

> 如果我们相信我们只是随随便便地为一家公司工作，那么我们就会变成一家随随便便的公司。我们必须拥有 IBM 公司与众不同的观念。你一旦有了这种观念，就很容易发挥所需要的驱动力，致力于继续保持这种事实。

你或许会想，是否是 IBM 教派一样的氛围和严格遵守三项基本信念的做法造成了 IBM 20 世纪 90 年代初期的困境。教派主义是 IBM 难以适应电脑行业激烈变化的主要原因吗？在经过严密的考察后，证据并不支持这种观点。IBM 在 20 年代时，内部像教派一样的氛围很强烈，却能够激烈地变革；到 30 年代，IBM 像教派一样的情形强烈得令人难以置信，却能够经受得住“大萧条”的考验，没有裁减一个员工；在 50 年代和 60 年代，IBM 维持教派一样的文化，却能够适应电脑的崛起，或许这还是 IBM 历史中所遇到的最剧烈的变化；到 80 年代，IBM 依然有着教派般的感觉，却和任何其他老资格的电脑公司不同，依然能够适应个人电脑革命，努力建立起个人电脑行业主要角色的地位。要是有什么值得一提的事，那就是：随着 IBM 教派一样的文化，也就是狂热保存核心价值的文化日渐衰微，IBM 也日渐陷入困境。

当 IBM 获得最大成就、展现其最能适应世界变化的杰出能力时，正是 IBM 教派般的文化表现得最强烈的时候。

另外，我们在分析 IBM 的对照公司宝来时却丝毫没有看到类似 IBM 历史中的教派主义。宝来没有教育中心，用以把公司的价值观“灌输”给员工；我们也找不到任何证据，证明宝来曾经制定一种核心价值，要求员工必须密切地配合，也没有证据显示宝来自认在美国企业结构中是一家与众不同的精英公司。不管 IBM 的认同感多么像教派，IBM 的确建立了明确的自我认同，而宝来却没有。虽然宝来创业初期的境况胜过 IBM，IBM 却在其所属产业演进的每一个重要关口，持续一贯地领先于宝来。

迪士尼的魔力

像 IBM 和诺思通一样，迪士尼运用灌输信仰、严密契合和精英主义等手段，作为保存核心理念的主要方法。

只要是迪士尼的员工，不管是什么阶层和职位，公司要求每个人都要参加迪士尼大学的新人训练（也叫迪士尼传统）课程。这所大学是公司内部的社会化训练组织，迪士尼设计这个课程，目的是要向“迪士尼团队的新人介绍我们的传统、哲学、组织和做生意的方式”。

对于要进入迪士尼乐园工作的论时计酬的员工，迪士尼特别注意筛选和社会化，对于可能招募进来的人，即使是清洁工，也必须至少通过由不同面试官主持的两次筛选（20 世纪 60 年代，迪士尼要求所有应聘人员参加多次性格测验）。脸上有胡子的男性、耳环摇摇晃晃或化浓妆的女士不必去应聘，因为迪士尼实施严格的仪容规定（1991 年，迪士尼乐园员工发动罢工，抗议仪容规定，迪士尼公司开除罢工领袖，继续维持仪容规定，没有改变）。甚至早在 60 年代，迪士尼乐园在雇用员工方面，就实施严格符合公司理念的方针。1967 年，理查德·希克在他写的《迪士尼电影》里，对迪士尼乐园的员工有过这样的描述：

> （他们）有一种相当标准化的仪容，女孩通常都是金发、蓝眼、不爱出风头的那一种类型，全都好像刚刚从加州运动装广告里走出来，准备嫁到郊区做个好母亲的女孩；男孩一律都是纯美国风格、喜爱户外运动，是妈妈总要你模仿的那种迷糊快乐的小孩。

迪士尼乐园所有新进人员都要接受很多天的培训，迅速学习一种新语言：

> 员工是“演员表上的演员”。
>
> 顾客是“贵宾”。
>
> 群众是“观众”。
>
> 值班是“表演”。
>
> 职务是“角色”。

职务说明是“剧本”。

制服是“戏装”。

人事部门是“分派角色部门”。

当班是“在舞台上”。

下班是“在后台”。

这种特殊语言强化了迪士尼员工的心态。在此之前，迪士尼已经在新人培训里使用精心编写的剧本，由训练有素的“培训员”，用有关迪士尼特性、历史和神话的问题做练习，不断地给演员表上的新人灌输和加强公司的基本理念。

培训员：我们从事什么事业？每一个人都知道麦当劳做汉堡包。迪士尼做什么？

新进人员：我们做的是让大家快乐。

培训员：对，完全正确！我们让大家快乐，不管是谁、说什么语言、从事什么行业、是哪里人、是什么肤色或有什么其他的差别，我们来这里就是要让他们快乐……我们雇的人没有一个是来担任什么职务的，每一个人都是我们排定的戏里的一个角色。

新人培训被安排在特别设计的培训室里进行，培训室里贴了很多照片，全都是创办人沃尔特·迪士尼和他最有名的角色，比如米老鼠、白雪公主和七个小矮人。照汤姆·彼得斯公司一盘录像带的说法，这些东西“意在创造沃尔特·迪士尼本人亲自在现场欢迎新进人员加入他个人王国的幻觉，好让新进员工觉得自己和乐园的创办人是伙伴”。员工要学习迪士尼大学的教科书，书的内容包括下面这些警语：“我们在迪士尼乐园里会疲倦，但是，永远不能厌烦，而且，即使这一天很辛苦，我们也要表现出快乐的样子。必须展现真诚的笑容，必须发自内心……如果什么东西都帮不上忙，请记住：我是领薪水来微笑的。”

经过培训，每个新演员和一位有经验的同事搭配，接受进一步的社会化训练，以便了解这个工作的精微之处。从里到外，迪士尼推行严格的行为准则，要求演员迅速磨掉不符合个人特定角色的个性。《培训》杂志指出："在迪士尼里，新进人员的时间没有哪一刻没有经过规划，迪士尼新员工培训结束后，在最初上工的一些日子里，新进人员得忙着试戏装（制服）、排练剧本（受训）和接触其他同台演出的演员。这一切和演给园区来宾看的任何表演相比，精心排练和彻底的程度没有两样。"

迪士尼对保存自我形象和理念的狂热，在主题公园里表现得最清楚，但是，也远远地延伸到主题公园之外。公司所有员工都必须上迪士尼传统的培训课程。一位斯坦福大学 MBA 学员暑假期间到迪士尼公司做财务分析、战略规划和其他类似的工作，事后他描述说：

> 第一天到迪士尼公司，我就领略了沃尔特·迪士尼梦想的魔力……迪士尼大学利用录像带和"仙尘"技术，让大家分享沃尔特·迪士尼的梦想和"迪士尼世界"的魔力。迪士尼文物馆珍藏着沃尔特·迪士尼的历史，让演员同仁享受。接受培训后，我驻足在米老鼠大道和多皮大街交叉口，感觉到公司的魔力、感性和历史。我信仰沃尔特·迪士尼的梦想，并且和组织里的其他人共享这个信仰。

公司里任何一个人如果嘲笑或公然抨击有关"身心健康"的理想，那就绝对不能在公司里继续生存。公司出版的刊物不断强调迪士尼公司"特别""与众不同""独一无二"的"神奇"，连写给股东看的年报都经过加料调味，使用"梦想""乐趣""兴奋""欢乐""想象"以及"魔力是迪士尼公司的根本精神"之类的文字。

迪士尼内部的运作大部分都秘而不宣，更增添了神秘感和精英意识，只有深深属于"内部"的人，才能在布幕后一窥"神奇魔力"的运作情形。例如，除了已经发誓保守秘密的特定演员之外，谁也不能观察迪士尼乐园角色的训练；采访迪士尼的作者都遭遇过守门人的拼命抵抗，这些人不让这个“神奇王国”的秘密外泄。一位作家说过：“迪士尼是一家封闭得让人奇怪的公司。他们严密地控制一切，那种偏执程度之高，是我这么多年以来写美国企业时所罕见的。”

迪士尼密集的员工筛选和教育程序，对秘密运作和控制的沉迷以及精心创造神话，培养公司对全世界儿童生活至为特别和重要的形象，全都有助于创造一种类似教派一样的信仰，这种信仰甚至延伸到顾客身上。

有一位对迪士尼忠心不二的顾客，一次在某家零售店里看到一个略为褪色的迪士尼角色玩偶，不满地说道：“要是迪士尼叔叔看到了，一定会觉得羞愧。”

的确，在审视迪士尼时，心里很难记得它是一家企业，而不是一种社会或宗教运动。乔·福勒在他的《神奇王国的王子》一书里这样写道：

> 这不是企业的历史，是人类衷心为理想、价值观和希望奋斗的历史。这些都是世间男女愿意牺牲生命去奋斗的东西，是一些有时是如此容易消失，有些人可能斥之为愚蠢的价值观；却也是如此深刻，以致于其他人愿意学习，愿意奉献一生去实现的价值观。他们在价值观似乎遭到侵犯时愤愤不平，在防卫价值观时变得诗意盎然、心灵奋发。这就是“迪士尼”这个名字让人印象深刻的地方。大家看迪士尼没有中立的看法……沃尔特·迪士尼不是天才就是骗子，不是伪君子就是典范，不是江湖郎中，就是世世代代儿童热爱的老爹。

事实上，迪士尼像教派一样的文化可以追溯到创办人沃尔特·迪士尼那里，他把自己和员工的关系看成父亲和子女，期望员工全心全意地奉献，要求员工对公司和公司的价值观无亏无愧地忠诚、热心而且最要紧的是，忠心的迪士尼人即使犯了诚实的错误，也可以得到第 2 次（通常还有第 3 次、第 4 次和第 5 次）机会。但是，违反公司神圣的理念或表现不忠……嗯，这就是罪恶了，要受到被立即而无理开除的惩罚。照马克……艾略特在《沃尔特·迪士尼传》里的说法：“要是偶尔有人不小心在沃尔特·迪士尼和众人面前说了一句脏话，结果总是立刻被开除，不管这样做会在业务上造成什么样的不便，结果都是这样。”1941 年，迪士尼的动画人员罢工，沃尔特·迪士尼觉得遭到员工背叛，认为工会不是什么好的力量，对于他小心控制、由忠贞迪士尼人组成的“家庭”，反倒是一种横加干预的外力。

沃尔特·迪士尼把对秩序和控制的热爱转化成了具体的做法，以便维持迪士尼的基本精神，从个人仪容规定、招聘和培训过程、对实际布置最细微部分的注重、对保持秘密的关心，到定出一丝不苟的规定，力求保存迪士尼每一个角色的一贯性和庄严性。这一切的一切，都可以追溯到沃尔特·迪士尼执着追求、使公司务必完全在核心理念的范畴内运作的精神上。沃尔特·迪士尼自己说明过迪士尼乐园这种程序的起源：

> 第一年我把停车位经营权外包出去，引进一般的安全警卫——还有其他类似的小事，但是，我很快就知道自己错了，我不能找外面的人帮忙，还想贯彻我对亲切招待的要求，所以，我们现在自己招募和培训每一个员工。例如，我告诉安全警卫，说他们绝对不能把自己想象成警察，他们在那里是要帮大家的忙……一旦你把这种政策推行开来，公司就会成长了。

他的公司的确在持续成长，即使在沃尔特·迪士尼死后公司停滞不前之时，也始终没有失去核心理念，其中的主要原因就是他在死前已经把具体的程序安排妥当。1984 年，当迈克尔·艾斯纳和新的迪士尼团队接掌公司后，这种小心保存的核心理念就成了其后 10 年迪士尼重振声威的基础。

相形之下，1958 年科恩死后，哥伦比亚电影公司既没有核心理念，也没有准备好任何保存核心的机制。沃尔特·迪士尼并没有构建一座滴答作响的完美时钟，但是，他的确有一个核心理念，而且的确确立了制造时钟的机制（虽然很有教派文化的意味），以便保存核心理念。科恩却没有这样做。沃尔特·迪士尼死后，迪士尼公司最后还是能够重新振作，靠着他的遗泽，继续维持独立机构的地位。哥伦比亚电影公司却不再是一家独立的公司了。

宝洁：全心投入

宝洁自成立到现在，基本上一直运用灌输信仰、严密契合和精英主义等方法努力保存公司的核心理念。宝洁有些长期实施的做法，例如，仔细筛选有潜力的新进人员，雇用年轻人做基层工作，严格塑造他们遵行宝洁的思想和行为方式，清除不适合的人，中层和高层的职位只限于由忠心不二、在公司内部成长的宝洁人担任。《美国最适合就业的 100 家大公司》一书写道：

> 加入宝洁的竞争很激烈……新进人员进去后，可能会觉得自己加入了一个机构，而不是进入了一家公司……从来没有人带着在其他公司的经验，以中高层的职位进入宝洁——从来没有，这是一家彻底实施循序升级的公司……他们有一套宝洁独有的做事方式，如果你不精通这种方式，或者至少觉得不舒服，你在这里就不会快乐，更别提获得成功了。

宝洁的灌输程序有正式和非正式两种，培训和引导课程是用来引导新进人员进入公司，其后则期望他们研读公司的传记《展望明天》。公司里的人把这本书叫作“宝典”，描述宝洁公司是“美国历史密不可分的一部分”，具有“精神传承”和“始终稳定不变的性格……这种性格是以创办人一再宣称的原则、伦理、道德为基础，并且已经成为经久不衰的遗产”。公司的内部刊物、高级经理人的谈话和正式的培训教材都强调宝洁公司的历史、价值观和传统。员工不可能错过参观俯视象牙谷工厂的象牙谷纪念碑（共同创办人威廉·波克特的孙子威廉·库柏·波克特真人大小的向前跨着大步的大理石雕像），后面刻着这些文字：“他过着高贵、朴实的生活，信仰上帝，相信同胞天赋的价值。”

新进人员，尤其是公司中心的品牌管理部门的人，立刻会发现，几乎所有的时间都得用于工作，或是和这个“家庭”里的其他人交往，向他们进一步学习宝洁的价值观和做法。公司设在由宝洁主宰的辛辛那提市，地理位置相当隔绝，更加强了全身心投入公司的意识。一位曾在宝洁工作过的人说得好：“你到一个陌生的城市去，整天一起工作，整晚一起写备忘录，周末又彼此相见。”公司期望员工主要和其他宝洁人交往，属于同样的俱乐部，去类似的教堂，并且住在同样的地段。

在温情进步的员工薪资福利计划方面，宝洁公司有悠久的历史记录，这些计划使员工和公司紧密地结合在一起。

- 1887 年，宝洁推出员工分红计划，是美国产业界持续不断最古老的分红计划。
- 1892 年，宝洁推出员工入股计划，是产业史上的先驱之一。
- 1915 年，宝洁推出病残退休人寿保险计划——又是率先这样做的公司之一。

宝洁公司不但用这些计划作为奖励员工的手段，也作为影响行为、获得忠心奉献和确保员工严密契合公司的方法。宝洁的一份刊物描述了公司如何运用早年的分红计划：

（威廉·库柏·波克特）认定，对于更加努力工作这件事表现得漠不关心的工人，应取消他们原本可以享有的红利，这些人的红利应该转发给其他关心这件事的工人。所以，他根据经理们评定的工人合作程度，制定了 4 个分红的级别，这样做大有帮助，可以确保形成正确的态度。

公司利用员工认股计划鼓励员工购买股票，促使员工在心理上高度认同。总之，有什么方法比员工用辛苦赚来的钱购买公司的股票更能促成员工相信这个组织呢？ 1903 年，宝洁为了进一步强化员工入股办法，对分红计划设定限制，规定只有愿意承诺购买相当大笔股票的人才能分红。宝洁公司说：

分红（从今以后）要直接和员工持有宝洁公司普通股的计划结合。想要有资格分红，员工必须购买现值相当于他一年工资的股票，不过可以多次付款，一次最少要付出他年薪的 4%，同时，公司会资助员工工资的 12%，让员工购买股票。

到 1915 年，共有 61% 的员工参加了员工入股计划，也因此在心理上成为宝洁公司完整的成员。纵观宝洁的历史，宝洁一直利用复杂的有形机制推行公司所期望的行为，从严格的服装规定、几乎不容许享有隐私权的办公室布置，到宝洁举世闻名意在统一沟通风格，“限定一页写完的备忘录[①]”。

宝洁要求员工密切配合公司的规定适用于全公司，适用于每一个地

① 几乎所有的备忘录都限制在一页内写完，作为证明的文件另计，大多数宝洁人都遵守这个规定，但是事实上，有些宝洁人看过超过一页的备忘录。

方、每一个国家和世界每一种文化。一位商学院毕业后加入宝洁、在欧洲和亚洲工作过、现已离职的人说："宝洁的文化延伸到地球的每一个角落，我被派到国外时，公司明确告诉我，说我最重要的是必须符合公司的文化，其次才是符合所在国的文化。身在宝洁就好比属于一个独立国家。"宝洁 CEO 约翰 · 斯梅尔 1986 年在一次公司的聚会上也说过类似的话：

> 全世界的宝洁人拥有共同的锁链，虽然有文化和个性的差异，可是我们却说同样的语言。我和宝洁人会面时，不论他们是波士顿的销售人员、象牙谷技术中心的产品开发人员，还是罗马的管理委员会成员，我都觉得是在和同一种人说话，是我认识和信任的宝洁人。

宝洁和诺思通、IBM、迪士尼等公司一样，展现出对保守秘密和控制信息的强烈倾向。员工在飞机上工作，使用显示宝洁员工身份的行李卡片，或在公共场所谈论业务，经常会遭到经理人劝诫、责骂和处罚。1991 年奖励经理人的购股权办法规定，如果接受购股权的人对外界透露未经授权发表的公司消息，就要取消购股权。

宝洁创业以来长期刻意培养精英主义，而这种保密性格更强化了精英主义。宝洁人对身为组织的一分子深感自豪，而这个组织在描述自己时，使用的字眼包括："特别的""伟大的""卓越的""道德的""自律严谨的"、充满"最优秀人才的""一种制度"和"世界企业组织中独一无二的"。宝洁的一位经理在说明一件特别困难的计划时说："在整个计划里，如果要我说我在每一个人身上看到了什么特质，那就是身为最优秀人才的骄傲。"

宝洁和高露洁之间虽然有差异，但并不像诺思通和梅尔维尔、IBM 和宝来，或迪士尼和哥伦比亚之间的差别那么大。例如，高露洁公司一直到 20 世纪初期仍然极为强调以高露洁家族的价值观为基础的家长式文化。但是，两家公司仍然有差异，过去 60 年尤其如此。我们在高露洁找不到任何证据，显示对新进人员规定同样严格的筛选或融入公司的标准，在灌输公司“特性”和创办人列出的指导原则方面也不如宝洁。宝洁在界定自己时，总是根据公司的核心理念和悠久的传统，不断强调自己与众不同和独一无二的特质；而高露洁在界定自己时，却越来越经常拿宝洁来强化自身的意识，高露洁自认为“次于宝洁”，追求成为“另一个宝洁”。

CEO、经理人与创业家须知

你或许对本章的发现有点儿不安，我们和你一样希望明白地表示，我们的确不赞成（甚至不是在描述）吉姆·琼斯、大卫·柯瑞施或某些教派的状况。重要的是，要了解高瞻远瞩公司和许多宗教派别或社会运动不同：高瞻远瞩公司通常是以理念为核心，表现得像教派一样，而教派或社会运动常常是环绕着魅力型教派领袖运转，形成一个“以人为本”的教派。请注意诺思通是如何用自己的核心价值，创造出大家对价值观虔诚的尊敬，为员工服务顾客的英雄事迹塑造有力的神话，而不是要求对个别领袖奴隶式的崇拜的。迪士尼对本身价值观的保护超越了沃尔特·迪士尼的生命，并且在他身后数十年仍然大致保持不变。宝洁虔信自己的原则超过 150 年，历经 9 代最高管理层。环绕个人人格形成的教派主义犹如报时；创造环境，以便强化大家虔诚信仰一种长盛不衰的核心理念，则有如造钟。

本章的要点不是说你应该去创造一种以人为本的教派，这是你最不应该做的事。

重点其实是应该建立一个用具体的特定方法，保持核心理念的组织。高瞻远瞩公司把它们的理念转化成有形的机制，同时发出持续一贯、加强理念的信号，它们对员工灌输理念，规定必须严密契合公司，并且利用下列实用、具体的事项创造出一种身属特殊团体的意识：

• 兼具理念与实际内容的新人培训与后续培训计划，教导价值观、标准、历史和传统。

• 内部“大学”与培训中心。

• 由同事与顶头上司负责在职社会化培训。

• 严格由内部逐级提升的政策——雇用年轻人，从内部提升，并且从年轻时开始塑造员工的心态。

• 宣扬“英雄事迹”和公司典范（例如顾客颂扬英雄事迹的信函、大理石雕像等）。

• 独有的语言与名词（例如“演员表成员”“摩托罗拉人”），强化既有的参考架构，强化身属特殊精英团体的意识。

• 公司歌曲、肯定言辞或誓言，强化心理上的认同。

• 在招聘期间或雇用的头几年实施严格的筛选程序。

• 采用的奖励和升迁标准明确地与要求员工全心融入公司的理念合为一体。

• 用奖赏、竞赛和公开表扬奖励尽力符合公司理念的人，用明显、有形的惩罚惩处逾越理念界限的人。

• 宽容不违反公司理念的诚实错误（小过失），对于违反理念的行为（罪恶）和人员严惩不贷或解雇。

• 设置“诱导”员工相信公司理念的机制（财务或时间方面的投资）。

• 用庆祝的方式加强成就感、归属感和与众不同的意识。

• 利用工厂与办公室的布置加强公司的标准与理想。

• 用口头和文字不断强调公司的价值观、传统及身属与众不同团体的意识。

保存核心与刺激进步

看到这里，你或许会想：难道像教派一样严密的文化不危险吗？会导致集体思考和停滞不前吗？会赶走人才吗？会妨碍创造力和多元化吗？会扼杀变化吗？我们的回答是：没错。如果不用阴阳的另一面来辅助，像教派一样的文化的确可能有危险和妨碍，像教派一样的文化可以保存核心，却必须用极为有力、刺激进步的措施来平衡。在高瞻远瞩公司里，这两点是相辅相成、并行不悖的。

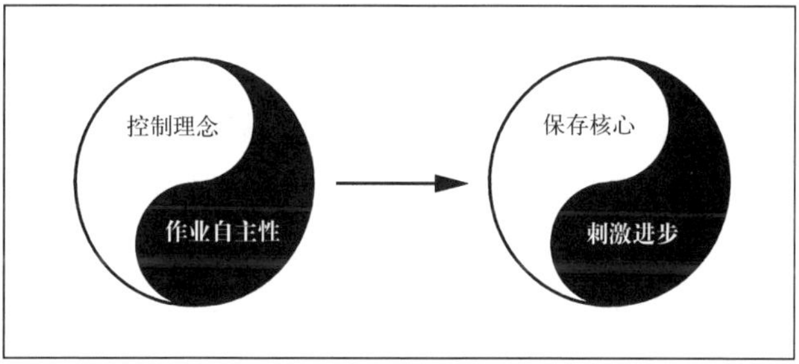

图 6.1　控制与自主

实际上，像教派一样的文化可以强化公司追求远大目标的能力，原因就在于这种文化会创造一种属于精英组织、几乎什么任务都能完成的意识。IBM 自觉像教派一样的意识对 IBM 研制 360 系列大型计算机的能力极有帮助；迪士尼对于自己在世界上的特殊地位有如教派一样信仰，加强了迪士尼推动胆大包天的目标，如建造迪士尼乐园和佛罗里达州迪士尼世界的能力；如果波音不是决心成为“由生活、呼吸、吃饭和睡觉都念念不忘自己所作所为的人组成的组织”，就不可能成功地推动制造波音 707 和 747 的计划；索尼要不是几近狂热地相信自己是独一无二的组织，必须在世界上扮演一个特殊的角色，就不可能在 20 世纪 50 年代在晶体管方面采取大胆的行动；默克因为对公司的理念有着像教派一样的信仰，员工才有一种身属与众不同的组织而不是随随便便一家公司的意识。他们主要就是靠这种意识激励，才激发出所需要的力量，把默克建成世界著名的制药公司。

此外，有一点很重要，就是要知道你也可以建立一种像教派一样的创新文化，或一种像教派一样的竞争文化，或一种像教派一样的求变文化，甚至可以建立像教派一样亦庄亦谐的文化。我们认为，沃尔玛的高级主管领着成千上万高声喊叫的员工，像啦啦队一样，高呼公司的口号，做出诙谐的动作，就是要建立这样的文化。

像教派一样全心融入和多元化也可以相辅相成。若干最像教派的高瞻远瞩公司赢得了大企业当中最善待女性和少数民族的美名。默克就是个例子。默克长期以来就拥有进步的平等就业机会的记录。在公司里，多元化是一种进步的形式，和公司深深珍惜的核心相辅相成。只要你相信公司的核心理念，你的肤色、胖瘦、长相或性别在默克都不是问题。

控制与自主

高瞻远瞩公司在理念方面实施严格的控制，同时提供广泛的作业自主性，鼓励个人首创精神，正是兼容并蓄胜过非此即彼的典范。事实上，正如我们在下一章要讨论的，我们发现，高瞻远瞩公司虽然比对照公司更像教派，但是，高瞻远瞩公司普遍实施分权制度，并给予员工高度的作业自主性，而对照公司反倒有很大差距。

回想一下本章开头提到的诺思通一页式员工手册，请注意，诺思通一方面规范员工的行为，要求符合公司的理念，但是另一方面，在工作上却给员工极大的自由。一次，吉姆·诺德斯特龙应邀到斯坦福大学商学院讲课，有人问他，如果一位顾客拿着显然穿过的衣服来退货，诺思通的店员应当怎么处理？他回答说：

> 我不知道，这是真话。但是，我有高度的信心，知道事情会以顾客觉得受到礼遇和良好服务的方式处理。衣服是否收回要看特定的状况而定。我们希望给每一个店员充分的自由，让他们自己考虑该怎么做。我们把员工当成销售专家。他们不需要规定，他们需要基本的指导方针，而不是规定。在诺思通，只要你遵守我们的基本价值观和标准，为了把工作做好，你可以做你要做的任何事情。

诺思通让我们想到团结、自制、纪律严明，而不肯或不能符合理念的人毫无生存空间。矛盾的是，没有个人首创精神和企业直觉的人，和没有理念的人一样，在诺思通公司同样可能做不好。在其他具有严密理念的高瞻远瞩公司，例如 3M、强生、默克、惠普和沃尔玛，情形也一样。

这一发现具有重大的实际意义，表示公司如果希望拥有授权或分权的工作环境，最要紧的事就是规定严明的理念，并把这种理念灌输给经过筛选的员工，同时清除不好的人；对于留下来的人，赋予他们伴随着身属精英组织而来的高度责任感。这表示要把适当的演员推上舞台，陶冶他们的正确心态，给他们自行决定、即兴表演的自由。简单地说，这表示如果能够以理念为中心，像教派一样地团结，就可以使公司解放员工的能力，让他们从事实验、变革、适应，以及最重要的——采取行动。

第 7 章

择强汰弱的进化

“在我的想象中，能让我大为满意的说法是，适应良好的物种并非起源于上天特别赋予、创造的本能，而是因为一种普遍法则的多次小影响，造成所有生物的进化，也就是增生、变化，让最强者生存、最弱者死亡。”

达尔文，《物种起源》

1859 年

“我们公司其实是无意间碰上了一些新产品，但是，千万别忘记：一定要行动，才能碰上。”

3M 前 CEO 理查德 · 卡尔顿

1950 年

“失败是我们最重要的产品。”

强生前 CEO 小约翰逊

1954 年

在审视高瞻远瞩公司的历史时，我们发现它们之所以能够做出若干最好的决策，不是起因于详细的战略规划，而是依靠实验、反复尝试、机会主义，或者确切地说，是靠时运而得。事后看来好像绝佳的策略，经常是机会主义式的试验和“故意的意外”的附带结果。请看看强生、马里奥特和美国运通的例子。

强生：意外进入消费产品领域

1890 年，强生还是以供应抗菌纱布和医疗药膏为主业。公司曾收到一位医生的来信，抱怨病人在用了某些医疗药膏后皮肤感觉不适。公司的研究主管弗烈德·吉尔默很快回应，寄出一包用在皮肤上可以让人舒服的意大利滑石粉，然后说服公司在某些产品里附上一小罐滑石粉，作为标准包装的一部分。公司惊奇地发现，顾客很快开始直接要求增购滑石粉。强生为适应这种需求，另外制造了一种叫作“强生婴儿爽身粉”的产品，成为世界各地家喻户晓的基本家庭用品。根据强生正式的历史，“强生在相当意外的情况下涉足婴儿爽身粉的业务”。更重要的是，公司因此开始采取极为小幅度的渐进步骤，最后发扬光大，变成战略性转入消费者产品的重大变化——一次“意外”最后成为强生公司营业收入的 44% 的来源。对公司的成长来说，其重要性不亚于医疗用品和药品。

后来，强生公司又意外地碰上另一种著名的产品。1920 年，公司员工厄尔·狄克森因为太太使用菜刀不小心割了一个伤口，替她创造一种随时可用的药膏带，由一小片纱布和特别的涂敷料加上外科用胶带构成，这样整个药膏带就不会粘在皮肤上。狄克森与营销人员谈到自己的发明，他们决定在市场上实验这种产品，经过初期的缓慢起步和不断的改进，“邦迪”成为强生历史上最畅销的产品，进一步强化了强生进入消费者产品的“意外”策略。

万豪：借机进入空厨服务业

1937 年，威拉德 · 马里奥特在开设了第一家根汁汽水店 10 年后，已经建立了由 9 家餐厅组成的连锁事业，获利颇丰。手下的 200 名热心的员工都受过公司无微不至服务顾客的培训。马里奥特的业务显然运作顺利，计划在随后的三年里把旗下的餐厅数目增加一倍。这家新兴公司的前途从来没有这么灿烂过。马里奥特和他的经营团队光是专心执行餐厅的扩张计划，就能取得可观的成就，而且同样可以确定的是，一定会更忙。

但是，万豪第 8 号餐厅新出现的奇怪状况怎么办？第 8 号餐厅设在华盛顿胡佛机场附近，其顾客和万豪其他餐厅的顾客完全不同，都是路过餐厅去搭飞机的旅客，他们买了正餐和零食就塞进包包、纸袋或随身行李里。“呃，现在的情形如何？”马里奥特有一次到第 8 号餐厅视察时问道：“我是说进来买东西到飞机上吃的事？”餐厅经理解释说：“每天都会增加一些人。”

马里奥特整晚都在想这件事。根据马里奥特传记作者罗伯特 · 奥布莱恩的说法，第二天他就去拜访了东方航空公司，创造出一种新的业务，由第 8 号餐厅用两侧有万豪标志和名称的橘黄色货车，把预先包装好的餐盒直接送到跑道上。几个月内，这种服务就扩大到美国航空公司，每天负责供应 22 班客机的餐饮。马里奥特很快就安排了一位全职的经理负责这个新兴的业务，并且负责在胡佛机场全力拓展，同时扩张到其他机场。就马里奥特来说，从这个意外机会的种子演化出来的空厨服务，最后扩张到百余座机场。

马里奥特为了决定该怎么做，可能陷在冗长的会议和战略性分析中。对马里奥特来说，第 8 号餐厅不寻常的顾客是传统基本顾客中奇异的变数，公司可以忽略他们，但他还是决定做个实验，实际测试，看这个奇异的变数是否可能是有利的变数。马里奥特以迅速、勇猛的行动抓住了意外的好运道，逐渐转变了公司的战略。事后回想，这种行动看来很高明，但是，实际上只是正好行得通的机会主义式实验的结果。

美国运通：无心涉足金融与旅游

美国运通在 1850 年创立，从事地区性的快递服务，基本上等于是 19 世纪的联合包裹服务公司（UPS）。1882 年，公司采取一个渐进式的小小行动，事后证明这个行动是战略性的剧烈转变的根源。由于邮政汇票日渐通行，美国运通运送现金的服务（类似装甲运钞车服务）需求日减。为了应对这种变化，美国运通创造了自己的汇票，这种“运通汇票”意外地大获成功，在最初 6 个星期里，一共卖出 11 959 张。美国运通积极地掌握这个机会，不但开始在公司所有的营业场所销售这种产品，还在火车站和一般商店里发售，因而在无意间开始转型为金融服务公司。

10 年后的 1892 年，美国运通总裁法戈到欧洲度假，发现很难把他带的信用证变成现金。这一问题（也是一个机会）推动美国运通进一步改变了路线。奥尔登·哈奇在他的《1850~1950 年美国运通公司百年史》一书里写道：

> 回来之后，法戈走进纽约市百老汇街 65 号的美国运通公司。他在通道上，若有所思……走过自己的办公室……径直走进员工马斯乐·贝利的房间，没打招呼，直截了当地说：“贝利，我在把信用证兑换成现金时碰上很多问题。我一离开平常去的地方，就发现这些信用证的用处比打湿的包装纸好不到哪里去。如果连美国运通的总裁都有这种困难，想想看，一般旅客又会遇上什么样的问题？我们一定要想个办法。”

贝利的确想出了办法。他创造出一种高明的解决方法：“美国运通旅行支票”。这种旅行支票只要在购买时签名，兑现时背书即可。最后，他的方法传遍世界。旅行支票的机制给了美国运通意外的好处，因为支票遗失和延迟，公司每个月卖出去的支票超过赎回的金额，因而创造了一个备用现金库存的缓冲。根据乔恩·弗里德曼和约翰·米汉在《卡之家》里的描述：

> 美国运通公司无意间发明了这种“流通票据”……一开始金额只有750美元，最后到1990年金额超过40亿美元，创造出2亿美元的盈余。美国运通实际上，而且是无意间，创造了一种新的国际货币。

开始时，旅行支票只是另一个机会主义渐进式的行动，却使美国运通进一步演进走向了金融服务业。美国运通并没有计划踏入金融服务业，却变成了金融服务公司。

旅行支票也有助于公司在完全无意之间演变成旅游服务公司。事实上，总裁法戈发布过一个清楚而明确的指令，表明美国运通不进入旅游服务业，他说：“我们希望大家心里随时随地、全心全意、清清楚楚地记住，本公司不会也无意涉足旅游服务业务。”

虽然有这一指令，美国运通的所作所为却正好跨进了旅游服务业。美国运通已经发展出解决顾客问题的形态，并且迅速地利用了这种机会，这种冲动是由公司全心服务顾客的核心理念引导出来的，即使是CEO也没有办法轻易压制这种冲动。1895年，公司在巴黎开设了欧洲第一个旅行支票办事处，不久之后，一位有创业精神、名叫威廉·戴立白的员工看到美国旅客总是挤在巴黎分公司里，忙着兑领支票、要求邮递服务、安排旅行日程、订票、询问信息等等，为了满足他们的需要，戴立白开始扩大公司的业务。当然，他必须小心谨慎，且保持低姿态，以免激怒法戈。他采取了渐进式的行动，尝试在票务窗口销售轮船的舱位，然后用实验的成果作为垫脚石，说服公司开设“旅游部”，开始销售火车票、套装旅游和广泛的旅游服务。到 1912 年，美国运通已经建立稳固的基础，赢得杰出旅游机构的口碑，“只是连公司本身都还不承认这个事实”。20 世纪 20 年代初期，戴立白的实验已经把和旅游有关的服务变成了公司第二重要的战略支柱，仅次于金融服务。

因此，美国运通经由一系列渐进的步骤（其中大部分是机会主义式的实验，而且肯定不是什么伟大计划的一部分）演进成和原始创业观念快递业务完全不同的组织。

企业是逐渐演进的物种

从强生、马里奥特和美国运通的例子里，我们能够得到什么启示？或许我们会受到引诱，把它们看成怪异的变种，但是，我们发现，它们不是仅有的例子。比尔·休利特告诉我们，惠普在关系重大的 20 世纪 60 年代，“从来没有为超过两三年以后的事情做过计划”。其在采取战略性关键行动进入电脑业务时，也没有任何宏大的计划。情形正好相反，惠普在 1965 年设计公司的第一台小电脑时，只是为了增加仪器产品系列本身的竞争力。前 CEO 约翰·杨解释说：

> 这种电脑基本上是备用的，我们甚至不把它叫作电脑，而叫作“仪器控制器”。虽然知道未来电脑一定会很重要，但我们仍希望维持自己是仪器公司的声誉，不希望以电脑公司闻名。

同样，摩托罗拉最初进入精密电子领域（晶体管、半导体、集成电路），是 1949 年在亚利桑那州凤凰城设立一座小实验室，为公司生产的电视机和收音机开发所需的一些电子组件过程中自然发展出来的结果。直到1955年，摩托罗拉才特意做出进入电子业的战略性选择，这样做纯粹是因为如果不对外销售产品，公司就没有足够财力盖起先进的工厂。

我们还可以从花旗银行、菲利普·莫里斯、通用电气、索尼和其他公司的例子一直说下去。但是，别误会我们的意思，我们不是说这些公司从来没有规划，只是我们惊讶地发现，有太多的例子显示高瞻远瞩公司的重大行动来自规划以外的程序。这些例子也不代表纯粹的运气，绝对不是这样。我们发现，还有别的东西在起作用。

这些有趣的例子引导我们得到第二种形态的进步（第一种是靠胆大包天的目标），即进化式进步。这种情形在高瞻远瞩公司出现的机会比对照公司多。用“进化”来形容这种进步方式，是因为它和生物物种进化、适应自然环境这一点非常相像。进化式的进步和胆大包天的目标相比，所带来的进步有两点重大的差异：第一，胆大包天的目标所带来的进步涉及确定不疑的目标（我们要爬那座山），进化式进步则和不明确有关（我们在多方尝试后，一定会碰到有用的东西，只是我们不能事先预知）。第二，胆大包天的目标所带来的进步是大胆而不连续的跳跃，进化式进步通常由渐进式的小步骤或突变开始，最后发展为经常是意料之外的战略性重大转变。

我们为什么要以未经计划的策略为例子谈及进化式进步这一主题呢？因为进化式进步是未经计划的进步。的确如此，如果我们通过战略性规划的透镜来观察自然界的物种，很可能轻率地断定它们是计划执行良好的结果，它们适应得这么好，一定是在一个高明的整体战略性计划下按部就班、精确执行创造出来的。但是，从现代生物学的观点来看，这种结论太离谱。自从达尔文革命以来，生物学家已经知道物种不是以事先计划好的特定形式直接创造出来的，而是进化来的。不仅如此，物种的进化过程和部分高瞻远瞩公司适应环境的过程也惊人相似。

进化论与高瞻远瞩公司

进化论的核心观念，即达尔文最伟大的见解，在于物种经由盲目的变异和自然选择的程序而进化。变异就是偶然的基因突变。经由基因突变，一个物种取得“好机会”，使一部分成员很能适应环境的要求，在环境变化时，最适合环境的基因变化通常会被“选择”，也就是适应良好的变化通常会存活下来，适应不良的通常会死亡，这就是达尔文所说的“适者生存”。然后被选择（生存下来）的变化，将在基因库里获得更大的代表性，于是这个物种就会朝那个方向进化，用达尔文自己的话来说，就是“增生、变化，最强者生存，最弱者死亡”。

现在把一家公司，例如美国运通比作一个物种。在 20 世纪初期，美国运通发现自己传统的快递业务遭到攻击，政府主管机关侵蚀了运通公司垄断性的费率结构。到 1913 年，美国邮政总局创立了竞争性的邮政包裹制度，使美国运通的利润下降了 50%。接着，美国政府又在 1918 年把所有的快递业务收归国营，造成该行业的巨变。政府在夺走核心业务后，大多数快递商消失得无影无踪。但是，对美国运通来说，在金融服务和旅游服务方面的试验虽然未经计划，事后却被证明是有利的变化，比公司传统的快递业务更能适应变化后的环境。这些变化经过选择变成超越过时的、传统业务的道路，并成为未来继续繁荣的基础。

我们不妨把进化过程描述为“抽枝和剪枝”。这个想法很简单：如果你在一株树上添加足够多的新树枝（变化），并且聪明地修剪掉枯枝（选择），那么你就可能使其长出生机勃发的枝条，且它们极有机会在持续变化的环境中枝繁叶茂。

到今天为止，强生仍然刻意鼓励“抽枝“和“剪枝”。强生尝试许多新事物，保留有效的部分，迅速放弃无效的东西。强生培养一种高度分权式的环境，鼓励个人首创性，容许员工试验新构想，以刺激变化，同时规定严格的选择标准。唯有能够证明有利可图又符合强生核心理念的试验，才能留在公司的业务范围内。

小约翰逊知道公司必须接受失败的实验，作为进化式进步的一部分。他常常重复一句话："失败是我们最重要的产品。"事实上，在强生的历史中，不乏有名的失败案例被剔除掉的情况，包括试图生产可乐兴奋剂（由雪利酒和可乐子萃取物制成）、儿童用彩色骰子（这种产品很早就夭折了，因为所用的纯粹食用色素会把床单染成五颜六色，把医院的洗衣房弄得五彩缤纷）。新近强生也有失败的实例，例如，在心脏瓣膜、洗肾设备和止痛药等方面的尝试。在强生，失败是在公司核心理念的范围内创造生机勃发的新枝所必须付出的基本代价。虽然有这些挫败，强生在其107年的历史中，从来没有一年亏损。这种财务成就使外人在看强生时，以为一切都是由策略天才创造的。事实上，强生的历史中充满有利的意外、反复尝试和经常性的失败。CEO拉尔夫·拉森在1992年说道："成长是赌徒的游戏。"

同样，从进化的观点切入沃尔玛在20世纪70年代和80年代的惊人成就，比从创造者的观点来了解更容易。事实上，微观经济学教科书和MBA战略规划的课程经常教导学生有关沃尔玛成功的主要原因，而沃尔玛的人看了这些解释，总觉得多少有点儿好笑，就像吉姆·沃尔顿说的：

> 一些作家把家父（山姆·沃尔顿）看成伟大的战略家，说他靠着直觉设计出复杂的计划，并且精准地实施这些计划，对此我们都会窃笑。家父是靠变革发迹的，没有什么决定是神秘莫测的。

的确如此，大多数企业战略课程所传授的工具，完全无法说明沃尔玛的战略性竞争优势从何而来，也无法说明沃尔玛最早是如何得到这种"高明”的制度的。这种制度能够形成，主要不是靠经济天才勾勒的战略性计划，而大致上是靠着变革和选择的进化过程演化而来，“增生、变化、让最强的（试验）获胜，最弱的淘汰”。沃尔顿从 1945 年开设第一家店开始，沃尔玛就不断行动。沃尔玛让人看起来好像有高明之至的远见，就像物种看起来是事先计划好再创造的一样。沃尔玛的一位高级主管描述得好：“我们的座右铭是‘行动、改正、尝试’。如果你尝试的某些事情有用，就保留下来，没有用的就改正，或是尝试别的事情。”

例如，沃尔玛著名的迎宾人做法不是来自任何伟大的计划或策略。路易斯安那州克罗利一位店经理因为对顺手牵羊的人很头痛，就做了一个试验，在大门口安排一位友善的老先生，招呼进出店门的顾客。这种迎宾人会说：“嗨！你好吗？很高兴你光顾本店。要是你想了解本店的什么情况请你告诉我。”迎宾人是对诚实的顾客热诚欢迎，同时也对可能顺手牵羊的人发出信息：如果他们想带着偷窃的商品走出店门，有人会盯着他们。在克罗利沃尔玛的店经理设置迎宾人之前，沃尔玛上下，包括沃尔顿在内，没有人想到过设置一个迎宾人的做法，但是这个偶然的试验证明很有效，最后变成全公司的标准做法，也成为沃尔玛的一项竞争优势。

我们以沃尔玛为例，可以把本章一开始引用的达尔文的话，改写如下：

> 能让我们大为满意的说法，或许是不要把适应良好的高瞻远瞩公司看成主要由高明的远见和战略性规划的结果，而是看成大致上由一种基本程序带来的结果——尝试许多实验，抓住机会，保留作用良好（又符合核心理念）的部分，修正或放弃作用不好的部分。

我们拿生物学来全盘类推企业时，当然应该小心，我们不认为高瞻远瞩公司的适应和进步来自没有目的的演化过程。把公司等同于生物物种显然有失偏颇。

一方面，公司事实上有能力制定目标和计划，而物种没有这个能力。当然我们的高瞻远瞩公司要制定目标和计划，即使是沃尔玛，在它的整个历史中也会同时追求胆大包天的目标和进化式进步，用胆大包天的目标来标定要攀登的大山，用进化来发明攻顶的方法。通用电气的韦尔奇在号称“计划性机会主义”的管理理念中，主张这种目标和演进并存的矛盾组合，就像提区和舍曼在《通用电气传奇》这本书里所说的：

> 韦尔奇不用详尽的……战略性规划指导业务，他相信只要制定少数明确、崇高的目标，他的手下便可以随机应变，自由地抓住他们认为可以推展目标的任何机会……计划性机会主义在他心中明了起来，是因为他阅读了 19 世纪普鲁士将军毛奇的事迹。毛奇深受军事理论家克劳塞维茨的影响，克劳塞维茨认为详尽的计划通常会失败，因为情况一定会变化。

另一方面，人类组织的变化和选择过程与自然界纯粹的进化过程不同。自然界的物种选择是自然的选择，是一种完全无意识的过程，最能适应环境变化的会生存下来，最脆弱的变化会消亡。换句话说，自然界的物种不会有意识地选择变异，变化由环境选择。人类组织则可以有意识地选择。此外，自然界的进化除了纯粹求得物种的生存外，没有目标或理念，高瞻远瞩公司则会在核心理念的架构下刺激进化过程，朝着希望的目标前进。这一过程称为“有目的的进化”。

所有公司当然都有某种程度的进化。不论我们是否有意刺激，进化都会“发生”。真实的世界充满意外事件，影响人生的轨迹，这种事发生在个人身上，也发生在组织中，但是，重点在于高瞻远瞩公司能够比较积极地应用进化的力量。这使我们得到了本章的关键要点：

如果能充分了解进化过程，并刻意引为己用，这种过程可能就是刺激进步的有力方法。在这方面，高瞻远瞩公司远比对照公司更为努力。

当然，有目的的进化不是高瞻远瞩公司刺激进步的唯一方法，而且并非所有的高瞻远瞩公司都使用这个方法。像波音、IBM、迪士尼等公司，就更多地依靠胆大包天的目标来刺激进步（毕竟，用渐进的方式制造出波音 747 确实很难）。其他公司，如默克、诺思通和菲利普·莫里斯等，则比较依赖以持续不断的改进刺激进步（这一部分留待后文探讨）。但不管它们是否一致，高瞻远瞩公司在利用进化的力量方面的确远超对照公司，在 18 对公司当中，有 15 对公司如此（参见附录 3 表 A.7）。

“突变机器”3M 如何击败诺顿

我们访问惠普公司的休利特先生时，问他有没有极为崇拜并想要模范的公司，他毫不迟疑地回答说：“3M 公司，这一点毫无疑问。你永远不知道他们下一步会推出什么。奇妙的是，他们很可能也不知道自己下一步会推出什么东西来。但是，即使永远不能预测 3M 会做什么，你也知道这家公司会继续取得成功。”我们同意休利特的说法。的确，如果拿生命做赌注，赌我们研究的哪一家公司会在今后 50~100 年内继续成功和适应，我们也会把赌注下在 3M 上。

当然，具有讽刺意味的是，3M 是以失败、以一个重大错误起家的。3M 开采金刚砂矿的创业观念遭到几近致命的打击，之后，这家小公司试了好几个月，想找出一些可能行得通的东西，找出任何可以做的事情。弗吉尼亚·塔克在《巨人品牌：3M 的伟业》一书里写道：

在 1904 年 11 月寒冷的冬天里，董事会每周都在开会，寻找一个解决之道。这些创办人决心不放弃（公司），幸运的是，他们的员工也勠力同心，每一个人都做了一些个人牺牲（包括有人无偿上班），以便把公司维持下去。

最后，董事会同意一位投资者的建议，认定 3M 应该脱离采矿业，转而制造砂纸和砂轮。（有这么多从失败的矿场采来的无用的低级矿砂，公司还能做什么别的东西？）所以，3M 在绝望之余放弃矿业，战略性地转移到研磨产品上。这绝不是出于谨慎的计划。

麦克奈特的功绩

从 1907—1914 年，3M 受困于质量问题、利润低微、库存积压和现金周转的危机之中。但是，在年轻而有书卷气、从会计人员转为销售经理的麦克奈特默默有心的推动下，公司开始振作起来，实验、改善能使公司勉强存活下去的产品。

1914 年，3M 把年仅 20 多岁的麦克奈特提升为总经理。麦克奈特天生就是一个造钟师，很快就开辟一个 5 英尺 ×11 英尺的角落储藏室，投资 500 美元设置水槽和胶水槽供实验和测试之用，创立了 3M 的第一个实验室。用人造的矿物实验数个月后，3M 推出一种极为成功的新砂布，叫作“Three-M-Ite”，这个产品使 3M 发出了自成立以来的第一次红利，而且在发明 75 年后，仍然被列于 3M 的产品名录里。

麦克奈特外表虽然羞怯、谦虚，却有永不满足的好奇心和追求进步的驱动力，经常一周工作 7 天，以便推展 3M 羽翼未丰的事业，而且他总是在寻找公司可以追求的新机会。例如，在 1920 年 1 月，麦克奈特打开一封不寻常的信，信上写道：

> 请把贵公司用来制造砂纸的每一种规格的矿砂样品寄给费城的印刷油墨、铜粉和金色印油制造商弗朗西斯·G. 奥基。

3M 并不出售原料，所以这中间没有生意可做，但是麦克奈特一则受好奇心驱使，二则始终在寻觅可以推动公司前进的有趣新构想。他自问："奥基先生为什么要这些样品？"

3M 因此碰到了公司历史上最重要的产品，因为奥基发明了一种革命性的防水砂纸，后来被证明这是一种在世界各地的汽车制造厂和油漆工厂里都极为有用的产品。（这里打个岔，奥基向许多家矿业和砂纸公司索取样品，但是除 3M 之外，没有一家愿意问他为什么需要这些样品。）3M 公司很快便取得了使用这项技术的权利，开始销售"干湿两用"砂纸。

3M 不只得到了这些，的确，干湿两用牌砂纸甚至不是交易中最有价值的部分。麦克奈特这位总是专注于建构组织的卓越建筑师，不仅和奥基签约并感谢了他，还雇用了他！奥基把费城的工厂关闭，搬到圣保罗，成为 3M 专攻新发明方面的重要人物，一直到 19 年后才退休。

抽枝与剪枝

3M 早年几乎夭折的历史在麦克奈特心里留下深刻的印象，因此，他希望公司内部有足够的变化，以求自保：

> 开始时，我们把所有的鸡蛋（失败的矿场）都放在一个篮子里……依靠产品多元化……贸易战不可能同时打击所有的产品，而且至少我们的一部分业务总是会有利润。

但是，就像麦克奈特雇用奥基的例子所显示的，麦克奈特不希望公司的演进和扩张只靠自己一个人，他希望创造一个能够从内部继续自我突变、由员工发挥个人首创精神推动公司继续前进的组织。从下面这些 3M 人经常挂在嘴边的话语中，可以看出麦克奈特的做法：

“要听听有创见的人的话，不管开始时这些话有多荒谬。”

“要鼓励，不要挑剔。让大家发挥构想。”

“雇用能干的人，放手让他们去做。”

“如果你在众人四周筑起围篱，你得到的是绵羊。给大家所需要的空间。”

“鼓励实验自由。”

“试一试，而且要快！”

麦克奈特直觉地了解到，鼓励个人首创精神会产生进化式进步的原料——没有方向性的变化，他也明白这种变化后来并不是都有用的。

> （给大家自由，并且鼓励大家自主行动）一定会造成错误，但是……从长期来看，如果管理层独裁，告诉手下应该怎么做事，大家犯的错误一定不会比管理层犯的错误严重。但是，管理层犯错误，会造成毁灭性的影响，会扼杀首创精神。如果我们想继续成长，一定要有许多具有首创精神的人。

事实上，在砂纸之外，3M 第一次尝试自我突变是设法打进汽车蜡和亮光用品市场。结果证明这是一个代价高昂的错误，最后公司放弃了这一类产品。

但是，3M 的第二次突变极为成功。在麦克奈特创造的不妨一试的气氛下，一位名叫迪克·德鲁的年轻员工去拜访客户，来到一家汽车喷漆工厂的现场，听到一阵极为粗鲁不敬的叫骂声。当时，将汽车漆成两种颜色已经很流行，但是分隔两种颜色的胶水和胶带却遮蔽不了，汽车上漆后会留下难看的大斑块和不均匀的分隔线。

“难道没有人能供应我们有用的东西吗？”油漆工远远地隔着油漆间气恼地抱怨着说。

“我们可以！”从3M来的这位访客回答说，“我敢说，我们可以在实验室里做一些修改，做出保证有效的隔离胶带。”

但是德鲁发现，3M的实验室里没有这种现成可以修改的东西，所以他像真正的3M人一样，自己发明了3M隔离胶带。德鲁抓住一个表面上看似问题的机会，这种过程后来出现了好几千次，终于使3M公司完成了脱离砂纸的第一次渐进式转变。5年后，很多公司和3M接触，想购置防水包装胶带，为此，德鲁以隔离胶带的科技为基础发明了一种注定会成为世界家喻户晓的产品——思高牌透明胶带。

思高牌胶带不是计划中的产品。1920年时，3M没有一个人知道公司会涉足胶带业务，而且绝对没有人预期这种产品在20世纪30年代中期会变成公司最重要的产品系列。思高牌胶带是麦克奈特创造的组织气氛下自然发展的结果，不是什么高明战略性规划的结果。

但是，比思高牌胶带更重要的是，3M把进化式的程序制度化，促成了思高牌胶带的发明。

曾任3M公司研究部门主管，后来担任总裁的理查德·卡尔顿早在1925年就在3M公司的技术指导手册里明文规定了“变化与选择”的策略：

> （我们）必须具有产生和测试构想的可靠程序……每一个构想都应该有机会证明其价值。理由有二：第一，如果构想很好，我们需要它；第二，如果构想不好，我们证明它不实际之后，就等于买了保险，也求得内心的平安。

图 7.1 为 3M 的 Scotchlite（视觉丽）反光板科技产品系列。

卡尔顿还增加了另两项评估和选择构想的重要标准，且都以 3M 的核心理念为基础：第一，被选中的基本上必须是新构想，3M 只希望选择创新的构想；第二，构想必须符合人类某种可以证明的需要——可以解决某种真正的问题。创新如果不能“转变成某个地方、某些人觉得有用的产品和工艺”，3M 不会有兴趣。

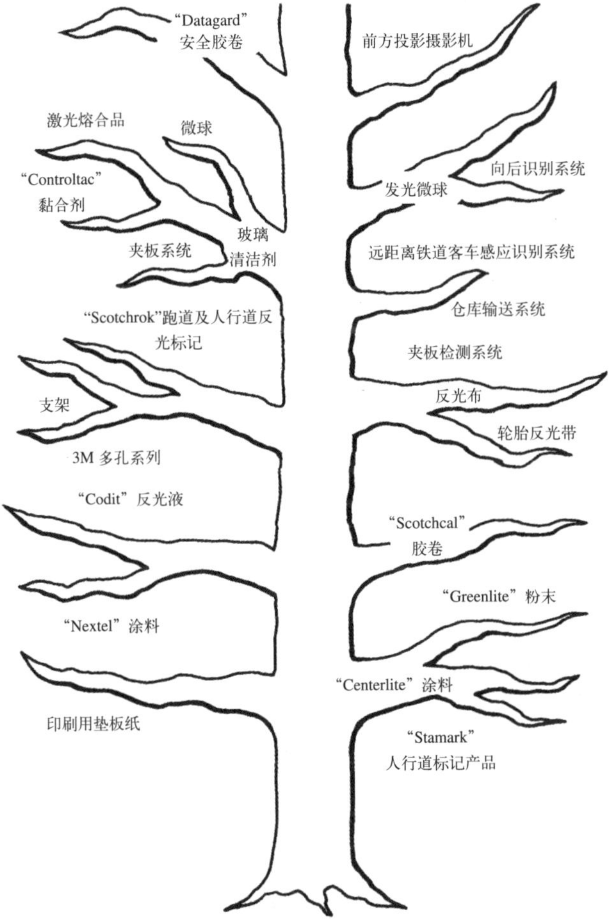

图 7.1　3M 树形分枝演变图

有趣的是，3M却不是完全根据市场规模来选择创新构想的。3M有“制造一点儿，销售一点儿”和“采取小小的步骤”之类的座右铭且深知大东西经常是由小东西演进而来的。但是，由于事前不能预知哪一种小东西会变大，就必须尝试许多小东西，保留有用的，抛弃没有用的。3M的营运根据“一个简单的原则，就是没有哪一个市场，哪一种终端产品因太小而可以弃之不顾”。公司采用一种政策，容许员工在面对问题和构想时，抽发细小的“新枝”，大部分新枝不会成大气候，但是任何新枝只要显现出希望，3M就一定会让它成长为整枝树枝，甚至一棵大树。这种发芽抽枝的方法在公司里人尽皆知，以致于3M有时候干脆把产品系列画成一棵长了很多树枝的大树。

3M故事的绝妙之处，在于公司超越了麦克奈特、奥基、德鲁、卡尔顿和公司早年所有创意十足的个人，他们创造了一家公司，一部突变机器，不论谁来当CEO，都会继续演进。虽然3M的领袖永远不能预测公司未来会向何方发展，却毫不怀疑公司会长期健步如飞。这家公司已经变成一座滴答作响、生机勃勃、不知疲倦的时钟，有着无数配合良好的有形机制，可以刺激持续不断的进化式进步。例如：

表7.1　3M刺激进步的机制

“15%规定”：有悠久的传统，意在鼓励科技人员最多把自己时间的15%用在自己选择和主动提出的计划上		鼓励未经规划、可能意外变为成功发明的实验和变化
“25%规定”：每个部门前5年推出的产品和服务产生的营收应占年度营收的25%以上（从1993年起，比率提高到30%，周期缩短为前4年）		鼓励继续不断开发新产品（以1988年为例，3M公司106亿美元的销售额中有32%来自前5年推出的新产品）
“进步奖”：颁给负责在3M公司内部取得创新事业成功的人		刺激内部创业精神和冒险精神

（续表）

“创世纪奖金”：将内部创业投资基金分配给开发原型及做市场试销的研究人员，一笔最多可以付 5 万美元	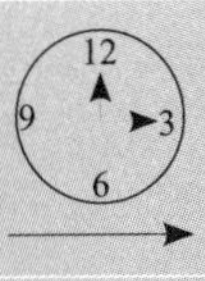	支持内部创业精神与试验新构想
“科技共享奖”：颁给开发出新科技并且成功地和其他部门共享的人	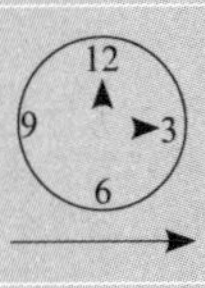	促进技术与构想的传播
“卡尔顿学会”：荣誉科技社团，被选为会员，表示公司承认他们在 3M 公司内部杰出、有创见的科技贡献	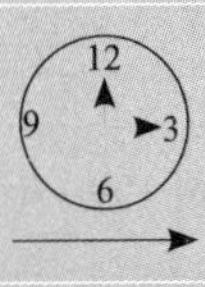	刺激内部科技与创新
“自营事业”机会：3M 人在成功推出一种新产品后可以得到机会把这种产品视为自己的计划，由部门来经营（视产品销售额水准而定）		刺激内部创业精神
“双梯并行”职业道路：允许科技和专业人才不必牺牲研究或专业兴趣实现公司内部升迁	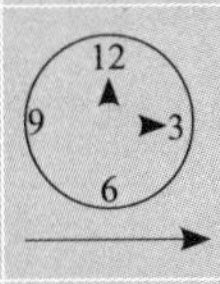	允许顶尖专业科技人才升级，却不必转向管理之途，借以刺激创新
新产品论坛：所有部门分享最新的产品	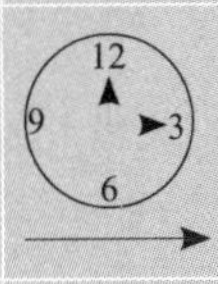	刺激跨越部门界限的新构想
科技论坛：3M 人提交科技论文，彼此交换新构想和新发现	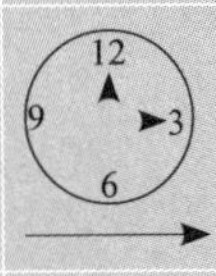	刺激跨越部门界限，孕育新构想、新科技与新发明
“攻关小组”：派出特遣小组到顾客的工作现场解决顾客的特殊问题	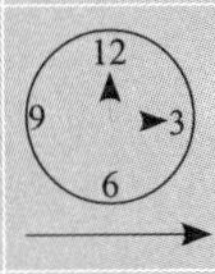	经由顾客的问题（新机会的根苗）刺激创造发明，不断重复 20 世纪 20 年代 3M 公司碰巧发明透明胶带的程序
“优势项目”：每个部门选择 1~3 种优势产品，在规定的短时间内推向市场	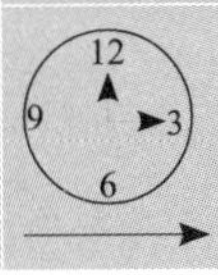	加速产品和上市的循环，从而增加进化式“变化与选择”的周期

（续表）

小型、自主性部门与单位：1990 年有 42 个产品部门，每个部门的平均年销售额大约为 2 亿美元；工厂的中等部门规模为 115 人，分布在全美 40 个州，大多数设在小镇上		提倡“大公司内有小公司”，借以刺激个人首创精神
很早就采用分红制度（1916 年起适用于主要职员，1937 年扩大到几乎所有员工）	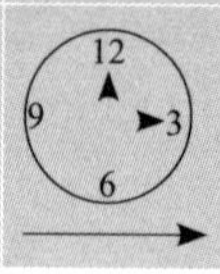	刺激个人对公司经济成功投资的意识，从而刺激个人的努力与首创精神

在这些机制的推动下，到 1990 年，3M 共衍生出 6 万多种产品，40 多个不同的产品部门，范围广及铺屋顶用的粒材、公路反光材料、录像带、投影设备、电脑磁盘、生物电子助听设备和 3M 如意贴。

3M 的处世哲学是：虽然你常常步履蹒跚地到达目的地，但是，你必须先行动，才能有步履蹒跚。随处可见的如意贴是这种哲学的另一个例证。如意贴的共同发明人阿特 · 弗赖伊在描述他的发明过程时说：

> 1974 年的一天，我在教堂唱诗班里唱圣歌时，偶现创造的灵感。为了更方便地找到每个星期天做礼拜时要唱的圣歌，我习惯用小纸条标注多个地方（但是纸条总是在不恰当的时候飞出来，把我急得发疯）。我想：“噢，要是能在这些书签上加点儿粘胶，就再恰当不过了。”所以，我决定去问问……斯彭斯 · 西尔弗的粘胶。

西尔弗利用“15% 规定”，遵循自由实验的原则在实验室里实验，把一些化学药品混合起来，“看看会有什么结果”，结果发明了不寻常的粘胶。他解释说：

> 发明如意贴粘胶的关键在于实验。要是事前彻底衡量和考虑过，

我一定不会做这种实验；要是认真地查阅书籍和文献，我也一定会停下来，文献里到处都是你不可能成功的例子。

在考虑过这种有点儿混乱的程序后，3M高级主管杰弗里·尼科尔森指出："引导出如意贴的很多事情都很意外。"但是，如果弗赖伊所处的环境不能让他运用自己15%的时间来自由地做有关奇异粘胶的实验，他是一定没有办法创造出这种产品的。此外，要是弗赖伊和西尔弗处在不鼓励持续奋斗的环境里，要是3M看到最初的市场调查，说这种产品销售一定会失败，因而禁止他们继续推动这种疯狂的构想，如意贴也一定不会成为商品。这正是重点所在，而且是3M成功的关键：

如意贴的发明可能有点儿意外，但是3M公司创造了一种允许这种发明出现的环境，这绝非偶然。

与诺顿形成强烈对比

诺顿和3M不同。诺顿是根据一个很好的创业观念设立的，从一开始就赚钱，创立15年后，已经把投资者的资本增值15倍（参见附录2）。3M在1902—1914年间还只是奋力求生存，而诺顿已经成为研磨产品工业的领袖，而且年复一年展现出优异的经济回报率。1914年，诺顿的规模足足是3M的10倍，获得的利润也远远超过苦苦挣扎的3M。

但是，诺顿早年虽然远比3M优秀，却无法和3M这部"恒动机"并驾齐驱。3M逐渐超前，最后在规模和获利能力方面远远超越了诺顿。

怎么会发生这种事？和明尼苏达州那家失败的矿场相比，诺顿怎么会丧失看似不可能超越的领先优势呢？

表 7.2 规模比较

年份	3M 总收入（单位：千美元）	诺顿总收入（单元：千美元）	比率：3M/ 诺顿
1914	264	2 734	0.10
1929	5 500	20 300	0.27
1943	47 200	131 300	0.36
1956	330 807	165 200	2.00
1966	1 152 630	310 472	3.71
1976	3 514 259	749 655	4.69
1986	8 602 000	1 107 100	7.77
1990	13 021 000	诺顿被购并	诺顿被购并

表 7.3 获利能力比较

	3M	诺顿	比率：3M/ 诺顿
资产回报率（1962—1986 年）	34.36%	17.72%	1.94
股本回报率（1962—1986 年）	23.22%	11.25%	2.06
销售回报率（1962—1986 年）	20.27%	9.42%	2.15

和 3M 相比，诺顿在 1914—1945 年间种下败因。在这段时间，3M 建立鼓励个人首创精神和实验的管理方法，诺顿却没有创立任何明白的做法或机制来刺激实验和无计划的进步；在 3M 奋力追求进步和行动的冲力时（“试一试，而且要快”），诺顿却变成高度集权和官僚化的公司，表现出“僵化和停滞”的特征；3M 抓住创造发明防水砂纸和思高牌胶带的机会，而诺顿在传统的产品之外却没有鼓励追求新机会的政策。1928 年，诺顿 85% 的销售额、90% 的获利均来自查尔斯·诺顿 25 年前推出的砂轮系列产品。诺顿的一位研究科学家说：

我们虽然提出了研发全新产品的构想，可是几乎所有的努力……都用在了……制造更好的砂轮上了……你想做什么都可以，只要你做的是圆的、上面有个洞的东西就行。

20 世纪 40 年代末期和 50 年代，3M 奋勇向前，一发不可收拾。在 3M 实施分权，建立继续刺激进化式进步的机制时，诺顿仍然维持中央集权，仍然以降低成本和提高效率为重心。1948 年，3M 已经多元化发展为 7 个不同的产品部门，研磨产品占营业收入的比率已经不到 30%，而诺顿将近 100% 的营收仍然来自传统的研磨产品系列；3M 的思高牌产品系列创造出大量的现金，用来研发视觉丽反光片和热传真影印等极有前途的新科技产品，诺顿的研磨产品却面临市场成熟、成长缓慢、产力过剩、价格下跌和利润萎缩的问题。

20 世纪 50 年代末期，诺顿勉强做了几次无力的尝试，想从成熟的研磨产品工业向外发展，但是多半因为缺乏财力和制度化的鼓励而受阻。有趣的是，有一阵子，诺顿竟步 3M 的后尘，跨入黏合剂产业，在 1957 年推出胶带产品（落后 3M 27 年之久）。但是，3M 思高牌产品的地位已经牢不可撼。因此，用诺顿一位销售经理的话说："在我们公司的历史中，从来没有（像与思高牌竞争）这样惨败过。"

1962 年，3M 的营业收入已经达到诺顿的 3 倍，毛利率将近 2 倍。此外，3M 还拥有范围广泛、利润诱人的一大批事业单位，例如，获利稳定的黏合剂产品、高度成长的思高革防护布料产品、磁带、新兴的微缩影片和传真产品等，而诺顿的销售额仍然有 75% 以上来自陈旧的研磨产品。更重要的是，3M 这部突变机器正在全力运作，确保公司在长远的未来岁月里继续遇到数千种新机会；相比之下，诺顿几乎已经停顿下来，销售增长率只有 2%，利润增长率为 0，还没有半点儿追求进步的驱动力或刺激进步的有形机制。查尔斯·齐普在深入研究后写出诺顿公司的历史，他指出：

> 到20世纪60年代，经营大致变成“看守作业”，意在维持现有的微薄利润水准，寻找出售公司的可能性。

最后，因为和3M及Carborundum（金刚砂）相比，诺顿的股票本益比不断下降，因此，诺顿决定采取一致行动，仿效3M追求多元化和进步，但和3M不同的是，诺顿主要是选择企业战略性规划和购并达成进步和多元化的目标，而不是靠演进。事实上，诺顿不仅是波士顿咨询集团最初的大客户，也是该公司“资产管理技术”① 的忠诚信徒。诺顿不设法设置刺激内部进步的机制，反而只想“买进”进步。就像《福布斯》杂志所说的：“诺顿经营公司的业务就像大多数投资者管理投资组合一样。”

的确如此，拿3M和诺顿相比，具有讽刺意味的是3M一直拥有由各种经营单位组成的“组合”，任何战略规划咨询公司一定都会羡慕这种“组合”。3M的资产组合看似规划得很完美（就像把物种创造得很完美一样），但是实际上主要是靠无目的的演进过程经由变化和选择而出现的。从创造主义战略性规划专家的观点来看，“原因”和“过程”很容易混为一谈。诺顿和3M就是一个典型的例子。

> 如果在战略性规划矩阵上列出3M公司的经营单位组合，很容易可以看出这家公司为什么这么成功。（你看看有那么一群金牛和明星经营单位！）但是，这种矩阵完全无法抓住这种组合最初出现的原因。

① 资产管理技术根据市场占有率和增长率，把经营单位分成矩阵：“金牛”“明星”“问题单位”和“落水狗”，利用这种分类，决定公司的投资、购并和撤资行动。

整个20世纪70年代和80年代，3M靠着鼓励个人的主动性，继续演进，进入新颖而且常常意想不到的领域；相形之下，诺顿主要依靠的是咨询公司传下来的研究和规划模式。3M继续允许像西尔弗一样的员工部分依靠“意外而非精心计算”创造新市场，刺激进步；诺顿的总裁却宣称“规划必须成为生活方式”。3M鼓励“科学的娱乐精神”；诺顿的经营者在描述公司的战略性方法时却说：“全都来自军事计划”。3M主要从自动自发、成果丰硕的研究中选择最好的渐进式机会，实现多元化；诺顿却“因为（内部）科技和研究资源提供的机会有限”，强调以整批购并为主要手段。

3M奋勇前进，到1990年，销售额终于突破130亿美元，拥有数百种创新的产品。相形之下，诺顿发现自己成为敌意购并的目标，不能再以独立的企业实体继续存在。

CEO、经理人与创业家教训

3M是最好的进化式进步的明证。以下是高瞻远瞩公司刺激进化式进步的五大教训：

第一，“试一试，而且要快！”3M与诺顿不同，3M的做法是在有怀疑时，要变化、转变，解决问题，抓住机会，实验和尝试新事物（当然必须符合核心理念）——即使不能准确预测事情的发展，也要想办法做些事情，如果一件事失败了，就试另一件。整顿、尝试、做事、调整、行动，无论如何不要坐着不动，而要勇往直前——特别是在面对意外的机会或顾客的特殊问题时，以创造多种变化。如果麦克奈特没有问奥基为什么要写一封神秘的信索取各种规格的矿砂，如果德鲁没有冲动地承诺要解决两色漆的问题，如果西尔弗没有做教科书上说行不通的实验，如果弗赖伊没有尝试解决教堂唱诗班歌本的问题，以及类似的数千个“如果”，那么，3M

就不会变成高瞻远瞩公司。

第二，“接受必然会有的错误。”因为事前不能预知哪种变化有用，就必须接受失败，视之为演进过程中不可或缺的一部分。如果 3M 因为汽车蜡业务失败，苛责奥基和德鲁或是开除他们，那么，3M 很可能不会发明出思高牌胶带。请想想达尔文的名言：“增生，变化，最强者生存，最弱者死亡。”为了健全地演进，必须尝试形态不同（变化）、数量够多的实验（增生），保留有用的（最强者生存），抛弃无用的（最弱者死亡）。换句话说，如果没有很多失败的实验，你不可能拥有活力充沛的自我突变系统——也不可能会有 3M 之类的公司。正如 3M 前 CEO 刘易斯·莱尔所说的：“要是有秘密的话，就是一确认出失败的事物，就立刻抛弃……不过，即使是失败的东西，也有某些方面的价值——你可以从成功中学习，但是，你必须亲身参与其中；而从失败中学习会更容易。”请记住本章前面所提强生的矛盾观点：在创造枝繁叶茂、107 年来没有一年亏损的健康大树——强生公司时，失败和错误是必须付出的基本代价。同时，也请记住第 6 章的教训：高瞻远瞩公司可以容忍错误，却不能容忍违反核心理念的“罪行”。

第三，“采取小步骤。”当然，当失败的实验只是实验本身，而不是大规模的企业挫折时，比较容易忍受。请记住，渐进式的小步骤可能成为重大战略性转变的基础。麦克奈特简单的回信给奥基带来防水砂纸，开拓出汽车工业的一个庞大市场，引导出德鲁的隔离胶带，接着又引导出思高牌透明胶带，再延伸到录音磁带，等等。如果你希望在公司里创造战略性的转变，或许可以试着成为“渐进式的革命分子”，运用虽小却可以看到的成功，影响公司的整体战略。的确，如果你真的想做一些革命性的事情，或许最好的办法就是只要求准许“做个试验”。回想一下美国运通在金融服务方面的渐进式做法，这些做法最后成为公司主要的战略性支柱；回想戴立白如何运用小小的步骤，逐渐在公司掀起跨进旅游服务部门的革命。

请记住“枝干竞荣”的意象，或是想想索尼的井深大用“种子和果实”的意象，来传达怪异的小问题可能是重大机会发端的观念。

第四，“给员工所需的空间。”和诺思通相比，3M 提供了更大的运作自主性，而且维持分权式的结构。这是允许无计划的变化发生的关键步骤。当你给大家很多行动的空间时，就不能准确地预测大家会做什么，但这是好事。3M 并不知道西尔弗、弗赖伊和尼科尔森要怎么运用 15% 的“自由支配时间”。事实上，在本书探讨的 18 对公司中，有 12 家高瞻远瞩公司的分权情形远比对照公司彻底，并且提供更大的运作自主性（有 5 对不相上下）。对于这个教训，我们加上了一个推断：要容许大家持之以恒。以 3M 研发如意贴的小组为例，他们虽然很难说服其他 3M 人，让他们相信这种奇怪的黏性小便条大有前途，却从来没有被要求停止研究。

第五，机制——构建滴答作响的时钟。3M 公司故事的精彩之处在于麦克奈特、卡尔顿和其他人把前述 4 点化为彼此配合、刺激进步的有形机制。诺顿从来没有采取过这种行动，回头看看表上所列 3M 的机制，注意这些机制多么实在，如何持续不断地发出强化的信号，如何具有约束力。如果你是部门经理，最好实现 30% 的新产品目标；如果你想在 3M 成为科技英雄，最好把你的成果与全公司分享；如果你想得到进步奖，并且成为具有创业精神的英雄，必须用实际的产品，创造一个成功的新事业，赢得顾客的满意，开拓有利可图的业务。空有良好的意图无济于事。3M 并不是把一群聪明人丢进锅里，就希望有好结果，而是在锅下烧大火，并且拼命地搅拌！

我们发现，经理们经常低估第 5 条教训，没有把自己的意愿化为有形的机制。他们误以为只要定下正确的“领导风格”，大家就会实验和尝试新事物。绝非如此！这绝对不够，还要制定能够持续刺激和强化演进式行为的东西，让组织滴答作响、生生不息！

戒律：不该做的事

我们也发现，有不少对照公司在重要的发展阶段，大力压制进化式进步——这些教训告诫我们什么不该做。

大通曼哈顿银行：20 世纪 60 年代和 70 年代，大通银行由控制成癖的戴维·洛克菲勒统治。大通银行（被人称为戴维的银行）变成了充满恐惧的环境，经理们花大部分时间开会，而不是决策和行动。大通银行的经理们日常的心态是："噢！又过了一天，还好，我没事。"即使到 80 年代末期，还有很多高级经理不愿意尝试新事物，因为"戴维可能不喜欢这样"。相形之下，同期内，花旗银行却是"一个组织松散"，靠着一种混乱的"创造力推动的企业……是一家适者生存的公司"。能力高超的人会因为推动创新的构想获得褒奖。

宝来：在电脑工业的重要发展初期，宝来总裁雷伊·麦克唐纳扼杀个人首创精神，几乎把所有具有实验倾向的人才都赶走了，且因为失败和错误，公开羞辱经理们。他是一个"每天必须证明自己是老板的人"，集所有的权力和决策于一身，使经理们"几乎变成他的办公室的延伸"。他不（像 3M 那样）把顾客的问题视为演进的机会，反而认为自傲能使顾客"闷闷不乐而不背叛"。20 世纪 60 年代初期，宝来虽然在电脑科技上领先于 IBM，但麦克唐纳却使手下的经理错过了当时最大的商机。

德州仪器：20 世纪 50 年代和 60 年代，德州仪器在 CEO 帕特里克·哈格蒂的领导下，当之无愧地赢得了高度创新公司的美名。哈格蒂创造了一个环境，使创意和创新从公司最低层勃然兴起。但是，哈格蒂的后继者马克·谢泼德和弗雷德·布西却反其道而行之，制定由上而下的专制制度，利用恐惧和威胁抹杀德州仪器的开创性企业文化。要是在说明中听到不喜欢的东西，他们会打断说明，插口说："这些都是狗屎！要是你们只能提出这些东西，我们就不想听了。"他们会咆哮、拍桌子、扔东西过来。

一位曾经在德州仪器当过经理的人描述说："谢泼德和布西对手下没有信心……低层的经理们失去许多权力，他们的权力大部分被移到总部，他们提议的产品在总部里一再被修改，最后拿出的是和市场需求格格不入的东西。"到 70 年代末期和 80 年代，德州仪器失去了美国最受尊敬的公司的地位，严重亏损，而惠普却继续备受赞美，保持高额利润。

固守根本，还是固守核心

彼得斯和沃特曼在 1982 年出版的《追求卓越》一书里，建议大家要"固守根本"。他们解释说："想要表现卓越，机会似乎偏向理智地固守自己熟悉业务的公司这一边。"表面上，这种看法和我们在这一章里提到的演进观点不符。的确，如果 3M 把其根本定义为矿业或砂纸，那么 3M 就不会有今天，我们也不会有方便之至的如意贴。从我们的观点来看，真是谢天谢地，3M 没有固守根本！进一步说，诺顿在固守根本方面远胜过 3M，结果又如何？顶峰和摩托罗拉相比，在固守根本（电视机和收音机）上也有过之而无不及，结果是守到衰落；强生开始销售婴儿爽身粉时，并没有消费产品的经验；马里奥特进入旅馆业时毫无背景；惠普在 20 世纪 60 年代推出第一种电脑产品时，完全没有电脑业务方面的专长；迪士尼公司在开创迪士尼乐园时，对游乐主题公园业务完全不了解；IBM 跨入电脑工业时在电子工业上毫无经验；波音制造波音 707 喷气式客机时，几乎没有民航客机业务的经验；美国运通如果固守（快递）根本，很可能早就不复存在。

我们不是说演化式的进步等于漫无目的的多元化发展，更不是说专注的企业策略一定不好。沃尔玛公司就是例子。到目前为止，沃尔玛仍然坚守一种行业——折扣零售业，却在这种狭窄的行业里同时刺激进化式进步。我们也不是说固守根本的观念没有意义。真正的问题是：高瞻远瞩公司的根本是什么？我们的答案是：公司的核心理念。

保存核心，刺激进步

因此，我们在前面提出的5个教训之外，必须加上第6个教训：在刺激进化式进步时，永远不要忘记保存核心。请记住：演进涉及变化和选择。在3M等高瞻远瞩公司里，选择涉及两个关键问题。第一个是简单的实际问题：这个东西有用吗？第二个是重要的问题：这个东西符合我们的核心理念吗？

从麦克奈特时代开始，3M就追求为人类的真正问题设法提出有创意的解决方法，这就是公司的目标。在3M，变化必须要新颖、有用、可靠（这些是3M核心理念的关键要素），被选择的机会才会更大。在公司里，当然不会有人阻止西尔弗利用15%的自由实验时间，研究他那种有点儿黏又不太黏的胶水；但同样重要的是，3M并没有选择这种突变的黏合剂，一直到西尔弗把它和弗赖伊在唱诗班碰到的问题结合，向其他3M人展示这种怪异的小小记事便条确有用处，并且证明能够根据公司的品质标准和可靠性来生产，3M公司才选择了这一产品。在3M，你不可能靠开发模仿的产品而获得创世纪奖；没有原创性的科技贡献，也不会成为卡尔顿学会的会员；如果你的产品在顾客手里一直不可靠，你做部门经理的日子就绝不会长久。作为一家年营业额130亿美元的公司，3M用勇猛的力量刺激进步，却也同样坚决地维护了自己的核心理念。

同样，在沃尔玛，一种实验如果不能增加顾客得到的价值，也不会被选择；如果强生新抽出的枝芽和公司的信念冲突，就会被剪掉；如果惠普一位营销经理很热心，想推出一种没有科技贡献的新业务，一定得不到支持；如果马里奥特得到的商机会使公司大大转向，背离“让离家在外的人觉得置身于朋友当中，而且真正受人欢迎”的目标，马里奥特一定会另觅商机；如果索尼的“种子”只带来科技上的突变，或低品质的“果实”，索尼会种下别的种子。

核心理念的作用好比强力胶和指导力量，使高瞻远瞩公司在突变和演进时，精诚团结。我们发现，3M虽然有这么多突变、分散各地的企业组织和众多小规模的部门，却有着令人惊叹的凝聚力。的确，3M人有着几乎是信仰宗教一样的虔信，其向心力之强，和我们在宝洁、迪士尼和诺思通看到的一模一样，惠普、摩托罗拉和沃尔玛也是如此——这三家公司和3M不相上下，都是自我突变的机器，但同时也都坚决地固守核心理念。

高瞻远瞩公司的核心理念好比自然界的遗传密码。遗传密码在物种变化和演进时保持固定，高瞻远瞩公司在经历所有的突变时，核心理念也保持不变。就是因为拥有这些不变的指导方针，高瞻远瞩公司才会拥有一个目标和一种精神。这是自然界在发生物种进化时，绝不可能发生的事。诚如麦克奈特在回顾他和3M长达65年的关系并探讨自己和3M的理想时所说：

> 强调我们多么互相依靠、多么依靠我们共有的价值观，是再适当不过的了。在强调这个重要而有人性的教训时，我们的挑战在于同时维持对个人的适当尊重……为了保持进步，维持对美国和世界的服务，我们必须感谢那些运用机会追求完美，为世人创造出一些东西——新理想和新产品丰富我们生活的人。他们用冒险和挑战的精神，完成了最美好、最艰辛的任务。

第8章

自家长成的经理人

“从现在起，选择继承人是我要做的最重要的决定，这件事几乎每天都要花费我相当多的心思。”

通用电气 CEO 杰克·韦尔奇

1991 年谈公司继承人的规划

——距他计划退休还有 9 年

“我们认为，最重要的责任是确保高级经理人才的连续性。我们总是寻求拥有能力且已得到证明的后备人选，追求利用调职培训的计划，以便让主要人选做最好的准备。此外，我们一直坚持公开继任规划……我们认为连续性非常重要。”

摩托罗拉 CEO 办公室前成员 罗伯特·高尔文

1991 年的谈话

1981年，杰克·韦尔奇成为通用电气CEO，10年后，他成为这个时代的传奇人物。根据《财富》杂志的说法，他是“当代公认的首屈一指的企业变革大师”。看了堆积如山的有关韦尔奇革命的文章，我们或许会受到诱惑，把他描绘成骑着白马的救星，拯救陷入严重困难、从电力发明以来就没有做过重大改变的通用电气公司。如果不熟悉韦尔奇的背景或通用电气的历史，我们或许会被误导，认为他一定是从外面吸收的“新鲜血液”，前来唤醒这个昏昏欲睡、自满自足的巨型公司。

再也没有什么想法比这更背离事实了。

首先，我们要说的是，韦尔奇是纯正的通用电气人，他研究生一毕业，就进入公司服务，当时年龄是差1个月满25岁，这是他的第一个全职工作。他在通用电气连续工作20年后，才成为CEO，像每一位前辈一样，他是从通用电气内部崭露头角的。

韦尔奇继承的并不是一家管理严重失当的公司，正好相反，他的前辈正是雷杰·琼斯，琼斯带着“美国最受崇敬的企业领袖”的美名退休。《美国新闻与世界报道》杂志对他的同辈做过调查，发现琼斯是“当前美国企业界最有影响力的人”，而且不止一次，在1979年和1980年两次调查中都得出这个结论。《华尔街日报》和《财富》杂志所做的同样的调查也把琼斯列在顶尖领袖之列。盖洛普民意调查更把琼斯列为1980年“年度风云企业CEO”。在财务上，例如，利润增长率、股本回报率、销售回报率和资产回报率等方面，通用电气在琼斯领导的8年间绩效和韦尔奇领导的前8年一样优异。

此外，在通用电气众多表现良好的CEO当中，韦尔奇也不是第一位改革发动者或管理创新者。在盖瑞德·斯沃普（1922—1939年担任CEO）的领导下，通用电气大力转变，跨入家用电器行业。斯沃普也引进“启发式管理”的理念，并在员工、股东和顾客之间平衡分摊责任。在当时的通用电气，这种理念堪称新颖。在拉尔夫·科迪纳（1950—1963年担任 CEO）和他“全力追求”的口号领导下，通用电气以强大的力量打进很多新领域——服务的市场增加了 20 倍。科迪纳大刀阔斧地重新改革公司的组织，推动分权制度，制定目标管理（通用电气是美国企业中最先这样做的公司），创建克罗顿威尔（现在成为通用电气著名的管理培训和教育中心），还写了一本很有影响的书，名叫《职业经理人的新边界》。傅雷德·博尔奇在 1964—1972 年担任 CEO，这是创造力沸腾的时代，也是乐于大胆在飞机引擎和电脑等领域冒险投资的时代。琼斯在 1973—1980 年出任 CEO，成为改变企业与政府关系的领袖。

的确，通用电气最高管理层有着卓越超群的悠久历史。韦尔奇出自这一长期传统。以税前股本回报率作为基本的财务绩效指标来衡量，通用电气在韦尔奇前辈的领导下，从 1915 年起表现得和韦尔奇领导通用电气的前 10 年一样好：韦尔奇的业绩是 26.29%，他的前辈是 28.29%。事实上，我们在根据回报率替通用电气不同 CEO 领导的时代排名后发现，韦尔奇在 7 个不同的时代中排名第 5。（通用电气的每一个 CEO，包括韦尔奇在内，任期中回报率的表现都超过同时期西屋的 CEO）当然，简单计算股本回报率时没有考虑产业循环的起伏、战争、大萧条等事件，所以，我们也根据通用电气、美国股市和西屋的平均年度股票投资回报率排列了通用电气历代 CEO 的表现①。参考这些资料，我们发现，韦尔奇和前辈相比，分别排名第 2 和第 5，是极为优秀的，但还不是通用电气历史上的顶尖人物（见附录 3 表 A.9）。

这一点绝不能动摇韦尔奇名列美国企业史上最有效率的 CEO 之一的地位，韦尔奇改变了通用电气，他的前辈也一样；韦尔奇的表现胜过对手西屋的 CEO，他的前辈何尝不是；韦尔奇广受同辈尊敬，成为当代“管理

① 鉴于通用电气公司在 20 世纪 90 年代初期的绝佳表现，加上西屋表现欠佳，我们相信韦尔奇在这方面的排名会大为提升。

大师”，他的前辈亦然；韦尔奇奠定了通用电气未来繁荣的基础，他的前辈也一样。我们敬佩韦尔奇杰出的表现，但是，我们更敬佩通用电气公司在100年中最高管理层一贯拥有卓越表现的惊人成绩。

拥有像韦尔奇这种才干的CEO令人赞叹，一个世纪里都有像韦尔奇这样的人才当CEO，而且全部都是公司内部自行培养的，这的确是通用电气成为高瞻远瞩公司的关键原因之一。

事实上，整个CEO的选择过程，一直到最后选定韦尔奇当CEO，反映了传统的通用电气最优秀的一面。韦尔奇不但反映了公司的传承，也代表通用电气走向未来的改革倡导者。诚如长期担任通用电气顾问的诺埃尔·提区和《财富》杂志总编辑斯特拉特福德·舍曼在合著的《通用电气传奇》一书中所说：

> 把可贵的通用电气交到韦尔奇手上的管理传统程序，表明老通用电气文化中最好、最重要的一面。前CEO琼斯花了很多年时间，从一群能力极为高强、后来个个几乎都领导大公司的人当中把韦尔奇挑了出来……琼斯坚持采用一种漫长、费事、彻底而吃力的程序，仔细地考虑每一个合格的人选，然后完全靠理智选出最适合的人，得到的结果足可列为企业史上继承人规划的典范。

琼斯在1974年，韦尔奇成为总裁的7年之前，采取了这一程序中的第一个步骤，批准一份文件，名叫《CEO传承指引》。他和公司高层人力小组密切合作之后，花了两年时间逐步淘汰，把初步名单上全是通用电气人的96个可能人选减少为12人，再减为6个首要人选，其中包括韦尔奇。为了测验和观察这6个人，琼斯任命每个人都担任“部门经理”，直接接受 CEO 办公室领导。在随后的 3 年里，他逐渐缩小范围，让这些候选人经历各种严格的挑战、访谈、论文竞赛和评估。程序中的一个关键部分包括“飞机访谈”。在访谈中，琼斯问每一个候选人：“如果你和我一同搭公司的飞机，飞机坠毁了，你我都丧命了，应该由谁来当通用电气公司的董事长？”（琼斯从他的前任博尔奇那里学到这一技巧）韦尔奇在强敌中，最后赢得了这场严酷的耐力竞赛。落选的人后来则分别出任 GTE（英国燃气轮机研究所）、乐柏美用品、阿波罗电脑、美国无线电（RCA）等大公司的总裁或 CEO。另一件值得一提的趣事是，出身于通用电气、后来成为美国其他公司 CEO 的人远远超过出身于美国其他任何一家公司的人。

和通用电气相比，西屋经常受最高层混乱不明和缺乏一贯性的干扰。担任过西屋 CEO 的人几乎两倍于通用电气，其中有人任期不到两年，西屋的 CEO 平均任职时间是 8 年，通用电气则是 14 年。此外，西屋过一段时间就到外面寻求 CEO 人才，而不是像通用电气公司那样，总是内部自行培养人才。乔治·威斯汀豪斯在 1908 年公司重整期间，被两个外人取代（两人都是银行家）。1946 年，另一个外人（也是银行家）出任 CEO，接着在 1993 年，经过 1991 年和 1992 年两年都出现以 10 亿美元计的亏损后，西屋再度到外面寻找 CEO，这次请到百事公司的一位经理人来经营公司。

我们想更详细地探讨西屋的内部传承程序，但是，我们发现，公司内外的出版物中都没有多少有关这个主题的材料。这一点也很有趣。通用电气对领袖的一贯性有着极为刻意的高度重视，因此，公司内外的观察家对这一点都有很高的评价。相形之下，西屋对于管理发展和继承人规划的重视程度就差远了。

用内部晋升保存核心

在这本书里，我们从头到尾都压低领袖在高瞻远瞩公司里的重要性，但是，如果说最高管理层根本不重要，显然是错误的，认为随便一个人都可以当高瞻远瞩公司的CEO，而这家公司仍然可以继续前进，保持绝佳的地位，就未免太天真了。最高管理层对一家公司会有影响，而且在大多数情况下都会有重大影响。问题是：会不会有正面的影响？管理层在发挥影响时，是否会保存公司的核心要素？

高瞻远瞩公司从内部人才中培养、提升和慎重选择管理人才的程度，远远超过对照公司，他们把这件事当成保存核心要素的关键步骤。1806—1992年，我们发现，只有两家高瞻远瞩公司曾经直接到公司外面聘请CEO，比率是11.1%，却有13家对照公司直接聘用外人当CEO，比率是72.2%。在我们掌握资料的高瞻远瞩公司的113位CEO当中，只有3.5%直接来自公司外，而对照公司的140位CEO当中，却有22.1%来自公司外。也就是说，高瞻远瞩公司提升内部人当CEO的可能性是对照公司的6倍（见表8.1和附录3表A.8）。

> 换句话说，在高瞻远瞩公司加起来总共1 700年的历史中，我们发现，只有4次外人直接接任CEO角色的个别案例。

简单地说，高瞻远瞩公司和对照公司最大的差别不是领袖的素质，重要的是优秀领袖的一贯性，也就是保存核心的一贯性。高瞻远瞩公司和对照公司在公司历史上的某些时期都曾经拥有绝佳的最高管理层，但是，高瞻远瞩公司拥有更好的管理发展和继承人规划，这是保持这座时钟能够继续滴答作响、发扬光大的关键，这种机制从而使这18对对照研究的公司中，有15家高瞻远瞩公司比对照公司在从内部培养人才方面，更能确保一贯性（见附录3表A.8）。

你可以把这种情形想成一种连续的自我强化程序，想成像图8.1一样的“领袖连续性循环”。

表 8.1　聘用外人当 CEO 的公司（1806—1992 年）

高瞻远瞩公司	对照公司
菲利普·莫里斯	Ames 百货
迪士尼	宝来
	高露洁
	哥伦比亚
	通用汽车
	豪生酒店
	健伍
	诺顿
	雷诺公司
	富国银行
	西屋
	顶峰

注：IBM 在 1993 年（本书分析资料的年份之后），聘请外人郭士纳担任 CEO。我们不把担任波音 CEO 23 年的艾伦视为外人，因为他在成为 CEO 之前，担任公司律师 20 年，其中 14 年还以董事身份积极活跃地参与公司的重大管理决策（例如组织改造、研发投资、财务结构和业务策略等）

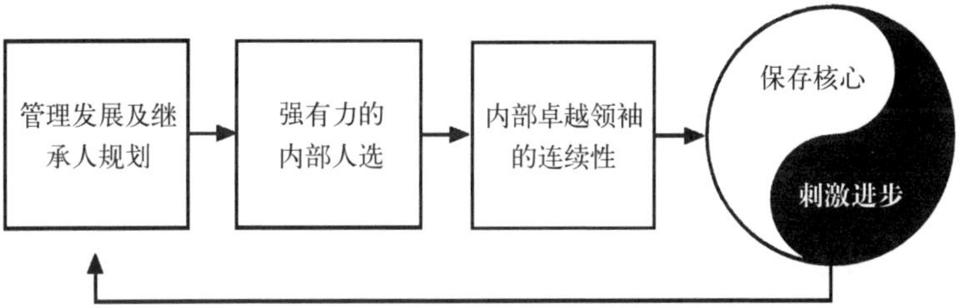

图 8.1　领袖连续性循环图

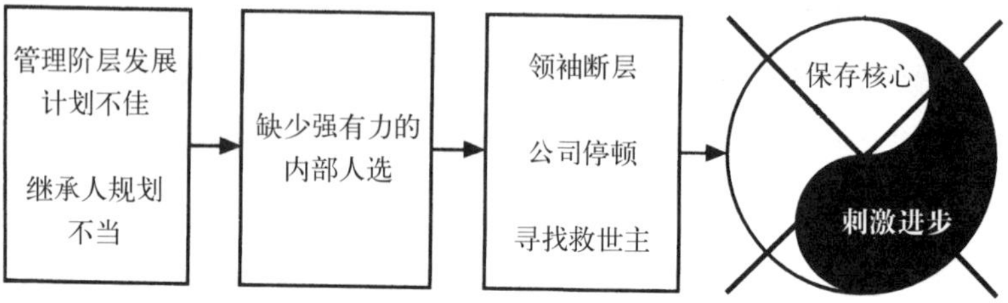

图 8.2　领袖断层图

缺少这些要素中的任何一个都会导致管理断层，迫使公司到外部寻找CEO，从而使公司偏离其核心理念。这种管理上的断层还会阻碍发展，因为公司高层的混乱使其停滞不前。其实，在对照公司中我们常常看到这种情况，它与高瞻远瞩公司的"领袖连续性循环图"形成了鲜明的对比。我们将这种模式称为"领袖断层"和"救世主综合征"。

看看下面高露洁和宝洁、顶峰和摩托罗拉的对照情况。

高露洁领袖断层，宝洁公司人才济济

在20世纪初期以前，高露洁一直是一家杰出的公司。在1806年创立后，高露洁获得一个世纪的稳定增长，规模大致和宝洁相当。在我们研究的对照公司当中，它是很早就声明拥有最强核心理念的公司，还有由悉尼·科尔盖特拟就的核心价值和长盛不衰的使命。但是，到20世纪40年代，高露洁已经衰落，公司规模不到宝洁的一半，获利能力不到宝洁的1/4，而且在其后的40年里，大致保持这样的情况，公司也逐渐脱离强烈的核心理念，自我认同感远不及宝洁公司。

这是为什么？原因之一就在于高露洁的继承人规划不当，经营管理的不连贯随之而来。高露洁早年完全是由内部人经营管理，最初4代的最高管理层全都是科尔盖特家族的成员，但到 20 世纪 20 世纪初期，公司在管理层发展和继承人规划方面做得不好，到 20 年代末期，公司内培养的继承人缺乏之至，以致只好通过和 Palmolive-Peet（棕榄－皮特）公司合并，“让位给外来的管理层”。1936 年《财富》杂志一篇文章描述说：

> 科尔盖特兄弟逐渐衰老，总裁吉尔伯特 70 岁，悉尼 66 岁，才 55 岁的罗素没有参与什么经营管理……悉尼的儿子拜尔……耶鲁大学毕业才 6 年，对科尔盖特家族来说，实在太年轻了。所以，查尔斯·皮尔斯建议把 Palmolive-Peet 和高露洁合并时，科尔盖特兄弟很重视……合并完成后，他们辞职，实际上等于退休了。

事后证明，担任合并后公司 CEO 的皮尔斯是个祸害。他在“狂热扩张欲望”的驱使下，一心试图推动一连串不成功的购并，想把高露洁和标准品牌、好时和卡夫等公司合并，成为庞大的集团企业。皮尔斯因为纯粹追求扩大公司规模，忽略了高露洁的业务和基本价值的根基。高露洁的总部本来在新泽西州的泽西市（81 年来和公司的香皂制造厂毗邻），但皮尔斯把总部迁移到了芝加哥。皮尔斯从 1928 年掌权到 1933 年，高露洁的平均销售投资回报率降低了一半以上，从 9% 降为 4%。虽然当时正处于大萧条时期，但同一时期，宝洁的销售回报率实际上还略微提高，从 11.6% 提升到 12%。

皮尔斯严重违反高露洁的核心理念，尤其是违反公司公平对待零售商、顾客和员工的核心价值。他和零售商在订立合同时要求苛刻，以致零售商起而反抗：

> 药店老板特别愤恨，他们长期以来习惯于高露洁的保守交易方式，皮尔斯这个……管理手法，他们一点儿也不喜欢，因为高露洁的

> 利润主要是靠卫生用品……药店的背叛……成为毁灭性的打击。

根据《财富》杂志的说法，最后高露洁家族“从昏睡中振作起来，震惊地审视皮尔斯造成的损害”。36 岁的拜尔 · 科尔盖特取代皮尔斯出任 CEO，把公司总部从芝加哥搬回新泽西，并重振高露洁的价值观，重建奋勇前进的动力。但是，皮尔斯任职期间造成的损害使年轻的拜尔非常为难，他也没有准备，不曾接受过担任这种角色的培养。他在这个位置上只待了 5 年，就把职务交给了国际销售经理爱德华 · 利特尔。高露洁落在宝洁之后，从此再没有赶上。在皮尔斯下台后的 10 年里，宝洁的增长率是高露洁的 2 倍，获利则是 4 倍。

在皮尔斯惨剧之后，高露洁开始了最高经理人传承的拙劣模式。利特尔在 1938—1960 年担任 CEO，他经营公司好比演“独角戏”。根据《福布斯》杂志的说法，“高露洁被利特尔专制—— 而且‘专制’并非耸人听闻”。我们找不到任何证据，显示利特尔曾经想过高露洁没有他掌舵的情形，公司也没有任何继承人规划。利特尔最后以 79 岁高龄退休，高露洁被迫召回一位国际业务副总裁，设法让陷入严重困境的国内业务反败为胜。

1979 年，高露洁再度经历了一次混乱的高层传承。当时 CEO 大卫 · 福斯特被董事会逼下了台。福斯特像他的前辈一样，“在公司里继续上演独角戏，这样也适合他的脾气”。事实上，福斯特确实也有阻止继承人规划的动作。根据《财富》杂志一篇文章的报道：

> 福斯特为了达到目的，尽最大的力量缩小他法定继承人的权力，甚至尽力压住他的光芒。福斯特寻找有效的方法，使董事会在继承问题上保持沉默。高露洁当时有一个不成文的规定，要求高级主管在 60 岁时退休，福斯特当时 55 岁了，也说过他会遵守这个政策，但是有

> 传闻说，在（可能继承他的人）得到担任（另一家）公司总裁的邀请时，他把这个机会抢了过去。

高露洁高层再度震荡。在福斯特被赶下台后的 10 年里，高露洁的销售和获利能力进一步落在宝洁后面，销售额和利润降为宝洁的 1/4。造成高露洁相对衰落的因素除了管理层的混乱之外，当然还有其他因素，包括宝洁的研究发展工作极为优秀，比较优异的经济规模，但是，这一点是关键，高露洁在经历皮尔斯的混乱时期之后，第一次失去和宝洁并驾齐驱的机会，此后就不断地在重要的继承转折时刻横生波折。

宝洁虽然和高露洁一样在完全相同的历史时刻中面临如何摆脱家族控制的挑战，相形之下，管理层却从来没有遭遇过高露洁的那种波折。20 世纪 20 年代，科尔盖特兄弟忽略培养杰出继承人的工作，而库柏·波克特却小心翼翼地让 1909 年就加入公司的员工理查德·杜普利做好接任 CEO 的准备工作。杜普利在波克特的监督和教导下，职权日重，终于在 1928 年成为宝洁首席业务主管（就在同一年，高露洁把“重任交给了一个外来经理”）。1930 年，杜普利开始了自己 18 年成功的 CEO 生涯，他是宝洁第一位不属于创办人家族的 CEO。后来杜普利像前辈波克特一样，致力确保公司一代又一代的一贯性。诚如斯梅尔（1981—1989 年担任 CEO）的描述：

> 在实施和传承本公司特质方面，杜普利扮演了关键性的角色。他熟识宝洁从 1890 年创立以来在他之前仅有的两位 CEO，而且向他们学习。他也深深了解在他之后 4 位担任这个职务的人，并且协助教导他们，我是其中之一，而我只不过是本公司创立近 100 年来的第 7 位 CEO。

宝洁了解不断培养管理人才，使管理层的传承永不中断，从而在公司上下保存核心的重要性。《邓氏评论》曾经说过："宝洁培养经理人的计划极为彻底和一贯，因此，公司的人才济济——每个职务、每个阶层都是如此。"宝洁一贯的目标是从最底层到最高管理层，都"拥有两三个能力相同，可以承担更上一层楼职责的人"。杜普利的继承人尼尔·迈克尔罗伊解释说："我们培养未来管理人才的工作……年复一年地进行，不论景气好坏。要是不这样做，若干年后，我们就会有断层，而我们承受不了断层。"

顶峰领袖断层，摩托罗拉上下传承

顶峰公司的创办人"指挥官"麦克唐纳是一个才华横溢、主宰一切的人才。他在 1958 年去世前，没有培养任何一位有能力的继承人，死后由最亲近的同事休·罗伯逊接任 CEO，但是，当时罗伯逊已经年逾古稀。《财富》杂志在 1960 年评论说："顶峰现在主要是靠着旧强人传下的动力前进……不是依靠未来领袖带来的动力。"罗伯逊做了两年，传位给极为保守的公司法律顾问约瑟夫·赖特，赖特放任公司逐步背离极力追求高品质的核心价值。1968 年公司内部员工萨姆·开普兰升任 CEO，但是，他在 1970 年突然死亡，顶峰再度面临最高经理人真空，认为需要一位外来的救星拯救公司。经过努力寻找，顶峰决定雇用福特汽车的约翰·内文当 CEO。

内文任内的表现并不突出，而且让公司继续背离了原有的价值观。他于 1979 年辞职，已经退休的前任董事长赖特被迫在 68 岁高龄重新出马，设法重整旗鼓。赖特晋升克卢克曼当 CEO，但是克卢克曼和前辈开普兰一样，任职两年后突然去世，使顶峰再度面临继承危机。

相形之下，摩托罗拉完全没有这样的波折，是以管理的一贯性保存核心理念的典范。创办人保罗·高尔文在正式传位给儿子鲍勃·高尔文之前很多年就开始培养他。小高尔文 1940 年还在念中学时就开始在摩托罗拉工作，那时距他成为总裁还有 16 年，距他成为 CEO 有 19 年。老高尔文为了确保小高尔文从最基层的业务做起，让他当库存办事员，特权降到最低。小高尔文早上 7 点到人事处报到，应征暑期工作时，一位经理不按规矩要带他直接去见人事部门主管，小高尔文婉拒了。他希望从最基层历练，就像每一个摩托罗拉人的必经之路一样。

小高尔文在公司里逐步爬升，终于在父亲去世前 3 年和父亲共同执掌总裁的职务。“家父常常声明我们父子同心，可以像一个人一样行动，他和我都可以单独就任何问题采取行动，另一个人都会支持。”老高尔文传记的作者写道，上一代到下一代的经验传承无日无止，经年累月。接着，小高尔文在 1959 年父亲去世后，几乎立刻就开始思考经理的培养和下一代继承人的规划——离他把控制权交下去足足有 1/4 个世纪。

为了强化内部领导的一贯性观念，小高尔文抛弃了 CEO 限于一人的传统观念，主张由几名成员组成“CEO 办公室”。他主张在任何时候，这个办公室都由几名（通常是三名）成员组成，而不是只有一位领袖。小高尔文这样做，原因之一是确保公司在任何时候都有安排妥当的人才承接领导责任。小高尔文写道：“我们对于继承次序，始终都有不公开却明确的认知，我们在（我是 CEO 办公室成员之一的）整整 1/4 个世纪里，一直都准备好应付不期而至的变化。”

摩托罗拉公司不只把“CEO 办公室”的观念应用在最高管理层，也用在基层（每一个办公室有两三个成员），成为贯彻公司上下培养经理人和领导一贯性的重要机制。高尔文知道这种做法在管理思想家之间颇有争议——更不必说不易管理了，但是他主张“利润”远重于“成本”。他在 1991 年写道：

> 如果希望最高层办公室的观念成功推行，就需要经验丰富、在事

> 业生涯较早阶段就适应这种角色的人选，经验基础必须靠同一层级的工作提供……类似“CEO 办公室”的做法的确有缺点，有些人曾明确表示不喜欢这种做法……这种办公室可能发出互相冲突的信息……因此，有些办公室有时候不能发挥作用，有些人选会离开或被雪藏，但是，运作顺利的情况比较多……现在还在应用就是明证。平心而论，这是人才的象征，就继承问题而言，这个方法向来提供资讯最充分的对策，绝对有助于荐用能力卓越、可以进入 CEO 办公室的人选。

摩托罗拉在 65 年的历史里没有遭遇过顶峰那样的领导断层，也持续不断地一再创新，扩展业务领域，从为西尔斯收音机修理电池整流器，到制造集成电路和卫星通信系统，表现卓越、深受核心价值熏陶的最高层从未中断，即使是在突然失去最高的管理人才时也一样。例如 1993 年，CEO 办公室的重要成员乔治 · 费舍尔离开摩托罗拉，出任柯达 CEO。在大多数公司里，这么能干的 CEO 突然离开一定会造成混乱、不安和管理断层——就像顶峰的 CEO 突然死亡时那样，但在摩托罗拉不会。CEO 办公室的另两位成员，54 岁的加里 · 图克和 43 岁的克里斯托弗 · 高尔文立刻顶起空缺，同时摩托罗拉也开始内部作业，从训练有素、数量庞大的管理人才中挑选一位新人，担任 CEO 办公室的第三位成员。《纽约时报》在一篇标题为“摩托罗拉将会安然无恙，谢谢”的文章里总结说：“费舍尔先生有幸能够放心地离开，是因为知道摩托罗拉几乎有最万全的准备，承受得住这一令人惊异的事情”。

管理混乱与企业衰落

在我们的研究中，西屋、高露洁、顶峰不是最高管理层动荡和断层仅有的例子，我们发现，对照公司中这样的例子比比皆是。

20 世纪 50 年代的梅尔维尔公司就曾经发生过这样的事情。当时沃德·梅尔维尔发现自己没有安排好继承人，但因为他“非常想退休”，便急切地想把公司交给别人——任何一个人都行，于是就把职位交给一位没有准备，甚至不想要这个职位的生产经理，结果公司急剧衰落。后来梅尔维尔评论说：“我震惊地发现，人选不当居然能让业绩恶化得这么快。”接着梅尔维尔展开一年之久的寻觅，希望找到一位外人当 CEO 来挽救公司；幸运的是，梅尔维尔最后明智地放弃寻找外人，改为培养公司内部一位有前途、后来被证明非常能干的 CEO。

20 世纪 50 年代末期，道格拉斯飞机公司也有过类似的情况。创办人老唐纳德·道格拉斯把公司交给准备不足的儿子小唐纳德·道格拉斯。“小唐纳德根本无力接替他的老父亲的职位”，一位传记作家写道，“儿子认为，这是敌人对他施加报复（大多数是他父亲的重臣），于是把有经验的管理人员赶下台，换成自己的亲信。”在小道格拉斯忙于替亲信安排高位时，能干的经理们纷纷离去，而这时却是公司面临波音毫不容情的屠杀，最需要这些经理的时候。20 世纪 60 年代初期，当道格拉斯飞机绝望地设法赶上波音时（没有成功），丧失经营管理人才的道格拉斯束手无策。公司在 1966 年遭遇悲惨的危机，小道格拉斯为了救亡图存不得已选择和麦克唐纳飞机合并。

20 世纪 70 年代，雷诺公司也发生过类似事件。当时任联合百货总裁的公司董事保罗·斯蒂克协助推翻预定继承人的接班规划，然后上下联手，让自己成为总裁。1985 年，在雷诺公司购并纳比斯克食品后，在企业史上著名的高级经理大换血惨剧中，纯粹是公司传统的异类的罗斯·约翰逊成为 CEO。在布赖恩·伯勒和约翰·希利亚尔合著的《门口的野蛮人：历史上最著名的公司争夺战》一书里，对这些事情有详细的记载。专长投资理财的 KKR 公司发动购并战，靠着垃圾债券融资买下雷诺公司，引进了另一位外来的 CEO，约翰逊的时代终结。

Ames百货也发生过这种事。创办家族目睹自己创造的公司因为缺乏能干的继承人，引进外人负责经营，而遭到毁灭。宝来也是如此，因为公司“在我们的管理层结构中面临明显的断层，公司在麦克唐纳独裁统治期间，没有培养新的经理人”，因此，从本迪克斯引进了外人迈克尔·布鲁门撒。大通曼哈顿银行、豪生酒店、哥伦比亚电影公司也都发生过类似的事情。

这种事也发生在迪士尼和IBM这两家最近高度曝光的公司身上，这两家是我们认定的高瞻远瞩公司。

在迪士尼，沃尔特·迪士尼没有培养任何能干的继承人。公司在20世纪70年代沉沦下去，因为经理人漫无头绪，老是自问：“沃尔特·迪士尼该怎么做？”为了拯救公司，董事会在1984年聘请了迈克尔·艾斯纳和弗兰克·韦尔斯。但是，我们乐于指出，迪士尼即使在选择外人时也刻意尽最大力量保持核心理念的一贯性。负责指导寻找外界人才的雷·沃森找上艾斯纳，不仅因为他在业界有辉煌的纪录，也因为艾斯纳了解和欣赏——而且真正毫不保留地拥护迪士尼的价值观。一位迪士尼人扼要地说明：“艾斯纳变得比沃尔特·迪士尼还沃尔特·迪士尼。”

迪士尼的案例显示一个要点：如果你的公司觉得必须外聘最高层经理人，也要找和公司核心理念高度一致的人选，他们的管理风格可能不同，但是应真心地赞同公司的核心价值。

怎样看待IBM的事例呢？IBM董事会在1993年决定撤换自行培养的CEO，代之以雷诺公司出身、毫无电脑工业经验的外人郭士纳。这一重大的异常现象，怎么符合我们在其他高瞻远瞩公司见到的情形呢？我们觉得IBM的决定毫无意义，至少就我们审视过的高瞻远瞩公司合计1 700年历史的架构来看，这样做毫无意义。

IBM董事会这样做，或许是基于激烈变革需要外人带动的假设。对于这个假设，我们只简单地回答：请看韦尔奇的例子。韦尔奇这位“当代企业变革大师”全部的职业生涯都服务于提升他为CEO的公司。IBM拥有地球上最完备的管理人才培养计划，有雇用杰出人才的悠久历史，我们根本不能相信 IBM 里竟然没有一位才干可与韦尔奇相当的改革分子；要是 IBM 在公司里找不出至少一打与外聘人员一样能干的内部人才，才真正让我们吃惊。

正如通用电气、摩托罗拉、宝洁、波音、诺思通、3M 和惠普等公司一再显示的，高瞻远瞩公司为了获得变革和新构想，绝对不需要聘请外人担任最高管理层的职务。

IBM 董事会和求才委员会希望激烈的变革和进步，请来郭士纳，或许可以达成目标，但是，IBM 真正的问题——其实是今后 10 年的关键问题，是郭士纳是否能够保持 IBM 的核心理念，同时带来重大的变革？要是能，那么 IBM 或许可以恢复世界最高瞻远瞩公司的崇高地位。

CEO、经理人与创业家借鉴

简单地说，我们的研究得出以下结论：想以聘请外贤担任最高经理人成为高瞻远瞩公司并保持这种地位，极为困难；同样重要的是，从内部提升和刺激重大的进步之间，绝对没有冲突。

如果你是大公司的 CEO 或董事，你可以直接引用本章的教训，贵公司应该安排好经理人培养程序和继承人的长期规划，以确保一代一代顺利传承。请记住：因为沃尔特·迪士尼在构建滴答作响的时钟时忽略了这个重要部分，以致美国象征之一的迪士尼陷入可怕的困境。我们请你不要重蹈高露洁、顶峰、梅尔维尔、Ames 百货、雷诺公司和宝来等公司的覆辙，不要陷入只有引进外人才能在最高层带来变革和进步的陷阱。外人可能淡化或摧毁公司的核心。关键是要培养和提升能够刺激健全的变革和进步，同时又能保存核心的内部人才。

如果你是一位经理，本章的精义也适用于你。如果你想在一家大公司里建立一个高瞻远瞩的部门或团体，也可以思考培养经理和继承人规划的事情，只是规模较小而已。如果你被汽车撞了，谁能接替你的角色？你要怎样帮助这些人发展？你要做什么规划，以确保你高升时能够顺利而有秩序地传承？（你也可以问上级，看他们采取什么确保顺利传承的步骤）最后一点是，如果你找到一家真正合得来的高瞻远瞩公司，这家公司或许值得你留下来培养自己的能力，这样或许胜过跳槽。

小公司和创业家应该如何应用本章内容呢？显然小公司不可能像通用电气一样，在推动继承过程之初就列出 96 位人选，但是，中小企业一样可以培养经理和规划继承人。保罗 · 高尔文悉心教导儿子当 CEO 时，摩托罗拉还是一家小公司；诺德斯特龙和马里奥特在将公司传承给家人时也一样；山姆 · 沃尔顿在公司只有 50 家商店时就开始思考公司未来的管理层；休利特和帕卡德在 20 世纪 50 年代惠普只有 500 个员工时就正式开始了经理人计划和详尽的继承人规划。

有趣的是，几乎所有构建高瞻远瞩公司的早期人物在职时间都很长（平均 32.4 年），所以，这些公司在资历浅、规模小的时候很少面临真正的传承，尽管如此，很多公司都在真正的传承时刻之前很久就规划好了继承事宜。如果你是中小企业人士，这一点表明你要采取非常长远的观点。根据一个伟大的构想设立一家公司，迅速成长、赚钱退出，并把公司传给外来职业经理人的企业模式，很可能无法产生另一家惠普、摩托罗拉、通用电气或默克。

从构建高瞻远瞩公司的观点来看，问题不在于公司目前这一代表现得多好，真正重要的关键问题是：公司在下一代、下下代、再下一代的表现有多好？个别的领导终究会凋零，但是一家高瞻远瞩公司却可以迅猛前进几个世纪，追求远超出任何领袖任期的使命，并表现其核心价值。

第 9 章

永远不够好

“别只追求胜过同辈或前辈。要设法胜过你自己。”

威廉 · 福克纳

“大家总是对家父说：‘啧，啧，你真是成就惊人，现在你可以休息了。’他一定会回答说：‘噢，不行。还得继续做下去，还要做得更好。’”

万豪董事长 小马里奥特

1987 年

高瞻远瞩公司的关键问题不是“我们做得有多好”或“我们怎么样才能做得很好”，也不是“我们要有多好的表现才能应付竞争”。对这些公司而言，最重要的问题是：“我们明天怎样做得比今天更好？”他们把这个问题看作生活方式，变成思想和行动的习惯。高瞻远瞩公司自然而然地表现出优异的运作和绩效，这种成绩不像最终目标，反而像因为自求改善，加上未来投资，而在这种永不中止的循环中产生的附带结果。高度高瞻远瞩的公司没有最后的终点线，没有什么“已经做好了”，没有什么时候可以让它们觉得能够悠闲自在，靠着辛苦得来的果实度日。

我们发现，高瞻远瞩公司能够得到特殊的地位，主要不是目光高人一等，或拥有成功的“秘诀”，而是因为一个简单的事实：自我要求极为严格。要成为高瞻远瞩公司并保持这种地位，极需平凡的、旧式的纪律和辛苦工作，还要有发自内心，对任何自满和沾沾自喜都深恶痛绝的心理。小马里奥特在回顾成功的根本因素时说道：

> 纪律是世界上最重要的事情。没有纪律，就没有品格，没有品格，就没有进步……逆境给我们成长的机会，而且我们通常会得到追求的东西。如果我们在问题产生时能够克服，我们的品格会大为提高，促使我们成功的素质也会大为提升。

“持续改善”在20世纪80年代成为管理口号，但是数十年来，在高瞻远瞩公司里，这一观念早已深入人心，在某些案例中，这种情形甚至超过一个世纪。例如，波克特和甘保运用持续改善的观念可以回溯到19世纪50年代！麦克奈特在20世纪前10年，把这一观念引入3M的日常运作中；马里奥特于1927年开设第一家麦根啤酒小店后不久就采用这一观念；帕卡德从20世纪40年代开始就一再使用“持续改善”这个名词。

我们的研究结果明确支持持续改善的观念，但不是把它当作某种方案或流行的管理方式。在高瞻远瞩公司里，持续改善是制度化的习惯，是一种有纪律的生活方式，它融入了组织结构，并且用有形的机制予以强化，激发对现状的不满。高瞻远瞩公司更进一步把自我改进的观念大大推广，不限于程序的改善。它代表对未来的长期投资，代表在员工的培养上投资，代表应用新构想和新科技。简单地说，就是尽一切力量，使公司明天比今天更强大。

永不满足的机制

你很可能产生这样一个印象：高瞻远瞩公司并不是个安逸的地方。这正是你应该有的印象。

安逸不是高瞻远瞩公司的目标。高瞻远瞩公司设置强大有力的机制来产生永不满足的心态，消除自满从而在外部世界发出要求之前，就刺激变革和改善。

高瞻远瞩公司就像伟大的艺术家或发明家，永不自满，蓬勃成长。它们明白，满足会带来自满，最后导致衰败。问题当然是如何避免自满，如何在公司成功或成为本行业的老大后自我维持纪律，如何维持公司的活力，靠着从内部燃起的熊熊烈火驱策员工继续前进，永不满足，始终追求改进。

宝洁的杜普利思考的就是这些问题。宝洁力争上游，在 20 世纪初取得显赫地位之后，他担心公司可能变得快乐和自满，他该怎么办？他可以四处活动，苦口婆心地宣扬维持纪律的重要性，可以写短文和小册子，说明自满的危险，可以亲自和公司上下的经理见面，让他们深深了解变革和自我改进的真正价值。但是，杜普利知道，公司不只需要推动改革，迎接未来的良好意愿，他更希望找到有约束力且能够推动内部持续改革的东西。

因此，1931 年，他欣然回应营销经理迈克尔·罗伊提出的强烈建议，即创立品牌管理结构，允许宝洁的品牌直接和公司的其他品牌竞争，就像不同公司的产品竞争一样。宝洁拥有最好的人才、最好的产品、最好的营销力量，为什么不让宝洁内部最好的东西之间互相竞争呢？如果市场不能提供足够的竞争，为何不创造一种内部竞争制度使任何品牌都不能以既有的成就自满自安呢？品牌管理互相竞争的制度在 20 世纪 30 年代初期实施，成为宝洁从内部刺激变革和改进的强力机制。事实证明，这种制度极为有效，因此，最后几乎每一家美国消费品公司，包括高露洁在内，都模仿采用，只不过，高露洁是在将近 30 年后才这样做。

这里的重点不是成功的公司一定要创造内部竞争，以保持公司生机勃勃，重点是应该建立某种永不满足的机制，对抗自满顽症——这种疾病会不可避免地影响所有成功的组织。内部竞争是这种机制的一种，但不是唯一的一种。我们发现高瞻远瞩公司有很多种不同的机制。

20 世纪 50 年代默克采取了一种策略：在产品成为低利润率的普通商品后，故意让出市场占有率，借以迫使自己创新发明，获得增长和繁荣。摩托罗拉运用和默克类似的“创新或死亡”机制，加上废弃销售比重高的成熟产品，迫使自己用新产品填补差额。摩托罗拉在电视机和汽车收音机上采取了这种做法（董事长罗伯特·高尔文把美国厂生产的最后一部汽车收音机放在自己的桌上，提醒自己摩托罗拉是“以高科技先锋的身份重新创立”的）。摩托罗拉应用一种叫作“科技地图”的机制，填补放弃成熟产品所造成的缺口。科技地图是一种全面的工具，使用者可以标出自己在科技上比竞争对手进步的地方，并且标明未来 10 年预期的市场需求。

通用电气采用一种叫作“动脑会”的程序，把内部的永不满足制度化。先由员工各自组成小组，讨论有什么改善的机会，并提出实质的建议。上级经理不能参加讨论，但必须当场在整个小组面前对建议做出决定——不能逃避、躲藏、回避或拖延。

波音采用一种被我们称为“敌人观点”的规划程序，为自己创造不安的感觉。做法是指派经理人，假设他们是替竞争对手工作，以消灭波音为目标来思考：对手会利用波音的什么弱点？对手会依靠什么优势？什么市场可以轻易地侵占？然后，根据他们得到的答案，思考波音应如何应对？

表 9.1　沃尔玛“打败昨天”账簿

十一月					
	1964 年	1965 年	1966 年	1967 年	1968 年
第一个星期一					
第一个星期二					
第一个星期三					
第一个星期四					
第一个星期五					
第一个星期六					
第一个星期日					
第一周					

沃尔顿在沃尔玛的早期就开始采用一种叫作“打败昨天”记录的机制（见表 9.1）。这种记录像账簿一样每天记载当天和去年同一天的销售数字，沃尔玛用这种账簿作为刺激，把标准越推越高，直到永远。

诺思通创造了员工永不停止改善的环境，每小时做一次销售额排名，衡量同事之间的成就。因此，没有什么绝对的标准可以让员工在达到目标后松懈下来。诺思通也慎重地追踪顾客的反馈，并把员工的薪资和晋升与这种趋势结合起来。对此，布鲁斯·诺德斯特龙解释说：

> 如果你真的去倾听顾客的心声，就会发现他们永远都不满意，但会让你知道你做错了什么，并因此强迫你做得更好。志得意满是最让我困扰的事情。我认为我们在服务和一切事情上得到了太多的赞美，于是我们就开始相信这些话，然后就认为自己比顾客行，然后就停滞不前。

惠普也有员工评比的历史。每个经理必须在团体评比会议里，各自为自己手下员工的排名和其他经理争辩。这一过程必须一直持续到所有的经理都同意从上到下的整体排名后才结束。这一程序很辛苦、很耗神，而且很不舒服，任何员工几乎都不可能在得到很高的考评后就安逸地过下去。

惠普还制定了一种叫作“量入为出”的强力机制：反对借出任何长期债务的政策。精密的财务模式显示，这一政策完全不合理。惠普这样的公司应该长期放债，以便尽量扩大其价值。但是这种模式体现不出无债务政策对内部的强大效果——发挥强制性的纪律。惠普因拒绝为增长所需要的资金承受长期负债，因而强迫自己学习如何完全从公司内部取得资金，来支付 20% 的平均年增长率，何况还有持续不断的占销售额 10% 的研发投资支出。有人可能认为这种机制不合理，却培养出一大群规矩得令人难以置信的总经理，他们善于以资金不足的小公司才有的高度节俭和效率经营公司业务，就像惠普一位副总裁描述的那样：

> 这种（量入为出的）哲学为公司上下规定了完美的纪律。如果你想创新，必须自力更生，这是贯彻公司上下的最有力却最不为人了解的影响。

对照公司又如何呢？我们发现，没有证据显示它们所制定的永不满足机制在力度上比得上高瞻远瞩公司。在这些公司的历史里，严格自我规范的意识根本没有一贯性。的确，我们发现，有些对照公司刻意采取安逸的态度，牺牲公司长期利益，榨取短期利益的情形并不少见。而在高瞻远瞩公司里，几乎从来没有听说过这种行为模式。

为了明天（今天要奋斗）

设想你是 1946 年时的休利特和帕卡德，你们拥有一家不到 10 年历史的小公司。眼看着公司因第二次世界大战结束，国防合同枯竭，营业收入减少了 50%，你们面临急迫的现金周转危机，公司的存续受到威胁，在市场上又没有立刻可以解决问题的商机，就像帕卡德描述的情形那样：

> 我们都在庆祝大战结束，但同时知道我们会有很严重的问题，1946 年，我们的销售额从前一年的大约 150 万美元降到大约只剩一半，我们很担忧，不知道能不能维持下去。

你在同样的情况下会怎么办？你认为他们又会怎么办？

首先，他们裁减了大约 20% 的员工。面临政府合同的减少，他们为了拯救公司，只能裁员。其次，他们发誓永远不再过度依赖起伏过大的政府合同业务。

但是，休利特和帕卡德并未就此止步。他们还采取了一个行动，对于业务骤减 40% 的小公司而言，这种行动堪称胆大包天、目光远大。当时，所有靠国防合同生存的机构都面临艰苦的日子，他们决定利用这一事实，去战时政府资助的研究机构中聘请杰出的科学家和工程师，他们也决定挽留手下最优秀的高薪人才，以免造成必定会影响公司长期利益的损害。帕卡德解释说：

> 虽然我们的业务减少了，我们仍然决定聘请……这些聪明、年轻的工程师。就在公司走下坡路的时候，我们聘请了拉尔夫·李、布鲁斯·赫利、阿特·方、赫理斯·奥弗拉克和一些别的人才，因为我们相信这是争取一些优秀技术人才的好时机。

在这一决定中，令人惊叹的是，休利特和帕卡德根本不了解战后的商业环境是否能对他们的手下人才提供足够的支持。这是一场赌博，而且事实上，惠普在战后痛苦的调整中奋力挣扎，一直到1950年才重新开始迅速成长。但是，1946年高瞻远瞩的投资使惠普在以后的20年里大获丰收，公司的工程人员推出了许多创新和获利良好的新产品。

休利特和帕卡德在公司成长过程中不断强调，绝不为了迅速获得短期利益牺牲公司的长期原则。例如，普克在1976年指出，任何时候，如果他发现员工为了提高本部门的短期利润而违反公司的道德原则，这个人就一定要开除，无论是什么情况，不管这样做对近期的成本有什么影响，都绝无例外。在帕卡德的眼中，惠普的长期信誉无论如何都必须保护，可是休利特和帕卡德从不会用自己的长远眼光作为该年度放松压力、安逸度日的理由。帕卡德在20世纪70年代对惠普公司经理人说过的两段话就可以说明这一点。

表 9.2

帕卡德五十年的眼光	帕卡德一年的看法
"如果我们继续忠于使我们度过第一个50年的原则，我们便可以确保下一个50年继续成功。我代表休利特和我自己确信地说，我们非常非常以你们的成就为荣，而且期望你们未来做得更好。"	"今天和明天一样容易获利。为了增加长期利润，采取造成短期利润减少的行动很少有成功的。这种行动几乎总是一厢情愿，几乎总是无法达到整体最佳业绩。"

平心而论，德州仪器的哈格蒂也用长期观点来指导自己的公司。事实

上，1946 年时，他也从很多研究机构聘请了不少顶尖科学家。不过，德州仪器没有惠普那种严重的财务危机。

但在哈格蒂去世后，德州仪器回避了惠普遇到的挑战：用 50 年的眼光来经营，同时在当年有卓越的表现。20 世纪 70 年代的德州仪器和惠普不同，开始推出廉价的消费品，也开始突然大幅降价，以争夺市场占有率，同时经常牺牲经销商的利益。一名经销商在 1979 年批评说："德州仪器因为太注重降价，就对顾客取巧，降低质量。"这种策略造成了相反效果，使德州仪器遭受财务和声誉的双重损失。惠普不论是短期还是长期，从来没有迷失过方向，德州仪器追求纯粹的规模和短期增长，破坏优秀创新产品创造者的基础和传统，严重损害了公司的长远前景。

对照惠普和德州仪器两家公司后，我们发现了高瞻远瞩公司和对照公司之间的一个重大差异：高瞻远瞩公司习惯于长期投资、建设和经营，它们这样做的情形比对照公司多多了。在高瞻远瞩公司里，"长期"不是指 5 年或 10 年，而是代表好几十年——说 50 年比较符合，但同时它们也不会在短期松懈下来。

> 高瞻远瞩公司的经理根本不接受在短期绩效和长期成功之间必须选择其一的说法。他们先为长期努力，同时又用极为严格的短期标准自我要求。

这一点再次表明：安逸不是高瞻远瞩公司的目标。

高瞻远瞩公司的长期投资

我们系统地审视了研究的所有公司后，发现很多证据证明，高瞻远瞩公司比对照公司更重视对未来的投资。我们回到 1915 年，分析了公司的年度财务报表后发现，高瞻远瞩公司在新资产、厂房和设备上的投资，占公司每年销售额的比率一直高于对照公司（15 对公司中有 13 对如此）；高瞻远瞩公司年度盈余再投资的比率也比对照公司高，付给股东的现金股利则比较少（15 对公司里有 12 对如此，另一对公司不相上下，见附录 3 表 A.10）。

在我们研究的公司里，长年把研发支出列为单独申报项目的情形不多，有些公司，像沃尔玛和万豪，根本没有所谓的“研发”。但是，就我们掌握信息的其他公司来说，在 8 对公司里，每一家高瞻远瞩公司研发投资占年度销售额的比率都超过了对照公司。在制药行业里，基础研究可以说是公司长期健康发展最重要的因素。我们所说的高瞻远瞩公司，其研发支出占销售额的比率比对照公司高出 30% 以上。例如，默克从 20 世纪 40 年代起，基础研究投资占销售额的比率就一直高于辉瑞制药，而且从 20 世纪 60 年代末期起，这一比率始终高于本行业任何一家公司。这是默克在 80 年代脱颖而出的一个关键因素。

高瞻远瞩公司通过广招贤才、员工培训和专业发展计划，大力加强人力资源投资。默克、3M、宝洁、摩托罗拉、通用电气、迪士尼、万豪和 IBM 等公司，都在自己的“大学”和“教育中心”上大量投资，设立密集的培训和发展计划；对照公司也在培训方面投资，却没有高瞻远瞩公司动手早，其力度也不够。例如，摩托罗拉公司，就要求每个员工完成每年 40 小时的培训，而且要求每个部门用在培训上的花费要占薪资总额的 1.5%。默克所有的经理人都必须参加一个为期 3 天的培训课程，学习招聘和面试的技巧。默克总裁魏吉罗在会议开始时经常问同样的问题：“你们最近招募了哪些人？”整体而言，我们注意到，高瞻远瞩公司的招聘和面试程序通常远比对照公司的更复杂、更严密，在专业和管理方面投入了更多的时间。以惠普为例，可能招募进来的新员工至少要经过未来工作部门里 8 个人的面试。

最后一点是，高瞻远瞩公司在科技知识、新技术、新管理方法和创新产业的做法方面，比对照公司投资得更早、更积极。它们不会等待外部世界要求它们变化才启动变革，通常会比对照公司先采用新事物。通用电气在整个历史中都比西屋先采用新的管理方法，包括目标管理、分权、员工授权，等等。事实上，通用电气在采用新的管理方法方面一向领先。1956 年，通用电气发给每一位经理一套书，名叫《专业管理经典思潮选辑》。这套书收集了到当时为止最重要的 36 篇有关管理思潮的论文。通用电气这样做，目的是在公司上下宣传有力的管理构想。

在美国企业史上，默克是率先全面采用“零缺点”程序的公司之一，时间是 1965 年。默克还最先采用以蒙特卡罗电脑模式为基础的最新财务分析技术，因而能够做出长期的战略性决策。菲利普·莫里斯在关键的 1960—1985 年，比雷诺公司更早采用最新的生产技术。摩托罗拉致力采用未来可能很重要的新科技，顶峰却踌躇不前，最后迫于市场压力才采用新科技。迪士尼一向有投资电影新科技的传统，在对手忧心忡忡地考虑可能的缺陷时，就已经迅速地利用了新科技。花旗银行一直都比大通曼哈顿银行先投资于重要的新方法，有些项目甚至领先 30 年之久。

花旗银行比大通曼哈顿银行先采用的措施

部门效益报表
绩效奖金
管理培训计划
大学招生计划
根据行业（而非地域）设立组织
全国性特许
自动柜员机
信用卡
零售业务分行
外国分行

对照公司不但动作迟缓、胆怯，而且管理层有很多逃避投资的例子，更糟的是，还有在重要关头压榨公司的情形。例如，20 世纪 70 年代和 80 年代，在菲利普·莫里斯拼命投资追求成为香烟行业第一大厂商的目标时（参见第 5 章），雷诺公司的经理却在利用公司，把公司当成替自己谋福利和增加自己财富的场所，他们买了一队企业用喷气式客机（号称“雷诺公司空军”），建筑昂贵的机棚（号称“企业机棚中的泰姬陵”），兴建华而不实的企业办公大楼（叫作“玻璃动物园”），摆设昂贵的古董家具和精美艺术品，（一位销售人员说：“这是我服务过的唯一不做预算的公司。”）并且赞助体育明星和营销价值不确定的体育竞赛。当有人问起这种花费有何高明之处时，公司 CEO 罗斯·约翰逊干脆地回答说：“几百万美元，没什么了不起的。”

麦道一贯表现出因小失大、极度注重短期绩效的心态，公司因此受到限制，不能大胆地向未来迈进（包括在建造巨无霸喷气式客机方面迟疑不决）。到 20 世纪 70 年代，这种保守心态变成一再重复的历史模式。1978 年《商业周刊》有一篇文章形容麦道“带着斤斤计较的倾向”，批评这种保守、短期、注重成本的导向。《商业周刊》在描述如何促使公司决定放弃开发新世纪的喷气式客机时说：“麦道以吝啬、谨慎出名，专注建造抄袭前人设计的飞机……而不愿推动费用昂贵的新开发项目。”波音秉持“展望明天”的态度，麦道则坚守“斤斤计较”的心态，两相对照，在过去半个多世纪里，结果已经在重要决策中明显地表现出来。

几十年来，高露洁一直忽视在新产品开发、营销方案和工厂更新方面的投资。以下的代表性说法引自《福布斯》杂志和《财富》杂志，评述高露洁长期以来的状况。

> 1966 年：“要推出成功的新产品，必须有协调极为顺畅的营销机器，高露洁由李德统治 22 年后（1938—1960 年），根本没有这样的机器。

现在推动一个紧急计划，几乎是要在一夜之间创造出高露洁公司花了30 年才日渐完善的东西。”

1969 年：“公司多年来没有产生过任何重要的新产品，甚至连酝酿中的新产品都没有，而且 1956—1960 年，高露洁的国内销售量事实上是在减少的。”

1979 年：“福斯特渴望盈余保持增长，于是削减广告，控制研发支出，而这一点是所有营销公司的生命线。简单地说，他是借用未来，期望明天会有更强劲的经济状况，把他从困境里拯救出来。”

1982 年：“高露洁现在实际上是美国消费品公司中唯一没有重大新产品计划的公司。”

1987 年：“核心业务的利润支持了福斯特的购并行动，造成财务紧张，压制了新产品开发和工厂现代化等重要事项。”

1991 年：“开发突破性产品耗资巨大，但是，马克是以降低成本著称的人，可能不愿意付出其他公司所付出的代价，高露洁拨给研发的经费还不到营收比率的 2%，而宝洁的比率接近 3%。”

万豪与豪生：一个庞大的美国特许经营店的衰败

1960 年，老霍华德·约翰逊突然退休，把亲手创立的公司交给儿子小约翰逊。一位和老约翰逊共事多年的人说：“我从来没有见过这种事，大多数人都不愿意放弃自己创立的事业，而他就这样离开了。”他留下了美国最有名的企业之一，留下了点缀全美各地高速公路沿线、700 家备受美国中产阶级喜爱、屋顶一律用鲜艳橘黄色装饰的餐厅和旅馆。当时小马里奥特说过，希望有朝一日，他继承的公司能像豪生一样成功。到 1985 年，万豪不但获得了成功，甚至远远超过豪生——规模是其 7 倍之多。

这是怎么回事？答案主要在于，万豪严格的自我规范有如一部不断改进的机器，而豪生则自满自适。正如小约翰逊 1975 年在一次访谈中说的那样：“我们是一家被动的公司，我们不愿预测未来。在这个行业里，你无法看得太远，或许只能往前看两年。”豪生和万豪不同，拒绝为特定市场区域的餐厅和旅馆投资，最后发现自己“走向衰败”；相形之下，万豪即使处在经济衰退之时也仍然在为未来投资；豪生过度注重成本控制、效率和短期财务目标；万豪则鞭策自己，持续不断地改善服务的质量和价值；豪生受到过时理念的牵制，变成低劣食物的供应者。1979 年，帝国公司买下豪生，6 年后，又以不到收购价格的一半卖掉了它。帝国公司一位经理人解释其中原因：

> 高利润是虚假的。公司忽略再投资，是靠着压榨人力、项目，靠着不肯更新、省下一角一分，靠着不再继续投资，从业务上压榨出利益的。

有一阵子，小约翰逊搬进纽约洛克菲勒中心华美的办公室是（把管理层的其他人都留在波士顿），并且花大部分时间在精英圈里社交。一位竞争对手说：

> 每次我见到霍华德·约翰逊，他总是告诉我他要怎样降低成本。我认为他在自己的餐厅上花的时间不够，要是他多在自己的餐厅吃饭，而不是常在（纽约高级的）21 餐厅吃饭，或许他能够了解到一点儿东西。

相形之下，小马里奥特过着相当简朴的生活，在他说的“摩门教工作精神”（每周工作 70 小时）的鞭策下，每年亲自走访多达 200 家分店，也期望其他高级经理安排类似的巡察。

更重要的是，小马里奥特把个人追求进步的驱动力融入了组织的每一个层面。以下是我们在这段时间看到的万豪为了刺激进步制定的各种机制（而这些是豪生没有的）：

• “贵宾服务指标”报告：根据顾客意见卡和对随机选取的顾客所做的详细调查制成这种电脑化的报告，经理可以依据这一报告核查自己的贵宾服务指标，或修正调整；贵宾服务指标报告影响奖金和晋升机会。

• 员工的年度业绩评估：按时计酬的员工和经理都要接受评估。

• 鼓励奖金：适用范围向下延伸，甚至包括咖啡厅经理；奖金除了以成本效益为基准外，也要参照服务、质量和卫生。

• 分红计划：适用各个阶层的员工；个别员工最多可以把薪资的 10% 投入分红信托计划，因而将个别员工的福利和公司的发展有机地结合起来。

• 在广泛面谈和筛选人才上投资，以便雇用优秀的员工；新的万豪旅馆要是有 100 个空缺，总是要面试上千个求职者。

• 管理人才和员工培养计划：到 20 世纪 70 年代初期，万豪把税前利润的 5% 花在对管理人才的培养上。

• 投资设立规模完整的学习中心（1970 年成立），配置最新的视听、电脑化教学设备。《福布斯》杂志 1971 年的一篇文章里描述说：“数百位万豪的经理进进出出，在这里温故知新，同时有新员工来此‘全心投入’培训，学习如何为客人服务。”

• “幽灵顾客”：假扮顾客的检查人员叫作幽灵顾客，如果服务良好，他们会拿出一张识别卡，把背后夹有 10 美元的卡片交给服务人员，如果服务需要改善，卡片背后没有 10 美元，而是写着“唉！”接到这种卡片的员工会被送去再培训，每个员工最多有 3 次改进的机会。

CEO、经理人与创业家路标

万豪的欣欣向荣和豪生的没落，是本章提到的所有教训的最好例证。我们本来可以选择更多的例子，Ames 百货在采用创新的零售技术上，总是落在沃尔玛之后，在条码扫描这项新科技上，总是迟迟不肯投资，因为投资的回收期超过两年；诺顿压榨某些部门以至其窗户几个月没有清洗，因为每一个人都以为每天都是在职的最后一天；我们可以讲述顶峰如何忽略集成电路方面的投资（是 20 世纪 50 年代最后改用印刷电路板的公司），如何在彩电方面远远落后，如何削减研发支出以提高盈余，并且利用顶峰的名声榨取利益，而这一切都是在摩托罗拉和日本人致力于进步时顶峰的所作所为。

的确，在高瞻远瞩公司和对照公司之间，自我改进是最突出的差别之一。就永不满足的机制与为未来长期投资而言，我们发现，在 18 对形成对照的公司当中，有 16 家高瞻远瞩公司在鞭策自己和追求自我改进方面，比对照公司严格。

如果你正努力构建和管理一家公司，我们敦促你思考下面的问题：

• 你可以创造哪些“永不满足的机制”，既能消除自满自适，从内部变革和改善，又符合公司的核心理念？你如何让这些机制有强大的约束力？

• 你在今天表现优异时做了哪些投资未来的事情？贵公司是否领先同行业，率先采用了创新的方法和科技？

• 你如何面对衰退？贵公司是否在困难时期仍然继续为长期累积力量？

• 贵公司同仁是否明白“安逸不是目标”？明白在高瞻远瞩公司里的日子不应该轻松？贵公司是否不把表现优异作为最后目标，而代之以持之不懈、永远追求明天要做得比今天好的工作纪律？

我们在本章里既有好消息，也有坏消息。好消息是成为高瞻远瞩公司的关键因素之一，是靠固有的努力工作、力求精进，为未来继续努力奋斗。这些都是直截了当的事情，每一个经理都很容易理解。坏消息是想要创造一家高瞻远瞩公司，必须永无休止地努力工作、追求进步和持续为未来努力奋斗，这里没有捷径、没有魔法、没有旁门。想建立高瞻远瞩公司，必须准备长期艰苦奋斗，成功永远不是终点。这是豪生从来没有学到的教训。

黑带高手的寓言

想象一位武林高手跪在武学宗师面前，接受得来不易的黑带的仪式。这个徒弟经过多年严格训练，终于在武林出人头地。

“在授给你黑带之前，你必须再接受一个考验。”武学宗师说。

“我准备好了。”徒弟答道，他以为这是最后一个回合的练拳。

“你必须回答最基本的问题：黑带的真正含义是什么？”

“是我习武历程的结束，”徒弟说，“是我辛苦练功应该得到的奖励。”

武学宗师等着他再说些什么。显然他不满意徒弟的回答。最后他开口了：“你还没有到拿黑带的时候。一年后再来。”

一年后，徒弟再度跪在武学宗师前面。

“黑带的真正含义是什么？”宗师问。

“是本门武学中杰出和最高成就的象征。”徒弟说。

武学宗师等啊等啊，过了好几分钟还不说话，显然他还不满意。最后他说道：“你仍然没有到拿黑带的时候。一年后再来。”

一年后，徒弟又跪在师父面前。师父又问道：“黑带的真正含义是什么？”

“黑带代表开始——代表无休止的磨炼、奋斗和追求更高标准的历程的起点。”

“好。你可以接受黑带，开始奋斗了。”

第 10 章

起点的终点

“这不是终点，甚至不是终点的起点，但可能是起点的终点。”

温斯顿 · 丘吉尔

近几十年来，企业流行花费无数的时间和大量金钱，草拟动人心弦的愿景宣言、价值观宣言、使命宣言、目的宣言、抱负宣言、目标宣言等。这些宣言都很好（的确可能相当有用），但都不是高瞻远瞩公司的根本。公司仅有展望宣言（或类似的东西），并不能保证成为高瞻远瞩公司。读完本书后，你如果以为缔造高瞻远瞩公司最基本的步骤是撰写这种宣言，你就没有抓住本书的整个重点。一篇宣言可能是好的起步，却只是第一步。

高瞻远瞩公司的根本在于转化核心理念和独特追求进步的精神，使之融入组织结构的所有层面，化为目标、战略、战术、政策、程序、文化习性、管理行为、建设蓝图、支付制度、会计制度、职务设计，一句话，化成公司的一切作为。高瞻远瞩公司创造了一个包容所有员工的整体环境，不断向他们灌输一组极为一贯、互相强化的信号，使他们几乎不可能误解公司的理念和抱负。

我们在前面的章节里已用多种方法阐明了这一点，但这一点的确太重要了，甚至可能是从本书所能得到的最重要的观点。所以，我们决定用这一章总结我们所有的发现，说明“协调一致”这个贯穿本书的中心观念。我们用协调一致这个字眼，意义很简单，只表示公司所有的因素协调一致，在核心理念和想取得的进步目标的架构下运作，进步的目标你也可以称为愿景（我们认为愿景只是长盛不衰的核心理念，加上梦想中面向未来的进步）。请看下面三个协调一致观念发挥得淋漓尽致的例子。

协调一致的威力：福特、默克和惠普

福特

第 3 章谈到福特汽车的经理在什么情况下写就了公司的“使命、价值观和指导方针”，成为 20 世纪 80 年代反败为胜取得惊人成就的关键要素。“使命、价值观和指导方针”把人员和产品列在利润之前，而且强调改善质量、员工参与和顾客满意是重中之重。但是，这个“使命、价值观和指导方针”的宣言并没有扭转败局，至少宣言本身不能扭转败局。如果福特没有极力把这个宣言转化为实际行动，没有把公司的营运、战略和战术与公司的“使命、价值观和指导方针”协调配合，福特一定无法转亏为盈，我们在本书里也就不会撰写这一点了。

福特有史以来第一次全面采用了统计学的质量管理方法，并且责令生产经理在发现劣质零件或材料缺陷时，要把整条生产线关掉。福特不只在自己的工厂里这样做，更利用“质量第一”计划（即 Q1 计划，根据质量的级别和是否实施质量管理统计来筛选卫星工厂），把追求品质的精神传播到卫星工厂。福特提供教育研讨会和现场协助帮助卫星工厂达到品质第一的标准，并且随着时间的推移不断地提高标准。

福特创造了员工参与计划，使生产线工人成为改善质量的关键成员。不但如此，福特还创造了经理参与方案，教导经理和领班知道如何支持员工参与计划，并提高参与性管理技巧在升迁时所占的比重，进一步强化这些方案。为了让员工消息更灵通，进而感觉和公司融为一体，福特投资设立了卫星电视系统，在电视或报纸还没刊登之前就向员工发布公司的新闻和消息。为了在员工和公司成功之间形成直接的关联，公司和员工达成一条分红约定，这是福特和联合汽车工会劳资合同中第一次出现这种条款。劳资关系的重大改善使 20 世纪 80 年代初期福特 CEO 菲利普 · 考德威尔退休时成为工会的荣誉会员——第一位被吸收参加联合汽车工会的美国汽车公司 CEO。

为了使公司回归“汽车工业”的根本，福特成立了一个独立的小组，赋予小组一个胆大包天的目标：要他们创造一种全新的，在所属市场区域中真正世界级汽车。以顾客为重的设计精神自 T 型车问世以来尤为重要，福特用32.5亿美元的预算支持这个后来被称为"金牛座／貂族"车系列的计划。这是福特有史以来最大的一笔预算，是以往最高预算的4倍。

在准备生产"金牛座／貂族"车系列之前好几年，公司就开始征求生产线工人对设计的意见。为了强调顾客意见参与和满意度的重要性，福特最高层经理们参加了多次焦点团体的会议，直接听取顾客的心声。公司还制订了严密的"质量／承诺／绩效"后续计划，接纳顾客对经销商服务质量的评断。公司还创设了崇高的"总裁奖"，表彰得到顾客最高评价的经销商。

福特用数百种大大小小的方法，把"使命、价值观和指导方针"转化为日常行为和实际行动，这就是福特反败为胜的真正动力。你能够想象福特公布"使命、价值观和指导方针"，却没有把口号转化为实际做法可能引发的嘲讽吗？员工、顾客和股东都会嘲笑不绝，而且整个反败为胜计划也很可能会失败。

默克

20世纪20年代末期，乔治·默克就拟了一场默克公司的宏伟蓝图。默克根植于正直、奉献社会、对顾客和员工负责以及追求质量和完美的核心价值。乔治·默克立志要让默克成为世界级公司，成为一家用医学上的创新贡献造福人类、赚取丰厚利润的公司。但丰厚的利润不是首要目标，而是圆满完成使命的附带结果。1933年默克研究所成立时，他说：

> 我们相信，耐心、持久的研究工作会带给工商业新生命；而且我们深信，利用我们提供的工具，在这个新的研究所里，科学会进步，知识会增长，人类生命会赢得更多免于病痛的自由……我们发誓全力投入，使这个事业符合我们对它的信心；让你们的知识光照四

> 方——以便追求真理的人，致力使世界更适于居住的人，高举科学和知识的火炬照亮社会和经济黑暗时代的人，都能得到新的勇气，觉得自己备受支持。

我们的确深深钦佩乔治·默克的宏愿。他早在远见宣言还不流行的 60 多年前，就发出这种宏愿，尤其令人敬佩。但是，即便他的言语和精神振奋人心、动人心弦，光靠这种言语和精神不会，也确实不能使默克变成高瞻远瞩公司。默克真正与众不同的是持续一贯地调整公司，使公司和核心理念及乔治·默克梦想的步伐协调一致。

例如，默克不仅创设了一个标准的工业研究发展中心，还制定了胆大包天的目标，要创造极为杰出的能力使其足以和大学及研究机构平起平坐。事实上，默克设计这个研究所时，刻意创造出学术气氛，外观与大学极为相像，以致这个地方很快就以“默克校园”著称。不仅如此，公司不是把纯粹的研究深锁在重重门户之内，而是鼓励旗下的科学家在科学期刊上发表成果——这是吸引更多顶尖科学家的重大关键。默克还鼓励研究人员和学术界及默克之外的非竞争性工业研究机构合作，这一不寻常的做法提高了发表的研究成果的质量。默克吸收杰出的科学家进入董事会担任董事，并且创造一种双重职业轨道，让科学家获得晋升，进入管理层而在经济上没有损失。公司甚至在招聘资料里列出了旗下研究人员发表的论文明细，就像学术机构列出教授发表的论文明细一样。一位科学家说：

> 默克像麻省理工学院、哈佛大学或任何其他学术机构一样，在研究方面名声显赫。你必须乐于全心研究你那门科学。

为了进一步鼓励科学探讨和实验，默克尽可能给科学家“最大的空间，让他们从事自己的研究，给他们最大的自由以寻找希望的种子，不管他们追求的东西与实际回报……多么不相干。”默克和大多数美国企业不同，禁止营销因素干涉纯粹的研究程序，除非产品已经明显进入了开发阶段，就像CEO魏吉罗所说的一样：

> 我们把基础研究完全交由研究部门控制，营销部门在产品开始人体试验之前都被排除在外。我们不希望有关“市场潜力”的问题介入能够带来重大突破的基础科学研究和实验。

这类做法虽然违背了许多一般的商业信条，却大致不变地在默克保持了60年。在这么长的时间里，默克增加其他做法，这些做法虽然不同寻常，但在默克却完全行得通。例如，在研究发展方面，默克拒绝以预算作为规划和控制的工具。默克成立了很多个产品计划小组，明确表示不设预算。小组领导（组长）必须说服不同专长的人加入小组，将他们的资源奉献给这个计划。这种程序创造出一种适者生存的选择程序：只有最好的计划能够吸引资源，最差的计划会灭亡。和大多数多元化发展的竞争者不同，默克采用不同寻常的策略，甘为制药业中多元化程度最小的公司，把所有精力放在发明突破性新药的能力上面，又甘于遵守自定的规则，要求新产品一定要胜过竞争对手的产品，否则就不能上市。这是一种风险很高的战略。如果研发不出什么好的产品，就可能产生长期的干涸期。

事实上，在整个历史中，默克一再制定胆大包天却和公司理念协调一致的远大目标：

• 20世纪30年代初期：制定胆大包天的目标，要建立一个极为杰出、“足以和大学及研究机构平起平坐的研究机构”（见前文）。

• 20世纪50年代初期：制定胆大包天的目标，要把公司转型成完全整合的制药公司，以便全面参与医药界的激烈变化，做法是经由购并制药业沙乐公司，使公司拥有体制完备的配送和营销网络，成为“更优秀的公司”，以便支持这个目标。

• 20 世纪 70 年代末期：制定胆大包天的目标，要把公司构建成 80 年代一流的世界性制药厂商。

• 20 世纪 80 年代末期：制定胆大包天的目标，要成为第一家在每一种疾病上都有先进研究成果的制药厂商。

• 20 世纪 90 年代初期：制定胆大包天的目标，要“重新界定制药业的典范”，做法是以 60 亿美元购并 Medco（肉类出口发展）公司，建立和终端顾客更直接的联系。

在理念和企业责任协调一致方面，默克也有悠久而优异的记录。很多公司都谈到了企业的社会责任、机会平等和其他类似的崇高理想，但是，有多少公司像默克那样，在 1944 年时就率先捐助黑人大学联合基金会？有多少公司像默克那样，在 20 世纪 60 年代就成为本行业中第一家成立少数民族事务办公室的公司？有多少公司在 70 年代就规定所有主管必须在年度目标里包含废除差别待遇措施，并把这些措施和奖金、购股权、等级评比和业绩加薪结合为一？有多少家公司因为“大力推动招募、培养和提升妇女和少数民族人才”而受到全国妇女组织认可？有多少家公司被《黑人企业》和《职业妇女》杂志选为全美妇女和少数民族的最佳工作场所？有多少大公司聘用女性担任首席财务主管？有多少公司愿意在第二次世界大战之后，在没有利润的情况下，把链霉素送到日本，消灭严重的肺结核？有多少家公司会决定开发治疗河盲症的药品，再免费送药？又有多少家公司会在环保方面定下宏伟目标：“要在 1995 年前把释放在环境里的毒素减少 90%”？的确，默克在把社会良知化为实际行动方面一向远远超过大多数的公司。

默克不仅期望员工进步和卓越，本身也致力追求进步和卓越。到默克求职远比申请到研究所工作的过程严格而彻底。默克经常要求求职者递交很多介绍信，证明他们有能力在公司工作，就像申请就读顶尖学府一样。

默克在招募、开发和挽留人才方面大量投资，用招募和挽留顶尖人才的成败来考评经理们。到 20 世纪 80 年代，公司拥有产业界最低的员工流动率（5%，美国平均员工流动率为 20%）。

最后一点是，默克年复一年、日复一日持续一贯地加强自己的核心理念，这一点表现在股东报告、招聘资料、员工手册、自行出版的书籍和史料录像带里；在经理人的演讲中，在新员工的培训课程中，在提供给外界报纸杂志的文章里，在无数内部杂志和通信里，都一贯如此。我们请默克给我们一些描述公司价值观和使命的文件，默克提供了不少于 85 种明显不同的材料，有些文件时间早到 20 世纪初。1991 年，默克隆重庆祝百年华诞，出版、发表或制作的书籍、文章、演讲、录像带、历史分析，无一不是大力强调公司的传承和价值观。在默克工作，根本不可能不浸润在公司的理念里。这种理念渗透到所有的事物中，而且持续了将近一个世纪。诚如默克科学和技术政策主管杰弗里·斯图乔所说：

> 我来默克之前曾经在另一家美国大公司工作。我认为，两家公司之间的根本差别在于言语与实际。另一家公司高举价值观、宏图大志和一切的一切的大旗，但是，言语与实际之间有很大的差别。在默克公司，两者之间则没有差别。

惠普

休利特和帕卡德梦想惠普成为这样一家模范公司：以进步的人事运作、创新和具有企业精神的文化，以及连续不断、做出技术贡献的产品闻名。帕卡德写道：“我们的主要任务是设计、开发和制造最完美的东西（电子设备），促进科学进步和人类福祉。我们决心为这个任务献身。”惠普公司董事弗雷德·特曼用“社会机构的典范”这一崇高的名词来形容惠普的期望。后来，休利特把惠普的指导原则简化为他所说的“四个必须”：公司必须获得营利性增长；必须通过技术贡献获利；必须承认员工的个人价值，容许他们分享公司的成就；公司必须作为对整个社会负责的公民从事经营。

这一切都极为完美，但是，如果不化为实际，休利特和帕卡德的宏愿终究毫无用处。惠普就像默克一样，头角峥嵘不完全是因为拥有崇高的价值观和宏图大志，而是以配合价值观和宏图大志的全面、一贯的方法而著称。

例如，长久以来，惠普就用很多有形的方式体现对员工的尊重。20 世纪 40 年代时，惠普推出一种“生产奖金”（基本上是一种分红计划），分给警卫和分给 CEO 的数额一样，而且为所有员工创造了几乎闻所未闻的急难医疗保险计划——而当时的惠普还是个小公司。惠普在 20 世纪 50 年代上市后，所有阶层所有任职 6 个月以上的员工都自动获得了配股，并且有资格参与购股计划。不久之后，惠普就创设了员工购股计划，公司负责补贴 25%。为了降低裁员的概率，尽管政府合同可能有利润，但只是会导致忽而雇人、忽而解雇的状况，惠普就还是会放弃机会，并且规定各部门在到外面找人之前，必须先雇用内部员工，为整个公司提供进一步的就业保障（更不必提努力保持这种文化了）。当面临公司范围的衰退时，惠普通常要求员工每隔一周的星期五休假，并减薪 10%，而不是实施 10% 裁员。惠普是美国企业中最早让所有阶层员工选择弹性工作时间，并最先推动大规模员工调查、评估和追踪员工问题的公司之一，也是最先实施门户开放政策，让员工的不满可以直达最高层经理而不会遭到报复的公司之一。为了促进沟通和融洽，淡化阶层感，惠普制定了开放办公室的规划，任何层次的经理都不能拥有有门的私人办公室，这在 20 世纪 50 年代是非常罕见的做法。因此，惠普一直没有工会也就不足为奇了。就像一位惠普人描述的：

> 很多次组织工会的尝试都失败了。在一家员工觉得自己和管理层密不可分，在管理层邀请寒风中的罢工纠察员在咖啡休息时间进来享受咖啡和甜甜圈的公司里，工会能有什么作为？

同样，惠普采取了很多步骤强化科技贡献的重要性，创造了一个富有创业精神的环境。从 20 世纪 50 年代开始，惠普就设法从著名的工科院校雇用 10% 名列前茅的最优秀的应届毕业生，而不雇用业界比较有经验但才能较差的工程师（30 年后，惠普仍然被顶尖的工科名校认为是最好的就业场所）。惠普像 3M 一样，追求以每年生产更新、更好的产品作为主要增长来源的策略，而不是设法彻底利用产品的整个生命周期尽量扩大老产品的单位产量。1963 年，惠普超过 50% 的销售额来自前 5 年内推出的产品；1990 年，提高到一半的销售额来自前 3 年推出的产品，而且还不是随随便便的新产品。随波逐流或模仿的产品不论多有潜力总会被剔除。休利特解释说："如果你有机会听听我们的经理开会，就会发现，很多做法是因为大家觉得没有足够的科技贡献，不足以支持一种特定产品上市，而遭到大家拒绝。"这种自定的严格标准使惠普放过了多种畅销产品的市场，除非惠普想出对科技有贡献的方法才会进入市场。以下是一位有经验的研究经理和年轻产品经理 1984 年的谈话：

产品经理："我们现在一定得推出 IBM 兼容电脑，这是市场大势所趋，是提高销售量的所在，是顾客最想要的东西。"

研究经理："但是，科技贡献在哪里？除非我们想出一个方法使 IBM 兼容电脑有明显的技术优势，否则我们就根本不生产——不管市场有多大。"

产品经理："但是，如果顾客要的不是这个，如果他们只想运用他们的软件，并不是真的在乎技术贡献，如果我们不立刻行动，市场的机会之窗就关闭了，那怎么办？"

研究经理：“那么，我们就不应介入那种业务。我们不是做那种事情的人。我们根本不应进入不珍视技术贡献的市场，那不符合惠普公司的目标。”

研究经理轻松地赢得了争辩。在惠普公司里，他们几乎总是占据上风。休利特说过：“营销人员虽然重要，但在界定产品的问题上，必须扮演次要的角色。”多年来，惠普避免以市场因素的考虑来寻找对技术和市场做出贡献的机会，而主要依靠工程师解决技术问题作为寻找机会的策略。这种策略就是所谓的“下一步综合征”。20 世纪 50 年代和 60 年代，惠普把产品明细表取名为“对测试设备领域的贡献”，这样命名的确翔实而有趣。整个公司褒奖英雄的计划主要是针对发明新设备的工程师，而不是销售产品的人，职务提升方面也反映出科技挂帅，超过 90% 的部门总经理拥有工科学位。

为了推动充满企业精神的文化，惠普很早就采用了一种管理方法：“提供明确界定的目标；尽可能给大家最大的自由去达到目标；最后，确定个人贡献在整个组织上下受到肯定以激励员工。”后来，公司在 20 世纪 50 年代快速扩张时，更把这种管理方法推而广之，成为一种高度自主的由部门组成的分权结构，各个部门以小企业的方式设立，可以自行控制研发、生产和营销策略，在营运决策方面有很大的自主权（当然要在惠普理念的范围内）。惠普进入一种新业务时，通常会创设一个新的业务部门，尊重这个部门自行想出进入市场的最好方法。用休利特的说法就是：

> 我们只是说：“这是我们想涉足的领域。现在你们自己研究你们可以生产的特定产品。”我们认为他们会用现有的最好科技去设计产品。

为了进一步加强企业精神，公司把业务部门分散到美国各州，而不是全都集中在总部附近，然后公司用分配研发资金的方式奖励创新，最能创新的部门能得到最多的资源（虽然惠普有个叫作“惠普研究所”的中央研究所，公司却把绝大部分的研发资金分配给业务部门）。制造厂起家的部门，唯有在（有限的资金下）创造出一种创新产品并推出市场后，才可能取得完整的业务部门地位。而且，惠普和大多数公司不同，鼓励本身的各个国际业务部门发展研发能力，而不希望它们只维持销售和分销中心的地位。

对公司而言，不管当时的管理倾向如何，有所不为和有所为同样重要。例如，我们可以回想休利特和帕卡德因为相信债务会腐蚀企业纪律，是如何拒绝公司借债的（虽然这种做法“不合理”）。惠普和很多高科技公司不同，回避风险资本家之类的外部投资者，因为“他们可能推动公司超速增长，如果增长太快，你可能丧失自己的价值观”。惠普和绝大多数公司不同的是，禁止人事部门介入人事问题。

> 照顾手下是每一个管理者最重要的工作……无论如何，都不能期望人事部门处理经理人的人事问题——能接受和处理人事责任的才是好经理。

20 世纪 70 年代一件特别有启发性的事，充分表明惠普遵循自己的宏愿，而不为管理倾向所左右。当时“学习曲线 / 市场占有率”的企业策略理论横扫美国企业，著名的管理咨询公司、一流的商学院都在推广和教授这种理论，企业界成千上万的经理奉行不渝，普遍采用了这一理论作为管理工具。这一理论主张，提高市场占有率会降低成本，最后会带来更高的利润。众多公司的经理根据这一理论运作，开始降价以争夺市场占有率。这种理论左右着战略性思考方向大约 10 年，但在惠普并非如此。惠普明确地拒斥学习这一理论，坚持自己不同的标准：“如果一种产品没有好到足以在第一年就赚到丰厚的毛利，它就不是具有重大技术贡献的产品，因此，惠普就不应制造。”帕卡德在 1974 年向手下经理们解释说：“如果我听到任何人谈论他们的市场占有率有多大，或是他们正在为提高市场占有率做哪些努力，我就要在他们的人事档案里记录一个黑点。”

最后，惠普像福特和默克一样，极力使员工不断融入以“惠普风范”著称的信条中。20 世纪 50 年代时，休利特和帕卡德率领所有的经理到偏远的加州索诺马举行“索诺马会议”，把公司的理念和宏图大志写成文件，成为“有点儿类似美国宪法（表明基本理想、可以因时代解释和修正）的文件”。

不久之后，惠普开始推行严格的内部晋升政策，实施严密的集体面谈程序，“强调符合和适应惠普风范的能力”，并且创造一个灌输“第一线”领班的教育计划。帕卡德解释说：“我们很早就认识到，让第一线管理者接受公司哲学的灌输或指导很重要……对大多数人而言，他们代表着这家公司。”

我们发现，不少于一百种不同的记录—包括内部的谈话、外部的演讲、书面文件或个人的谈话，明确地显示惠普的经理们谈到过惠普的价值观和使命。几十年来，他们一直就是这样谈论并付诸行动的。我们也听到流传几十年的数十个表达惠普风范真正含义的“休利特和帕卡德的故事”。例如，休利特发现有一间储藏室在周末用链子锁了起来，就用一把螺栓剪撬开，并把剪碎的链子连同一张严厉的便条留在经理的桌上，说储藏室上锁不符合惠普尊重员工的观念，等等。不管是真是假，这个故事都显示惠普管理层一直致力于使惠普风范成为真正的生活方式。长期担任惠普实验室总经理的巴尼·奥立佛，概要说明了惠普在崛起过程中的情形：

我 1952 年刚加入惠普时立刻就明白，公司 400 位员工的热忱和忠心，以及以公司为荣的程度，几乎到了罕见的地步……正如一位员工所说的："我有个感觉，就是休利特和帕卡德在替我工作，而不是我在替他们工作。"让今天的来访者惊异的是，这种精神一直伴随着惠普的成长。在一家超过 17 000 人的大公司里，要找到这种精神很不寻常，但是在惠普却不会让人惊讶，因为从更深一层来看，早年那种情形是管理方面的一种教育过程……早年成为休利特和帕卡德的人格和哲学延伸的员工，在成为生产线领导、领班和部门领导后，都善用这些哲学和技巧……我们都相信"这些哲学"，并且付诸实行。这些东西是我们生活方式的一部分。

CEO、经理人与创业家教训

如果你像 20 世纪 50 年代休利特和帕卡德一样，到偏远的地方讨论公司的理念，我们会为你拍手叫好。我们鼓励你仿效 30 年代的乔治·默克，替公司制定崇高的志向，我们希望你效仿福特，把指导公司的梦想形成文字。但是，千万别忘记，仅凭这些步骤不能造就一家高瞻远瞩公司，无法获得最后的协调一致，无从获得最后的成功。你必须持续一贯地付诸实施，以下是一些指导方针。

1. 描绘整体图景

你可能对福特、默克和惠普等公司经营的细节，感觉太熟悉了。这本身就是重点所在！

> 高瞻远瞩公司不是依靠单独一种规划、战略、战术、机制、文化标准、象征性的姿态或 CEO 的演讲来保存核心和刺激进步，重要的是依靠整体素质。

重要的是令人惊奇、无所不包、长期一贯的素质，就是这种近乎压倒性的整体信号和行动，持续加强核心理念和刺激进步的信号，造就了高瞻远瞩公司。个别来看，福特、默克和惠普的每一件事实都无关紧要，而且的确不是他们拥有高瞻远瞩地位的原因，但是，在几百种其他事实的架构中，就组合成一种持续一贯的整体图景。

认为单独实施本书任何一章的教训就可以造就一家高瞻远瞩公司，的确是一种错误的想法。仅靠核心理念，不能造就高瞻远瞩公司；仅靠追求进步的驱动力或靠胆大包天的目标做不到，自主性的演进和创业精神也不行；仅靠自行培养的经理也不能产生高瞻远瞩公司；像教派一样的文化、永远不自满的观念同样不行。

一家高瞻远瞩公司就像一件伟大的艺术作品。想想米开朗琪罗在西斯汀教堂穹顶上描绘的创世景象，或是他的大卫雕像；想想流传百世的伟大小说，如《哈克贝利·费恩历险记》和《罪与罚》；想想贝多芬的《第九交响曲》和莎士比亚的《亨利五世》；想想设计精美的建筑物，如弗兰克·莱特或路德维格·范德罗的杰作。你无法指出是哪一点使得整个作品如此完美，倒是整个作品——所有细节协调一致创造出来的整体效果，造就经得起时间考验的伟大特质，而且不只是大的项目完美，连细枝末节也是如此，诚如伟大建筑师范德罗所说："上帝的伟大在于细致。"

2. 注重细节

员工不是每天在"大环境"里工作，而是在处理公司和业务的现实细节。这样说并不表示大环境无关紧要，而是说小节会形成重大的印象，发出有力的信号。像诺思通销售人员的名片这种小事，它发出的信息是："我们希望你成为销售专家。"像沃尔玛把完整的部门财务报表发给最底层的员工这种小事，发出的信息是："你是公司的伙伴，我们希望你把这个部门当作像自己的小生意一样经营。”像摩托罗拉董事长坐下来倾听质量改善报告（总是位于议程之首）然后再去听财务报告，这种小事发出的信息是：“改善质量是我们的宗旨，不是只追求利润而已。”强生让重要的部门在产品上印上自己的标志而不用强生的标志，这种小事发出的信息是：“我们希望你用自主的新兴企业盈利单位的心理来营运。”菲利普·莫里斯在发薪水之外，还给员工发送一条一条的香烟，这种小事发出的信息是：“不管国家卫生局怎么说，我们都以自己的产品为荣。”

社会认知研究显示，个人会收集工作环境里的所有信号——不管是大是小——作为自己行事的参考。大家会注意小事，记住的不是有关宏旨的大事，而是剪碎储藏室锁门铁链之类的小节；大家希望相信公司的远大志向，但会一直注意任何名不副实的细节，他们会说：“哈！看到了没有？我就知道管理层只是吹牛，他们并不是真心相信自己的空话。”

3. 集中力量

高瞻远瞩公司不会随便安排散乱的机制或程序结构，它们会集中安排彼此能够互相加强的各种机制，发出集约而有力的影响。它们追求的是协同一致和互相关联。看看福特是如何集中力量的：运用统计方法进行质量管理，由员工参与计划强化，再由参与式的经理培训计划强化，最后由根据参与式管理技巧而定的晋升标准强化。再看看默克集中力量的情形：录用顶尖科学家，然后让他们发表论文，与外界的科学家合作，再由“默克校园”，“双轨职业道路”来强化。看看惠普：要是不能体会经理要善待手下，或不能体会业务部门要靠科技贡献来赚取利润，那就根本不可能在惠普工作！在惠普工作好比待在不是装着一支喇叭，而是装了 10 支喇叭的音效室里，而且这 10 支喇叭彼此扩音，从地板、天花板，从前后左右和侧面发出相同而一致的音讯。

4. 走自己的路

想想默克和惠普为了保持自我，采取违反企业惯用步骤的事例。协调一致的意义在于：靠内部的方针指引最为重要，而不是靠外界的标准、习惯、凡俗之见、力量、趋势、热潮、流行口号。这不是说你应该忽略现实，正好相反，而是说贵公司自定的理念和志向应该结合现实指引公司所有的事务。如果你的做法正确，这些特异做法和策略虽不寻常，在贵公司却极有意义，很可能让竞争者、新闻界、商学院教授和其他人震惊。

例如，20 世纪 70 年代，强生决定在新泽西州衰落的新布伦瑞克设立公司的新总部。这样做不是因为它在业务上是最好的决定（实际上是不好的决定），而是因为这样最能符合公司的信念。波音在飞机设计上坚持采用远超过竞争对手的安全标准，不是因为市场要求这样，而是基于波音本身的理念要求。商界一般认为，成长中的小公司应该专注一种业务。3M 却排斥这种凡俗之见，因为专注策略和 3M 人想要建立的创新型公司根本不符。在 20 世纪 70 年代，学习曲线——市场占有率模式，已经成为企业经理最热衷的管理方法，但是，对惠普而言，这种模式毫无意义。

这里的重点并不在于高瞻远瞩公司追求“好的”做法，其他公司追求“坏的”做法。好或坏会形成错误的架构，在惠普是“好的”东西，在默克、3M、万豪或宝洁可能“不好”。

真正该问的问题不是，“这种做法好吗？”而是，“这种做法适合我们吗？符合我们的理念和远大志向吗？”

5. 消除不协调

看看你自己的公司，你很可能找得出至少 12 种特定事项不符合核心理念或妨碍进步，找到不知为什么已经悄悄侵入组织里的“不当”做法。你们的激励制度是否奖励不符合核心价值的行为？组织结构是否妨碍了进步？目标和战略是否驱使公司脱离了基本目的？公司政策是否妨碍了变革和改进？办公室和建筑物布置是否阻碍了进步？

不协调会驱使公司脱离核心理念或妨碍进步。追求协调一致不仅是增加新事物的过程，更是一种发现和坚决改正不协调事物的无休止的过程。如果建筑物的布局妨碍进步，就改变布局或搬迁；如果策略和核心价值不协调，就改变策略；如果组织结构妨碍进步，就改变组织结构；如果激励制度奖励不符合核心价值的行为，就改变激励制度。记住：高瞻远瞩公司里唯一神圣不可侵犯的东西是核心理念，而其他东西无不可以改变或取消。

6. 创新不忘守恒

一家公司必须拥有核心理念，必须拥有极力追求进步的驱动力，最后，组织必须经过精良的设计，以便在所有关键因素协调一致运作下保存核心和刺激进步。这些条件是成为高瞻远瞩公司的普遍要求。这些条件使得高瞻远瞩公司在一百年前与众不同，今天也一样，到了 21 世纪依然令高瞻远瞩公司与众不同。如果在公元 2095 年重写这本书，我们一定会发现，让大多数长盛不衰的成功公司和其他公司不同的，同样还是这些基本因素。

但是，高瞻远瞩公司用来保存核心和刺激进步的特殊方法，毫无疑问会改变和改进。胆大包天的目标、教派般的文化、经由实验而得的演进、自己培养的经理以及持续不断的自我改进，这些都已被证明是保存核心和刺激进步的好方法，但并不是只有这些方法有效。企业会继续发明新方法，来补充这些历经时代考验的方法。明天的高瞻远瞩公司目前已经开始行动，着手试验更好的新方法。毫无疑问，他们已经采取了竞争对手认为怪异或不寻常的措施，但是，这些措施有一天会成为习以为常的做法。

这些正是你在贵公司应该做的事情。当然，先决条件是你希望公司进入高瞻远瞩公司之林，无论你是企业家、经理、CEO、董事或顾问，都应该致力于实施你所能想到的方法，来保存、指导和激励各级员工所珍视的核心理念；不仅如此，你还应该努力创设一些机制，使之永不满足于现状，刺激改变、改善、创新和自我革新，简单地说，就是能够感染大家进步精神的那种机制。要是你能想出本书没有提到的方法来保存核心，请付诸实施；要是你能想到强大有力的新机制来刺激进步，一定要试试。你必须应用已经证明有效的方法，并且创造新方法，两者不可偏废。

永无止境

我们在本书里已经尽力在历经时间考验、真正杰出的公司中寻找和发现了它们的立足之本。书里提供了数量惊人的细节和证据，我们不期望读者记住每一页的点点滴滴，但是，在你看完本书后，我们希望你记住四个主要观念，作为你今后管理生涯中思考的指导并传授给别人。这四个观念是：

1. 做造钟师，也就是做建筑师，不要做报时人。

2. 拥护兼容并蓄的融合法。

3. 保存核心，刺激进步。

4. 追求持续一贯的协调一致。

我们觉得自己有点儿像《绿野仙踪》里的多萝西，她长时间寻找仙人之后，拉开帘幕，却发现仙人根本不是仙人，只是正常的人类。像多萝西一样，我们发现建立高瞻远瞩公司的人不见得就比别人更聪明、更有魅力、更有创造力、思想更复杂、更善于想出杰出的构想，简单地说，他们不见得就比其他人更有仙法魔力。他们的成就就在世界上每一位经理、CEO 和创业家观念所及的范围之内。构建高瞻远瞩公司的人做生意的方法通常都很简单，有些人的方法甚至可以称得上单纯，但是简单不代表容易。

我们认为，这一点比你从本书所能学到的其他东西更有深远意义。意思是说，不管是什么身份，你在构建高瞻远瞩公司方面都可以做出巨大贡献。你不必等待高瞻远瞩的伟大魅力型领袖的出现；你不必期望创造力灵光一闪就会闪出“大创意”；你不必接受下面这种消极的说法：“面对现实吧，我们的 CEO 根本不是高瞻远瞩的魅力型领袖。我们根本毫无希望。”你也不必相信构建高瞻远瞩公司有什么神秘之处，只有别人能做，而自己不行。

这一点意味着，从今天起，你的日子很可能会变得更苦，它意味着你要协助身边的人了解本书的教训；它意味着你应该接受令人惊骇的事实，知道自己很可能和任何人一样，有能力协助公司变成高瞻远瞩公司；还表示你承认可以立刻应用本书的教训。最后，可能最重要的是，这一点更意味着要致力配合一种深奥而持续的认知，认定企业本身是重要的社会机构，是和我们的杰出大学或政府体系一样的机构，需要我们的呵护和关心，因为正是依靠人类组织的力量，无数的个人同心同德、共同努力，才完成了世界上大部分的美好事业。

因此，这不是终点，甚至不是终点的起点。但是，我们希望这是起点的终点，是构建高瞻远瞩公司这个艰巨、但显然是可行的任务的起点。

第 11 章
构建愿景

我们将不停止探索，

而我们一切探索的终点，

将是到达我们出发的地方，

并且是生平第一遭知道这地方。（汤永宽译）

《四个四重奏》，T. S. 艾略特

愿景已成为最常被滥用，却最不为人所理解的词汇之一。这个词能引起人们无限的遐想。我们想到了杰出的成就，想到了把社会上各种人联结在一起的深层价值。我们想到了胆大包天、振奋人心的目标。我们想到了一些永恒的东西——组织存在的根本原因。我们想到了直入我们内心，敦促我们做出最大努力的信念。我们想到了我们想成为什么的梦想。但是问题正出在这里。我们都知道愿景很重要，但它究竟是什么呢？

在为再版增添的这一章[①]里，我们为您展现了一个定义愿景的概念架构，让这套围绕这个新潮名词模糊、杂乱的概念变得清晰、严密，并为阐明在组织内部一致的愿景提供应用上的指引。这是一个规范的架构，基于6年来为写这本书进行的对高瞻远瞩公司的研究；在此之后，我们和世界上各种规模，各种形式公司的精明的经理们的合作仍然在进行着，并在实践中不断改善和测试这个架构。在以下的篇幅里，我们将详细地描述这个架构。组成这个框架的一些关键概念，与我们前面几章的研究结果是重叠的。因此，这一章的某些部分可能看起来有点儿多余，但我们想把它写成能给人深刻印象的独立章节。另外，这一章给出了大量说明性的例子，这些例子都来自高瞻远瞩公司以及此书之外我们合作及研究过的公司。我们用这些例子说明如何应用这些概念，并给出大量实质性的指引。

我们再次重申一下《基业长青》的关键研究结果——最持久、最成功的公司的基本特质是：它们保存了一种核心理念，同时刺激进步，积极改变除了核心理念以外的任何东西。换个说法，高瞻远瞩的公司能够从烦琐的经营做法和商业谋略中（这应该应时而变），分离出它们永恒不变的核心价值和经久不衰的使命（这应该永远不变）。对于真正伟大的公司，变化是一个不变的常数，但不是唯一的常数。它们明白什么应该永恒不变，

---

① 本章最初刊登在《哈佛商业评论》1996年9月/10月号上，是该期的主打文章。

什么应该应时而变，什么是真正神圣的，而什么不是。通过认清什么应该永恒不变，它们在面对其他任何事物时，更能刺激进步，增进改变。本章用这种框架阐明愿景，并提供了在公司内部推行这种“保存核心，刺激进步”理念的指导背景。

图 11.1　清晰的愿景

一个构思良好的愿景包括两个主要方面——核心理念和未来前景。请注意，它与最为根本的“保存核心，刺激进步”这一公式是直接对应的。一个好的愿景建立在互补的阴阳互动之上：它定义了不变的“我们代表什么和我们为什么存在”（核心理念），并提出需要重大改变和提高才能获得的“我们渴望成为什么，达到什么境界，以及创造出什么”（未来前景）。

追求愿景意味着实现组织和战略的协调，用以保存核心理念，刺激进步以实现展望中的未来。只有二者的协调才可以把梦想变为真实，把好的意愿变成具体的现实。

核心理念

正如我们在第 3 章所说的，核心理念定义了一个组织持久不变的特质——这是一种历时不变，并超越产品市场生命周期、技术革新、管理时尚和个人领袖的自我认同。事实上，高瞻远瞩公司的缔造者们最持久、最重要的贡献就是核心理念。正如在 1996 年帕卡德去世时，比尔·休利特谈起这位老朋友兼合伙人时所说的那样："对于公司，他在身后留下的最大贡献是一套被称为'惠普风范'的道德标准。惠普的核心理念自 1938 年提出以来，一直引导着公司。它包含对个人作为、道德原则的深层尊敬，对可达到质量和可靠性的追求，对社区责任的承担（帕卡德把他价值 43 亿美元的惠普股票遗赠给一个福利基金会），还包含公司的存在是为了改善人类福祉，促进人类进步，做出技术贡献的理念。"高瞻远瞩公司的创立者，像戴维·帕卡德、索尼的井深大、默克公司的乔治·默克、3M 的威廉·麦克奈特和摩托罗拉的保罗·高尔文，都知道"你是谁"远比"你要去何方"重要，因为去向何方必定会顺时而变。领袖会去世，产品会过时，市场会变化，新的技术会出现，管理时尚来了又去，但一个伟大公司的核心理念作为公司指导方针和创新灵感的来源却经久不衰。在公司成长，分散经营，多元化投资，全球扩张，以及内部多样化的过程中，核心理念都起到了一种高度聚合的作用。打个比喻，核心理念就像犹太教教义。上千年来，流离失所的犹太人，即使在大流散时期，也坚守着这种教义。或者说，它就像美国在《独立宣言》中那种不言而喻的真理，或是科学界把全世界不同国籍的科学家凝聚在一起，共同为人类知识进步而努力的持久的理想和原则。

任何有效的愿景都必须包含公司的核心理念，这种核心理念需要两个明确的组成部分：核心价值和核心使命。

核心价值

核心价值是公司的精神和持久的原则——是一套不需要外部调整的永恒指导原则。它对于公司内部的人拥有固有的价值和意义。迪士尼追求想象力和快乐的核心价值是发自自身内在的信仰，而不是来源于市场的需要。威廉·帕卡德和詹姆斯·甘保并不是把保证产品的优异性定义为成功的“谋略”，而是作为一种近乎宗教教义的原则为宝洁人固守了近 150 年。有益于顾客作为诺思通一贯的作风可以追溯到 1901 年，先于顾客服务项目成为商业时尚 80 年。作为个人信仰，比尔·休利特和戴维·帕卡德认为，首先并且最重要的是尊重个人。这种信念不是他们从某本书上读来的，也不是听某个管理大师传授的。强生公司的 CEO 拉尔夫·拉森是这样说的：“在我们信条中宣传的核心价值可能成为我们公司的一种竞争优势，但这不是我们坚守它们的原因。我们坚守这样的价值观是因为它们明确了我们在代表什么，即使在某种情况下，这样的价值观将使我们在竞争中处于不利地位，我们也仍然要坚守它们。”

关键在于，一个持久伟大的公司是“出于自己的需要”决定什么价值才是核心的，而不是出于当时的环境、竞争需求或追崇管理时尚。因此，世界上显然没有一套普遍“正确”的核心价值。一家公司不一定把顾客服务（例如索尼）、尊重个人（例如迪士尼）、质量（例如沃尔玛）、市场反应（例如惠普），或是团队精神（例如诺思通）作为核心价值（当然，这些公司都有围绕这些标准的做法或谋略）。我们再次强调我们的基本研究结果，最关键的不是一个公司拥有什么样的核心价值，而是它是否拥有自己的核心价值。

为了从组织中把核心价值提炼出来，你需要保持绝对的自我诚实。如果你设计了五六种之多的价值观，很有可能是因为你还没有真正考虑到本质的东西，或是混淆了核心价值（这些是不会改变的）、经营做法、商业谋略和文化标准（这些应该应时而变）。记住，真正的价值观必须可以经受时间的考验。当你初拟出一系列核心价值时，逐条地往下问：“如果环境改变，我们将要为坚持这个核心价值付出代价，我们还会固守这个核心价值吗？”如果你不能诚实地说是，那么这个价值就不是核心，应从列表中删去。

例如，一个与我们合作的高科技公司不知道是否应该把“质量”放到核心价值里面。这时，公司 CEO 问道：“假如 10 年后，市场中产品的质量不再有巨大的差别，而唯一有影响的只是单纯的速度和动力，不是质量，那么我们还会把质量列入我们的核心价值吗？”管理层的成员都面面相觑，最后说：“实话说，不会。”因此，质量就不是核心价值。但是，对质量的追求仍然是公司当前的商业策略，质量改善项目仍然是刺激进步的机制，但并不在核心价值之列。记住，策略随市场状况的改变而改变，但一个高瞻远瞩公司的核心价值却保持不变。同样，这群管理者继续探讨，是否应该把“领先的创新”列入核心价值。这时，CEO 问了同样的问题：“无论我们周围的世界怎样改变，我们是否都会以此作为核心价值？”这次，管理层达成了强烈的共识：“是的，我们将永远追求领先，追求创新。这是我们的本色。这对我们真的很重要，而且永远如此。无论在什么情况下，即使当前的市场不需要我们的创新产品，我们也会寻找接受它的市场。”于是，追求领先的创新就被列入了公司的核心价值中，并且得永远保留。一个公司不应该因市场变化的需要而改变自己的核心价值，相反，有可能的话，可以改变市场以维护自己的核心价值。

谁应该负责决定公司的核心价值取决于公司的规模、历史和地理分布，但在大多数情况下，我们建议用“火星团队”的办法。操作如下：假设现在要求你去另外一个星球，尽可能好地复制现在的组织，但宇宙飞船上只有 5~7 个人的位置。你会派谁去？这些人应该对你们的核心价值有深入的了解，能获得同事们最高的信任，并且有最强的能力。我们会经常让选出来决定核心价值的一群人提名 5~7 个人，组成一个火星团队。结果这个团队总能找到一种可靠而强有力的方法，准确漂亮地阐明核心价值。因为他们本身就是核心价值的典范——公司“遗传密码”的片段（“火星团队”还可以有效地用来阐明核心使命，方法如下）。

我们从未遇到一个公司不能找到一套共同的核心价值，即使是由来自不同文化的人组成的跨国公司，也是如此。关键是怎样从个人的层次着手，再上升到组织的层次。那些负责阐明核心价值的人应该探讨这样的问题：你自己在工作中持有什么样的核心价值——那是你始终追求的，不管是否有益，你都会坚持？如果要你向你的孩子或其他亲人形容你在工作中持有什么样的核心价值，并且希望在他们长大成人，出来工作时也坚守同样的价值观，你会怎么做？假设第二天一早醒来，你就拥有了一笔足够供你安度余生的钱，你还会继续坚守这样的核心价值吗？你可以预见自己所坚持的核心价值在 100 年后还像今天一样有意义吗？如果有人指出你坚持的核心价值中有几点将使你在竞争中失利，你还愿意坚持吗？如果将来你要在一个全新的领域建立一个公司，你会为这个新的公司注入什么样的核心价值，而无须考虑这个公司所从事的行业？最后这三个问题尤为关键，它们从本质上区分了历时不变的核心价值和应时而变的做法及谋略。

核心使命

核心使命，是核心理念的第二个组成部分，是公司存在的基本原因。在《基业长青》第一版中，我们并没有充分强调核心使命，没有把它和核心价值区分开来，低估了它的重要性。如果被迫要在核心价值和核心使命二者中进行选择，我们认为核心使命在引导和鼓舞公司方面起了更重要的作用，但同时，核心使命要比核心价值更难定义。

一个有效的使命反映了人们对公司事业的重视程度——决定了他们的

动机，而不仅仅是对产品和目标顾客的一种描述。它抓住了公司的灵魂（表 11.1，核心使命例示），使命表述的是公司在利益之外存在的深层原因。正如 1960 年帕卡德的讲话："我想很多人都会错误地认为，一个公司的存在只是为了赚钱。我们应该更深入地寻求我们存在的真正原因。"

表 11.1　核心使命的例示

公司组织	核心使命
3M	用创新的方法解决未解决的问题
卡吉尔	改善全世界的生活水平
联邦国民抵押贷款协会	通过不断促进房屋所有权加强社会构架
惠普	为了人类进步、人类福祉做出技术贡献
以色列	为犹太人在地球上寻找一片安全的栖居地
Lost Arrow Corporation（失落之箭公司）	成为社会变化的典范和工具
Pacific Theatres（太平洋院线）	为人们提供一片繁衍生息、增进共性的土地
玫琳凯	为女性提供无限机会
麦肯锡	帮助公司和政府变得更加成功
默克	保护并改善人类生活
耐克	感受竞争、成功和打败对手的激情
索尼	感受为公众利益推进、应用技术的快乐
Telecare	帮助有精神障碍的人发现他们丰富的潜能
沃尔玛	让普通人有机会买到富人才买得起的东西
迪士尼	让人们快乐

使命（可以延续上百年），不应该将其和具体的目标及商业战略（在百年中要多次变化）混为一谈。尽管你可以达到一个目标或完成一项规划，你却不能完全实现自己的使命，使命就像地平线上指引的恒星，你可

以永远地追寻，却永远不可能达到。尽管使命本身不会变化，它却能激发改变。使命是永远不可能完全实现的，这就意味着一个公司要完全投身于它的使命，就要永远刺激变革和进步。

我们并不认为以下这些是有效的使命："根据政府颁发的许可证，我们参与二级贷款市场，把抵押贷款组合成投资证券。"这仅仅是一种描述。而一种崇高的使命应该像联邦国民抵押贷款协会的主管所说的："通过不断促进房屋所有权加强社会构架。"据我们所知，二级抵押市场甚至不会超过 100 年，但以住房的普遍化而促进社会的均等却是一个无论世界如何改变，都能经久不衰的使命。在这样的使命的指引和刺激下，联邦国民抵押贷款协会在 20 世纪 90 年代开展了一系列大胆的创新，包括一个要在 5 年内降低抵押保险成本 40% 的项目，一系列通过用 50 亿美元支持的保险试验，用以减少在贷款过程中被歧视的项目，还有一个大胆的目标，就是要在 2000 年之前，为 1 000 万户一直以来都没有自有住宅的家庭提供 1 万亿美元贷款，这些家庭包括少数民族、移民和低收入人群。

与此相似，3M 并不用黏合剂、研磨剂来定义它的使命，而是永远寻求用创新方法解决未解决的问题。这个使命带领 3M 不断地进入更广泛的新领域。麦肯锡的目的不是做管理顾问，而是帮助公司和政府更加成功，为了这个使命，在 100 年以内，它可以开发许多咨询以外的事业，而不仅仅是做咨询顾问。惠普的存在不是为了做电子测试和测量仪器，而是为了让人们的生活变得更好而做出技术上的贡献，这个使命引导公司远远超越了它做电子产品的缘起。想象一下，如果沃尔特·迪士尼把公司的使命设为制造卡通片，而不是让人们快乐，我们很可能就不会有迪士尼乐园、EPCOT 中心，或者阿纳海姆鸭子队了。

一个和我们合作过的制药厂考虑把"为人类医疗制药"作为它的使命。我们问："这个使命可以持续 100 年吗？"一位经理指出，今后，公司很可能会发现或创造全新的、非传统的药物来改进人类医疗的方法。另一位经理指出，在今后的几十年里，公司很可能会为动物发明新的治疗法。第三个经理说："够了，我不是来为治疗疾病制造什么东西的，我是为了让医疗有重大改进，并创造一个没有任何人创造过的纪录。否则，到底是什么呢？"最后，这家公司抓住了它的使命："我们为医疗的重大改善而存在。"在未来的上百年内，这个使命都可以引导激励这家公司。

一种探询公司使命的强有力的做法是问"5 个为什么"。从描述性的声明开始，"我们制造了甲产品"或者"我们提供乙服务"，然后问 5 次"它们为什么是重要的"，在问了几个为什么之后，你会发现自己逐渐接近了公司的根本使命。在我们和一个市场调研公司的合作中，我们用这种方法加深和丰富关于公司使命的讨论。这家公司的管理层首先开了几个小时的会，得出下列有关他们公司使命的陈述："提供可得到的最好的市场调研数据。"我们然后问："为什么提供可得到的最好的市场调研数据很重要？"讨论了一下后，他们的回答反映出公司使命的深层意义："提供可得到的最好的市场调研数据，是为顾客找到一种了解市场的途径，这种途径比其他任何方法都要好。"接下去的讨论让管理层意识到，他们的价值并不在于卖掉市场调研数据，而在于为顾客的成功发挥作用。这一系列的自我发问帮助他们明确了公司的使命："通过帮助顾客了解他们的市场为顾客的成功服务。"有了这个使命之后，公司在做产品决策时想的问题就不再是："这有市场吗？"而是："这对我们顾客的成功有用吗？"

这"5 个为什么"令公司用不平凡的方法在"平凡的"产业中经营。举个例子，一个经营沥青、沙砾的公司一开始可能会说："我们制造沥青、沙砾产品。"在问了几个为什么以后，它可能就会总结说，沥青和沙砾产品很重要，因为基础设施的质量直接关系到人们的安全和感受，在一个坑坑洼洼的路面开车既令人恼火，同时也是很危险的。波音 747 不可能在粗制滥造或劣质水泥做成的跑道上安全着陆。用低质量材料建成的楼房会慢慢磨损，最终在地震中崩塌。从这个角度考虑的使命将是："通过改善人造建筑的质量，让人们生活得更好。”这些带着强烈使命感的话，让加利福尼亚州沃森维尔的花岗岩石材公司竞得了马尔科姆·鲍德里奇国家质量奖，这对于一个小型的采石沥青公司来说，并不是一件容易的事。公司还因此成为我们所见过的所有行业中最上进、最令人振奋的一个。你也许会发现这章讨论的核心使命没有一个是与“最大化股东财富”有关的。核心使命的要点是引导和激励。“最大化股东财富”不会激发这家公司任何层次的人，而且几乎没有什么指导作用。“最大化股东财富”只适合那种还没有认清自己真正核心使命的公司。这是理念的一种替代品，而且是一个劣质的替代品。在听那些伟大公司的人谈论他们的成就时，你很少听到有关每股收益这类东西。摩托罗拉人谈论质量的改善，和他们的产品对世界的影响。惠普人谈论他们的产品为市场做出技术贡献给他们带来的骄傲。诺思通人谈论全心全意的顾客服务和星级销售人员出色的个人表现。当一位波音公司的工程师谈论起令人振奋的、革命性的 777 飞机时，她不会说：“我把我的全部心血投入到这个计划中，是因为它可以让我们每股收益增加 37 美分。”

要超越最大化股东财富的境界，发现企业的真正使命，可以通过一个叫“随机公司连环杀手”的游戏。方法如下：假设有人出高价买你的公司，并出了一个可以使公司内部和公司外部的人都十分满意的价格，另外你可以有一系列大胆的设想，比如，公司可以有很好的现金流。再假设，这个人可以用同样的薪酬制度为所有的员工提供稳定的就业，但不保证是在同一个行业。最后，假设这个人在购买了这家公司后要“杀死”这家公司，他要取消这家公司的产品或服务，关闭机构，把它的品牌永远束之高阁不再使用，等等。这家公司会在事实上消亡，完全从地球上消失。你还会愿意被这个人收购你的公司吗？为什么不愿意或者为什么愿意？如果公司不存在了，会有什么损失？为什么公司现在的存在，以及存在下去是重要的？我们发现这种方法对帮助那些精明、重利的经理认真考虑他们公司存在的深层原因十分奏效。

另一种方法是用以下问题问“火星团队”的每一个成员：如果第二天醒来，你发现你拥有了足以让你不用再工作的财富，这时你将界定出什么样的公司使命，让你无论如何都会继续工作下去？是什么深层次的使命感激发你为这家公司的成就继续贡献你宝贵的创造力。

在我们跨入 21 世纪之际，公司理应全力开发员工的创造力和才能，但人们为什么要有如此高的工作热情和奉献精神呢？正如彼得·德鲁克所说的，最优秀、最有奉献精神的人最终都是志愿者，因为事实上他们有机会做其他事情。

在一个易变的社会中，在对公司生活冷嘲热讽的氛围下，在日渐被企业家分割的经济状况下，公司管理者需要比以往任何时候都更了解他们的使命，这样才可以帮助他们把工作变得更有意义，更能吸引、留住和激励杰出人才。

核心理念的几个要点

有一点非常重要：你不需要“创造”或“制定”核心理念。你只能去发现核心理念。理念的制定并非来自对外部环境的观察，而是来自内在的审视。理念必须是真实可信的。你不能捏造一个核心理念，你只能“理智地分析”它。不要问“我们应该拥有什么核心理念”，而应该问“我们真正拥有什么核心理念”。人们必须带着强烈的热情，深层次地去理解拥有的核心价值和核心使命，否则拥有的就不是核心。你认为公司“应该”拥有的价值，但又不能肯定是这个公司现有的，就不能把它当作真正的核心价值。这样做，只会引起全公司的冷嘲热讽——“你想骗谁啊？我们都知道这根本不是这里的核心价值！”更准确地说，这样的愿望应该是你未来前景或战略的一部分，而不是核心理念（如果你们公司曾经拥有令人振奋的核心价值，但被日渐淡忘，这时，可以把这样的核心价值作为核心理念合理的一部分，但条件是，你要让你所有的员工知道，要重振这一核心价值，还需要做大量的工作）。

核心理念起的作用是引导和激励，而不是做出区分。两家公司完全可能拥有一样的核心价值或核心使命。许多公司都可以有“做出技术贡献”的使命，但很少像惠普那样积极地去实现它。许多公司都可以有“保护并改善人类生活”的使命，但很少像默克那样坚守它。许多公司都可以有“全心全意为顾客服务”的使命，但很少能像诺思通那样围绕这个价值创造出高度教派般的文化。许多公司都可以有“创新”的使命，但很少像 3M 那样创造出强有力的配合机制去激励创新。再者，区分高瞻远瞩公司的不是核心理念的内容，而是核心理念的真实性、纪律性、一贯性，以及它们配合的程度。这就好比，让你更与众不同的不是你信仰什么，而是你相信的程度，当你深深信仰一种东西时，你就会长时间地保存它，而且会以同样的方式把它融入你的生活中。

核心理念要对公司内部的人有意义，有激励作用，而不需要让所有的外部人为此感到振奋。只有公司内部的人才需要核心价值和核心使命的敦促，并激发长期为公司的成功服务的热情。核心理念对公司外部人的影响相对次要，因此不能成为确认核心理念的决定因素。核心理念因此起到了区分公司内部人和外部人的关键作用。一个清晰、表达准确的理念会吸引有同样价值观的人来到这家公司，同时，排斥与之相反的人。

你不能把新的价值观和使命“安装”到别人身上。核心价值和核心使命不是什么可以让人“批量买进”的东西。人必须本来就有能够接受它的素质。经理们经常问：“我们怎样才可以让人们拥有和我们一样的核心理念？”不要这样做，你也不可能做到！我们只能去寻找，去吸引，去留住易于接受我们的核心价值和核心使命的人，并让不易于接受我们核心价值的人另谋高就。的确，阐明核心理念的过程会让某些人选择离开，因为他们发现自己并不能与这家公司的核心相容，这是一个不错的排除结果，没有一个人可以避免。当然，在严格的核心理念里，你也可以（事实上是应该）允许多样性的存在，因为即使有同样的核心价值，认同同样的核心使命的人也不可能有完全相同的想法和表现。

不要混淆核心理念和核心理念的“宣言”。一个公司可以有很强烈的核心理念，但未必有正式的宣言。例如，据我们所知，耐克没有正式阐明它核心使命的宣言。然而，据我们观察，耐克有一个强有力的核心理念，带着教派般的热情渗透整个公司：感受竞争、成功和挫败对手的激情。耐克有一间学校，一个充满了竞争精神而不是工作情结的圣地。耐克英雄的巨幅相片贴满墙壁，耐克的“星光大道”挂满了耐克运动员金光闪闪的奖章，耐克运动员的雕像矗立在环绕全校的跑道两旁，楼房都是以运动员的名字命名的，比如奥运会的马拉松冠军琼·贝努瓦，篮球巨星迈克尔·乔丹，网球运动员约翰·麦肯罗。没有竞争精神，没有“疯狂”冲动的耐克人，不会在这种文化中“逗留”很久。即使这个公司的名字（耐克是希腊神话中胜利女神的名字）也反映出竞争的意味。可见，尽管耐克没有正式地阐明它的使命，这种使命很显然也是存在的。

因此，阐明核心价值和核心使命不是一个文字游戏练习。一个公司可以在不同的时间用不同的宣言来描述自己的核心理念。在惠普的档案里，我们看到了不下 6 种描述“惠普风范”的宣言，它们都是戴维·帕卡德在 1956—1972 年间起草的。所有这些版本都讲述同样的原则，但所用的语言随时代、环境的不同会有所不同。同样，索尼在它的历史上曾经用许多不同的语言描述核心理念。在索尼创立的时候，井深大就描述了索尼核心理念的两个要点：“我们要喜欢挑战技术困难，要注重对社会有用的高难度技术产品的生产，而不管这类产品的需求有多大。我们要强调能力、表现、个性，让每个人都可以在能力、技术上有最佳的表现。”40 年以后，同样的核心理念出现在“索尼先锋精神”里：“索尼是一个先锋，从不愿落人之后。索尼要通过不断进取，为全人类服务。它要成为未知领域的探险者……索尼坚持尊重、鼓励个人能力的原则……并一直尽力发掘人的最大潜能。这是索尼的最主要动力。”可见，一样的核心价值，也可以有不一样的表述。

因此，你的重点是抓住实质，要抓住核心价值和核心使命的精髓，而不是为了载入史册写出咬文嚼字的完美宣言。重点不是创造一个完美的“宣言”，而是深刻地理解你们公司的核心价值、核心使命，这些核心可以用多种语言表述。事实上，一旦认同了核心，我们鼓励每一个经理人，用他们自己的语言和别人分享他们的核心价值和核心使命。

最后，不要混淆“核心理念”和“核心能力”。区别是：核心能力是一个战略概念，它重在公司的优势，而核心理念重在你代表什么和你为什么存在。核心能力要和核心理念紧密配合，它通常根源于核心理念，但与核心理念不同。举个例子，索尼有迷你化的优势，一种能运用于许多产品市场的实力，但它没有迷你化的核心理念。100 年后，索尼甚至可能不会把迷你化作为它的一种战略，但作为一个伟大公司，那时的索尼仍然要保存“索尼先锋精神”里的核心价值，仍然要有为公众利益领导开发先进技术的基本原因。对于像索尼那样高瞻远瞩的公司，核心能力随时间的推移而改变，但核心理念却不会。

一旦你弄清楚了核心理念，你可以改变除此以外的一切东西。以后，无论什么时候听到有人说“因为这是我们文化的一部分”，或者“我们一直都是那样做的”，或诸如此类拒绝改变的借口，你都可以提醒他们这样一个简单的原则：如果这不是核心，它就可以改变。或者，用一种更强烈的语气：如果不是核心，就改变它！当然，阐明核心理念只是第一步，你还要决定你要刺激什么样的进步，这就是我们这一章的第二部分。

未来前景

未来前景，是愿景框架的第二个组成部分，它包括两点：一个 10~30 年的胆大包天的目标和对公司完成胆大包天目标后会是怎样的生动描述。我们之所以用“未来前景”来表示，是因为这个词本身包含着一个悖论。一方面，它包含一种实质感，它是生动而真实的，可以看到、摸到，还可以感觉到。另一方面，它描述的是还没有实现的一个时期，是一个梦想、希望或渴望。

愿景层次的 BHAG（胆大包天的目标）

尽管公司在不同的操作层次可以同时有许多胆大包天的目标，愿景要求有一种胆大包天目标的特殊形式，一个适用于全公司的愿景层次的 BHAG 要用 10~30 年的时间才能实现（第 5 章有对胆大包天目标的具体讨论）。要树立一个未来 10~30 年才能实现的胆大包天的目标，要考虑到公司现在的能力、当前环境趋势和动力、状况以外的因素。的确，树立这样一个目标迫使管理层要高瞻远瞩，而不能拘泥于小的战略战术。一个胆大包天的目标不应该是一个必胜的赌博，它应该大概只有 50%~70% 成功的可能性，但公司必须相信“我们无论如何都能做到”。要达到这样的目标，需要付出惊人的努力，也许还需要一点点运气。

在树立这样一个愿景层次的 BHAG，我们建议考虑以下 4 点：目标、常见对手、典型模范和内部转型。

从目标入手的 BHAG 可以是定量的，也可以是定性的。例如：

- 在 2000 年前成为拥有 1 250 亿美元资产的公司。（沃尔玛，1990 年）
- 大众化汽车。（福特，20 世纪 90 年代早期）
- 成为最能改变劣质日本产品这一国际形象的公司。（索尼，20 世纪

50 年代早期）

• 成为历史上最强大、最持久、最具影响力的金融机构。（城市银行，花旗银行的前身，1915 年）

• 成为商用飞机业的龙头，把全世界带入喷气式时代。（波音，1950 年）

从常见对手入手的 BHAG，包括集中打败一个常见的对手，一种大卫打败巨人的目标。例如：

• 打败雷诺公司成为世界第一的烟草公司。（菲利普 · 莫里斯，20 世纪 50 年代）

• 打败阿迪达斯。（耐克，20 世纪 60 年代）

• 雅马哈！ Wo tsubusu！我们要挫败、排挤、彻底打败雅马哈。（本田，20 世纪 70 年代）

从典型模范入手的 BHAG 对后起直追的公司尤其奏效。例如：

• 成为脚踏车业的耐克。（Giro 体育设计公司，1986 年）

• 要在 20 年内和今天的惠普一样有名。（Watkins-Johnson，1996 年）

• 成为美国西部的哈佛。（斯坦福大学，20 世纪 40 年代）

从内部转型入手的 BHAG 对需要内部转型的老公司或大公司十分有效。例如：

• 在我们服务的每个市场都要数一数二，改革这家公司，要让它拥有大公司的实力和小公司的节俭、灵活。（通用电气，20 世纪 80 年代）

• 把这家公司从国防承包商转型为世界上最优秀的多样化的高科技公司。（罗克韦尔，1995 年）

• 把这个部门从不为人知的内部产品供应者，转型为公司里最受人尊敬、最令人振奋和最多人追随的部门。（一个电脑产品公司的零件供应部门，1989 年）

生动的描述

生动的描述是未来前景的第二个组成部分，是对公司达到胆大包天的目标之后，对公司振奋人心，动人而具体的描述。在把愿景从语言变成图画时，想象这样一种情形，想象一个人们脑海中可以形成的景象。我们把这个过程叫作“用文字作画”。这种“作画”对制定 10~30 年可以想象的胆大包天的目标是极为重要的。

举个例子，回想亨利 · 福特是怎样生动地描述大众化汽车这个胆大包天的目标的：“我要为大多数人制造汽车……这种汽车的价格很低，所有较高收入的人都能买得起……人们可以在上天赐予的广阔空间里尽情地享受他们幸福的家庭生活……当我成功以后，每个人都买得起一辆车，每个人都会有一辆。马车将会从公路上消失，汽车取而代之……我们将为很多人提供就业和令人满意的工资。”

上面例子中那个零件供应部门的部门经理生动地描述他那胆大包天的目标：“我们会受到同僚们的尊重和崇拜……成品部门会积极地向我们学习，他们依靠我们的技术贡献，将创造出色的产品，并在市场上获得成功……我们会为我们骄傲……公司里最优秀、最上进的人将想方设法来我们部门工作……员工将会主动地表达他们对自己在做的工作的喜欢……他们会以跑代步……他们努力工作是因为他们想这样做……员工和顾客都会感觉到我们部门对他们的生活有积极的贡献。”

激情、情感和信念是生动描述的重要部分。一些经理人很不习惯让他们的梦想带着强烈的情感，但正是激情和情感吸引并激发了其他人。温斯顿 · 丘吉尔在描述 1940 年英国的胆大包天的目标时，就非常清楚地认识到了这一点。他不是仅仅说“打败希特勒”，而是说：

> 希特勒知道，他要么在这片土地上打败我们，要么输掉这场战

争。如果我们能勇敢地抵抗他，全欧洲将会获得自由，全世界的人将会走向开阔、阳光明媚的土地。但如果我们失败了，包括美国，包括一切我们所知、所爱的世界将会落入新的黑暗时代的深渊，而纳粹反常的理性，将会使这个时代更加险恶，也许还会更加长久。因此，让我们全身心投入我们的职责，表现出我们的英勇，如果大不列颠王国和它的英联邦能够持续千年，千年后的人们仍然会说："这是他们最光荣的时刻。"

未来前景的几个要点

不要像有些经理人那样，经常将核心理念与未来前景相混淆。具体说，我们见到经理人混淆核心使命和胆大包天的目标，有的把两者交换，有的把两者混为一谈，有的则没有把两者说清楚。使命是公司存在的基本原因，就像是地平线上恒久不变的明星，永远达不到，却永远引导并激励着人们。另一方面，一个胆大包天的目标是具体的，就像要爬某座具体的山，有具体的时间限制，并且是可以达到的。确认核心理念是一个发现过程，塑造未来前景是一个创造过程。

我们发现经理们常常很难想出胆大包天的目标，他们想"分析"他们通向未来的路。然而，我们发现，一些经理人从对未来的生动描述开始，返回来描述他们胆大包天的目标，这种做法更加成功。这种方法一开始就问："20 年后我们坐在这里，我们想看到什么？这家公司会是什么样的？这对于员工来说会是什么样的？公司会达到什么程度？如果有人为一家著名的商业杂志写一篇关于这家公司未来 20 年的文章，他会怎么写？"一个和我们合作的生物工艺公司在塑造未来前景时有点儿困难。有一位经理说："每当我们是在为整个公司想愿景时，往往想到的都是太原始且不够振奋人心，类似‘推动世界生物工艺的发展’的陈腐口号。”但要他们描画出公司未来20年的远景，他们说：“作为成功的典范出现在《商业周刊》的封面上……成为《财富》杂志十大最受崇敬的公司……最好的理科、商科学生都想在这里工作……飞机上的人热烈地向迷人的邻座谈论我们公司的产品……连续20年实现盈利增长……一种有创业精神的文化会从内部繁衍出多个新的部门……管理大师把我们作为管理最好、思想最进步的典范……”在这里，他们融入了一个胆大包天的目标，要成为排名第一的生物工艺公司。要和默克、强生公司一样受人尊崇。

分析一个未来前景是否“理想”是没有意义的。有关创造的问题本来就是没有最理想的答案的，而愿景的任务是创造一个未来，而不是预测未来。贝多芬创造了“理想”的第九交响曲了吗？莎士比亚创造了“合适”的哈姆雷特了吗？我们不能回答这些问题，因为它们是没有意义的。关于未来前景本质的问题应该是：“这会令我们活力四射吗？我们会觉得刺激吗？这会激发我们前进的动力吗？这会让人们行动起来吗？”未来前景必须振奋公司内部的人，否则这就不是成熟的胆大包天的目标。确实，未来前景应该产生一点“旋涡效应”，当它要吸引人们实现这个目标时，在决定付出什么和付出程度上，未来前景应该起到一种明显的“旋涡”作用。

但如果不能实现未来前景呢？我们发现高瞻远瞩的公司表现出惊人的能力去实现即使是最大胆的目标。菲利普·莫里斯确实从第六位上升到第一位，在全世界范围内打败雷诺公司，福特的确大众化了汽车，波音确实成了最有影响力的商用飞机，花旗银行确实成了世界上最有影响力的银行，这样看来，即使没有山姆·沃尔顿，沃尔玛也会实现1 250亿美元资产的目标。相反，我们研究中的对照公司并没有实现它们定下的胆大包天的目标。区别不是高瞻远瞩公司树立了容易实现的目标，因为它们看来比对照公司倾向于树立更大胆的目标。区别也不在于目光远大的魅力型领袖，因为高瞻远瞩公司常常不依靠能超越生命的领袖掌舵，也能实现胆大包天的目标。同样，区别也不在于高瞻远瞩公司拥有更好的谋略，因为它们常常意识到它们经常是通过“择强汰弱的进化”的有机过程实现它们的目标的，而不是设计严密的战略。准确点儿说，他们的成功源于把建设公司作为创造未来的首要方法。

最后，在想象未来前景时，要小心“我们已经成功的综合征”。一旦公司完成胆大包天的目标，又未能及时树立新的目标时即会出现这种症状。NASA 在登月成功之后就出现了“我们已经成功的综合征”，在你成功登月后，你该怎样继续下去呢？苹果电脑公司在成功发明了一种非技术人员也能使用的计算机后就患上了“我们已经成功的综合征”。处于草创阶段的公司在上市或者在市场上稳稳立足后，也经常出现“我们已经成功的综合征”。未来前景只能在公司没有达到时对公司有用。在我们和公司合作的过程中，我们经常会听到有些经理人说：“这里不再像以前那样令人振奋，我们似乎失去了动力。”而通常，这标志着一个公司爬上了一个山头，却没有马上寻找到一个新的目标。

总结

为了进一步说明愿景框架，我们给出了表 11.2 和表 11.3，两个包含所有完整梦想要素的例子：20 世纪 30 年代，从化工过渡到制药的默克公司，还有 50 年代规模很小，还处于草创阶段的索尼公司。

许多经理都疾笔写出了他们的“使命宣言”和“愿景宣言”。但不幸的是，大多数宣言都是价值观、目标、使命、原则、信仰、渴望、标准、谋略、做法和描述的混合。更大的问题是，这些宣言很少严格地和保存核心、刺激进步相关联，但这恰恰是我们在本书研究的高瞻远瞩公司中发现的基本动力。要切记，只有这种动力才是持久不败的伟大公司的原始动力，而不是愿景或使命宣言，愿景只不过是提供了一个运用这种动力的导向性背景。带着这种更为深刻的理解，我们力劝人们要严格运用这一章的概念，去重铸你的愿景或使命，使之成为建筑高瞻远瞩公司有效的引导背景。如果你能正确地描述它，那么至少有10年时间不用修改，并且你做了最重要的工作：创造协调性。

表 11.2　完整愿景的例子

默克，20世纪30年代的核心理念与核心价值	•公司的社会责任 •公司各个方面都绝对卓越 •科技为基的创新 •诚实与正直 •追求利润，但只追求有益于人类的利润
核心使命	保护并改善人类生活
未来前景	
胆大包天的目标	把这家化工公司转型为世界上最出色的药物制造公司，并拥有能和著名大学媲美的科研能力
愿景描述	依靠我们提供的工具，科技将会进步，知识将会增加，人类生活将会比以往任何时候更能抵抗疾病的干扰……我们宣誓，要用尽我们一切资源忠诚于我们公司的诺言。点亮你的明灯，照耀那些寻求真理的人，照耀那些努力使世界变得更美好的人，照耀那些在黑暗的社会，在经济时代高举科学、知识火炬的人，让他们获得新的勇气，感受到热忱的支持

表 11.3　完整愿景的例子

索尼20世纪50年代的核心理念与核心价值	•提升日本的国民文化和地位 •成为先锋，不再追随别人，但做可能做到的事情尊重个人，激发个人能力和创造性
核心使命	感受为公众利益、公众愉悦推进、应用技术的快乐
未来前景	
胆大包天的目标	成为著名的公司，改变日本产品在世界上的劣质形象

（续表）

愿景描述	我们要创造能在全世界流行的产品……我们要成为全日本第一家可以直接进入美国市场、美国分销系统的公司……我们会通过一系列的创新获得成功，包括像改良美国公司研究失败的半导体收音机……50 年后，我们的品牌将成为世界上最出名的品牌……代表着创新和质量，我们公司将足以和任何最具创新能力的公司媲美……“日本制造”意味着精美而不是劣质的产品

创造协调性是我们持续工作的重要部分，它可以帮助公司转变成高瞻远瞩的公司，其中包括两个过程。（1）发展新的合作机制以保存核心，刺激进步。（2）减少偏差，即那些使公司背离核心理念和那些阻碍公司向未来前景进发的因素。

第一个部分是一个创造过程，要求创造新的机制、流程、策略，带出核心价值和核心使命，并刺激通向未来前景的进步。例如，在第 7 章，我们描述了 3M 是如何启用各种机制去保存创新和内部企业精神的核心理念的。

合作机制的第二个部分是一个分析过程，要求严格的分析这个组织的流程、结构、策略。通过这种方式发现会导致背离核心理念、阻碍进步行为的偏差。大多数和我们合作的经理人都没能很好地减少偏差。如果你把团队精神作为你们的核心价值，但你又主要奖励有良好表现的个人，那你就不得不改变你的报酬机制。如果宣称创新是你的核心价值，但又把市场占有率作为最大的战略目标，那么你必须改变你的策略。如果你想鼓励人们多方尝试，保留有用项目，那你就必须取消对正常失误的罚金。记住，这是一个无限的过程。当出现偏差的苗头时，你要尽快扼杀它。把偏离看作癌细胞，最好的办法是在它们大量扩散之前集中切除它们。

如果你没能清晰地描述愿景，那么你必须从头用一系列具体、实质性的改变增强你们公司的配合机制。为了更好地保存核心，刺激进步，你应该为公司注入什么？还有，同样重要的是，你应去除去公司内部哪些正在促使你背离核心和阻碍进步的因素？如果你做好了这项工作，你只需要很少的时间就可以阐明愿景。而大多数的时间可以用来启动公司的合作机制。当然，停下来想想愿景是非常重要的。但更重要的是，你要全公司的人联合起来共同保存核心，刺激进步，迈向展望中的未来，而不是仅仅写下一份宣言。记住，拥有一份愿景宣言离成为真正高瞻远瞩的公司还很遥远。当你们公司拥有了一流的合作机制时，即使来访的是外星人，也能推断出你们公司的愿景，而不需要阅读什么宣言。这就是造钟师的首要工作。

后 记

答疑篇

我们在主持研讨会、演说和担任企业顾问时，遇到了一些有关我们的发现和构想的问题，以下是常见的问题和我们的回答。

问：我不是CEO，应如何利用这些发现？

答：可以做很多事。

首先，你可以把我们的大部分发现用在你的工作区域，不管这个区域有多小。你可以在任何一个层面担任造钟者的角色，因为这不但是一种做事的方法，还是一种心态。在以英雄式的领袖角色直觉地跳进去解决问题之前，先问："应该用什么程序来解决这个问题？"你可以根据一种强有力的理念，在任何层面建立教派般的文化。当然，这样多多少少会受整个组织的理念限制，但是仍然有发挥的空间。如果是整个公司没有明确的理念，那么你更有理由（和自由）在你所属的层面树立一种理念！

整个公司没有强烈的核心理念，不表示你的部门就不该拥有。一家电脑公司的制造经理对我们说："我已经厌烦再等待上面的人一起行动，所以，我就从我自己的人开始。现在，部门里有一套清晰的价值，我们根据这些价值来管理，这样让我的手下的工作更有意义。我们在公司里有一个强烈的自我形象，而且约见新人时会注意看他们是否符合本部门。大家都觉得与众不同，我们甚至有自己的外套和帽子。”

你也可以在任何层面刺激进步。我们曾经见过很多例子，发现胆大包天的目标在中层运作特别顺利。一家大公司的不动产部门经理要求手下的每一个员工和经理，每年定出个人的胆大包天的目标，他也替整个部门制定了一个远大、宏伟的目标。而且没有什么理由证明不能在一个部门里创造鼓励大家多方尝试和汰弱择强的文化。为什么不在你的部门里制定 3M 那种 15% 式的规则？为什么不在被迫改变和改善之前就建立永不满足的机制，以刺激变革和改善？在一家大公司里，有一位经理负责经营组件部门，拥有本公司内部的忠诚顾客，但是，他到使用其组件的单位，说：“从今以后，我们不再以‘所有的组件都必须向我们购买’的政策来约束你们了。你们要是能够从外面的供应商拿到质量更好的组件，购货更快，服务更好，我们无话可说。如果知道你们可以转向别的地方采购，会逼迫我们改进自己的工作。”

你可以采取的另一个有力措施，是把我们研究这些公司的主要发现讲给你旁边的人，帮助他们了解构建组织的重要性，而不只是研制另一种特殊产品；帮助他们了解保持核心和刺激进步的观念，向大家指出组织里有什么不协调的地方，说明为什么协调一致这么重要，帮助他们放弃非此即彼的“一刀切”。例如，我们认识的一位中层经理在会议上，经常帮助大家摆脱困境，他会说：“嘿，我想我们现在受制于绝对化的一刀切。我们找个办法来兼容并蓄吧！”大家经常都会这样做。

高瞻远瞩公司可以当作可靠的例证。例如，如果高级经理拒绝明确列出核心价值或使命，认为这样做太“柔软”或是太“稚嫩”，你可以指出惠普、默克、3M、宝洁、索尼和本书提到的其他公司，指出他们坚持这种做法已经好几十年了，有哪一位顽固的经理能够否定这些公司悠久的良好记录？事实上，你可以用这些公司作为依据，要求高级经理加以注意。有哪一位经理人会不愿意像这些公司一样获得长盛不衰的地位？

问：非高瞻远瞩的大型老公司有希望吗?

答：有希望。但是，很可能比从头构建高瞻远瞩公司更艰难。例如，为了配合一种理念，需要改变或消除很多固有的程序和做法。公司历史越久，规模越大，不协调的地方越是盘根错节、根深蒂固。

可是，我们也看过一些有意义的例子，即使是在我们自己的研究里，也看到一家高瞻远瞩公司背离了自己的理念，但几十年后又返璞归真，重新回归协调一致的理念。这种情形令人赞赏，这家公司就是福特。菲利普·莫里斯一直到大约20世纪40年代末期之前，也就是在公司百岁诞辰之前，都没有表现出高瞻远瞩公司的特点。另外，我们也见过和我们合作过的公司突飞猛进的例子。例如，几年前，有一家大型银行开始采用我们的初步发现，而且是在创立之后首次标定自己的核心理念，开始了自我整顿的漫长过程，致力朝着保存核心和刺激进步的目标进发。这家银行的执行副总裁解释说："我一生都在这家公司工作，已经开始失去希望，但是，一旦弄清楚我们存在的真正目的，开始改变组织去配合目的后，释放出来的能量着实令人惊异，从上到下，一直到分行职员，都觉得工作比以前更有意义了。现在我们知道了核心是什么，而且核心应该固定不变，我们在改变其他事情方面，就觉得好像解放了，可以取消确实妨碍我们进步的所谓神圣不可侵犯的东西。就像唤醒沉睡的巨人一样，我们还没有到达你们所说的高瞻远瞩公司的层次，但是我们已有了长足的进展。"

成为高瞻远瞩公司是一种持续的动态的进步，不是静止不变的。路途尽管遥远，但是任何公司在任何时候都可以沿着这条路走下去，变得更为高瞻远瞩。我们要再度说明，这是一个漫长的过程，坚持不懈，找准方向走下去的人会赢得最后的胜利。我们的发现不是速效药，也不是一长串管理流行风中的下一个流行声明，或是下一个流行的口号，或是被人引用的一种新"方案"，绝对不是！要让任何一家公司变得高瞻远瞩，唯一的方法是长期坚持一种恒久程序，构建出一个保存核心而且刺激进步的组织。

问：对于像 IBM 这种原本是高瞻远瞩公司，而目前似乎又丧失这一地位的企业，你们会提出什么样的指导？

答：IBM 是一个绝佳的个案，因为我们认为，IBM 在过去近 70 年里是世界上高瞻远瞩公司的典范。IBM 的例子表明，企业不仅可以在高瞻远瞩的道路上持续不断地前进，也可能倒退；成为高瞻远瞩公司后，不见得永远高枕无忧，高瞻远瞩公司就像民主制度，需要恒久不变地守护。

IBM 这样的公司应该从自己的过去吸取教训。几十年来，IBM 一直狂热地保护自己的核心价值（叫作三个基本信念），同时是全球最进步的公司。IBM 在历史上曾热衷于一些最胆大包天的目标，包括决定把整个公司的命运付诸推动 IBM 360 系列大型电脑的计划，使公司先前的所有产品系列几乎完全成为废物。这的确是个惊人的宏图壮志！可是 IBM 在 20 世纪 80 年代日渐保守，致力于保护自己的大型电脑系列产品，忘掉了自己的过去。

如果和 IBM 的高级经理坐而论道，我们会激励他们，让他们制定与 IBM 360 系列大型电脑计划媲美的宏伟目标；我们会激励他们，让他们像过去把公司前途寄托在 360 系列大型电脑一样，再度把公司的所有产品变成废物，再把公司的命运寄托在胆大包天目标的成败上；我们会激励他们，让他们对 IBM 员工充满信心，相信他们像过去完成 360 系列大型电脑计划一样，一定能够走过艰辛，再度完成看似不可能的艰巨任务。IBM 有极为优秀的人才，他们毫无疑问会奋起迎接这个任务。

我们也会激励 IBM 的经理们，让他们像 70 年代的强生重振信念一样重振 IBM 的三个基本信念；我们会激励他们，让他们召集最高层的 100 位经理和随意选择的 1 000 位 IBM 员工，参加重新投身于三个基本信念的大会，而且所有的人都要在一份巨大的信念文件上签名；我们会激励他们，让他们把大家签署的这份文件铸成铜版，予以复制，在全世界每一个 IBM 的设施里摆放一份复制品；我们会激励他们，让他们要求公司每一个人都亲自写下誓言，重新投身于这三个基本信念实施。

最后，我们会激励他们，让他们制定一种保存核心和刺激进步的调整程序；我们会激励他们，让他们找出 50 个与三个基本信念不协调的地方；我们会激励他们，让他们至少找出另外 50 种妨碍进步，与基本信念不协调的方面；然后，我们会激励他们，让他们不只是改变，更要完全消除这些方面。

我们相信，IBM 拥有恢复世界最高瞻远瞩公司地位的根基。如果 IBM 拥护成为高瞻远瞩公司的根本经验教训，那么我们相信 IBM 会恢复其地位，且再保持这种地位 70 年；反之，如果 IBM 不拥护这些经验教训，那么我们相信，即使 IBM 在短期内能够回光返照，但长期而言，还是会继续沉沦下去。

我们对于任何衰退中的高瞻远瞩公司，都会给他们同样的指导，虽然细节一定会有不同。我们会要求他们吸取自己过去的教训，理清和重拾他们的理念，返璞归真，回归自己的根本。不仅如此，我们会要求他们采取激烈、大胆的前瞻行动，最重要的是，让他们实施残酷无情的改造计划，来保存核心和刺激进步。

问：什么人不能构建高瞻远瞩公司？

答：很少。只有不愿意持之以恒、喜欢安于现状、没有核心理念、不在乎自己离开后公司健全与否的人，才不能构建高瞻远瞩公司。如果你想创设一家公司，让公司迅速壮大，赚很多钱，再卖掉公司，获利后退休，那么你就不适于构建高瞻远瞩公司；如果你没有追求进步的驱动力，没有无休止地改善和为前进而前进的内心冲动，那么你就不适于构建高瞻远瞩公司；如果你无意建立以价值观为导向、在赚钱之外还另有使命的公司，那么你就不适于构建高瞻远瞩公司；如果你不想构建一家不但在你任期内强大，而且在你离开几十年后仍然强大的公司，那么你也不适于建构高瞻远瞩公司。除了这四种人，我们看不出高瞻远瞩公司的构建者有其他先决条件。

问：你们的发现适用于非营利组织吗？

答：当然适用。适用于任何形态的组织，只是形式可能有些差别。我们受雇于非营利组织——斯坦福大学，作者之一波勒斯是这所大学的副校长。我们的发现在这所大学应用得很好，有些营利事业的经理将我们的发现应用在非营利事业上，一家高瞻远瞩公司的经理直接把这些构想用在他所属的教堂，另一位经理把这些理念应用在她担任董事的医院，我们甚至认为，美国的建国先贤们也应用了高瞻远瞩公司的理念。

问：你们的书和别的作品，例如《追求卓越》互相契合吗？

答：《追求卓越》是过去20年内杰出的书籍之一，而且实至名归，每一个人都应该看一看这本书。我们发现彼得斯、沃特曼的作品和我们的作品之间有很多相通的地方，但是，其中有若干重大差异。方法不同是其中之一。我们的研究项目和他们的不同，我们分析公司的整个历史，并拿它们和其他公司比较来审视我们研究的公司。另一个重大差异，是我们把所有发现转化成由根本概念组成的架构，尤其是保存核心和刺激进步的观念，几乎对我们所发现的一切提供了一把保护伞。我们发现他们的“八大原因”在我们的研究里得到充分的支持，特别是传承 / 价值观导向、自主修企精神、行动导向和松紧性质兼具这几点尤其如此。但是，我们也发现，八大原因中，有几点没有得到充分的支持，特别是固守本业和接近顾客这两点。如果你把“本业”定义为核心理念，那就没错，高瞻远瞩公司的确固守本业，但是，只要他们不违反核心，做任何事情都是天公地道，而且这样可以让摩托罗拉和3M这样的公司脱离创业时的领域。在接近顾客方面，我们发现在我们研究的公司里，有不少比较倾向科技导向，而不是顾客导向。索尼、惠普、默克这三家公司就是如此。这不是说它们不在乎顾客或对顾客的服务不好，正好相反。但是，如果顾客的需求使这三家公司背离他们的理念，它们就不会再理会顾客的需求。就像顾客要求便宜的 IBM 兼容电脑或廉价袖珍计算器，惠普不理会这种呼声一样，他们的确接近顾客，不过绝对不能牺牲核心。

我们也发现，我们的研究和德鲁克的著作深深契合，事实上，我们对德鲁克的先见之明深为敬佩。研读他的经典之作，像 1946 年出版的《公司的概念》、1954 年出版的《管理实践》、1964 年出版的《成果管理》，你会深深叹服他遥遥领先今日管理思潮的程度。事实上，在做这个研究时，我们遇到很多深受德鲁克作品影响的公司，惠普、通用电气、宝洁、默克、摩托罗拉和福特只是其中几家而已。

最后，我们也发现我们的研究和其他作品相通，例如埃德加·沙因 1985 年出版的《组织文化和领导》，以及约翰·科特和詹姆斯·赫斯克特合著、1992 年出版的《企业文化和业绩》。沙因论述的是文化“混血”，即在公司核心中成长，能够在不丧失核心价值的情况下，带来文化变革的经理。我们探讨自行培养的经理的一章就和他的发现深深契合，尤其我们讨论通用电气 CEO 韦尔奇的部分，更是如此。科特和赫斯克特探索强力文化和组织业绩之间的关系，和我们在业绩优异的组织里发现的教派般的文化，更是相辅相成。

问：你们研究的是过去，难道你们不担心这些发现在 21 世纪过时吗？

答：不担心。如果要我们说什么的话，我们相信这些发现在 21 世纪比在 20 世纪更适用，尤其我们从研究中得到的根本理念，即造钟、兼容并蓄、保存核心 / 刺激进步和协调一致的构想，在未来长久的时间里仍是重要的观念。我们无法轻易地描绘出这些理念会变成过时的景象。

以造钟这一观念为例，拿注重建立组织特性的观念和想出伟大构想或成为杰出的魅力型领导人相比，前者会变得比目前更重要。由于科技发展速度加快，全球竞争加剧、产品生命周期大大缩短，任何特定构想的存活期会持续缩短，无论构想多么伟大，都会比过去任何时候更快地过时。

就魅力型领导人的模式而言，我们认为世界的走向正好相反。看看 20 世纪吧，几乎整个世界都在向民主迈进。民主是一种“程序”，民主的精义是避免过度依靠任何单一的领袖，而把重点放在民主程序上。即使是 20 世纪最著名的政治家丘吉尔，其重要性也在国家和国家的制度之下，在第二次世界大战结束后，就被赶下台。他不明白自己远不如他所服务的制度重要。即使你不相信民主潮流等同企业演进的比喻，魅力型领袖的模式也有一个永远挥之不去的根本缺陷：所有的领袖都会死亡，这个缺陷现在克服不了，21 世纪克服不了，1 000 年后也克服不了。因此，为了超越这个不变的现实，在建立组织的特性时，这个焦点必须放在首位。

我们的结构性关键观念是保存核心 / 刺激进步，这个观念在 21 世纪也会日益重要。

看看企业的趋势：更扁平化、权力更为下放、分布地域更为广阔、个人自主权更加大、知识性员工日渐增加等。和过去任何时候相比，企业都更难用传统的等级、制度、预算之类的控制方法来维系，甚至连去办公室上班都变得没有那么重要，因为科技，大家可以在遥远的地方工作。企业的维系方法会越来越理念化，大家仍然有着人类的根本需要，必须属于某种引以为豪的团体；大家对于指引方向、让生活和工作有意义的价值观和使命感，仍然有着根本的需要；对于和别人联系，分享由共同信念和期望构成的关系，仍然有着根本的需要。员工会比过去任何时候要求更大的工作自主权，同时也要求和他们有关的组织代表某种意义。

再看看外部世界的趋势：零碎化、区隔化、混乱的变化、难以预测的性质、日渐增强的企业精神，等等。在此趋势下，唯有特别善于刺激进步的公司才能欣欣向荣。公司需要继续追求自我革新，方法可能是利用胆大包天的目标，以便继续成为让人兴奋的工作地点；追求伟大成就的公司，必须在世界要求改变和改善之前就奋力地驱策自己，推动自我激发的改革和改善。模仿适应良好的物种演进的公司，也就是多方尝试、择强汰弱的公司，在一个不可预测和多变的环境里，会有更多的生存机会，别的公司可能会衰亡。我们认为，21 世纪的高瞻远瞩公司势必越来越热衷于保存自己的核心理念，会越来越积极地给予员工个人工作自主权，公司会比过去任何时候都需要拥抱保存核心，刺激进步那种阴阳互补、兼容并蓄的动力。

总之，公司必须发挥想象力，应用我们研究所得的概括性发现。的确，高瞻远瞩公司最不可能做的事情，就是遵照食谱般的成功格式去做事，就好像米开朗琪罗不会去买根据编号着色的画本一样。构建高瞻远瞩公司是一个设计问题，伟大的设计师会运用一般的原则，而不会运用机械式亦步亦趋的教条。任何教人怎么做的秘方几乎注定会过时。但是，一般性的观念（当然一定要能够适应变化）则可以继续作为指导原则，一直到下个世纪之后很久。我们不相信，100 年之后，那些支持默克、摩托罗拉、宝洁和 3M 等公司的基本因素会和现在有所不同。当然，形式会有变化，但根本因素却不会改变。

附录1 研究事宜

“玩火”（如何看待破产的高瞻远瞩公司）

我们的研究不针对那些具有高瞻远瞩特点但遭遇失败的公司。具有高瞻远瞩特点的公司会比那些不具备此特点的公司破产的百分比更高吗？做一个类比，假设我们研究了两组登山者的攀登技术：成功攀登珠穆朗玛峰的“高瞻远瞩登山者”与未成功攀登珠穆朗玛峰的“对照登山者”。进一步假设，我们发现了两组之间的差别（比如观念、训练或冒险精神的差别）。“高瞻远瞩登山者”的死亡率完全有可能比“对照登山者”更高，但是因为我们只研究那些活下来的登山者，所以再也不会注意这个事实。因此，尽管我们可以就如何成为一名高瞻远瞩的登山者提出恰当的指导，但也可能（无意识地）做出了增大死亡率的指导。同样，假设拥有高瞻远瞩公司的特点导致破产的可能性为75%（允许有25%的公司发展为超一流机构），而拥有对照公司的特点导致失败的可能性只有50%（允许50%不能成为超一流机构）。在这种情况下，也许有些经理不想高瞻远瞩，从而提高简单生存的可能性。

对这一担心我们有两点说明。首先，有些登山者在攀登珠穆朗玛峰的过程中的确会丧命，但是只有那些（不顾任何风险）尽全力攀登珠穆朗玛峰的人才会真正到达顶点。不可否认，有些具有高瞻远瞩特点的公司消失在竞争的风景线外。但那又怎样？在本书中，我们不想讨论简单的生存问题。我们不认为简单的生存是个非常有趣的话题。我们感兴趣的是，公司如何进入一流机构的行列，而且我们完全认同，要经历一条冒险的道路才能到达理想的目的地。

但是——是我们的第二点说明，我们相信（虽然我们无法证明），高瞻远瞩的特点实际上既会提高脱颖而出的比率，也会提高生存的比率。再回到我们的历史前景。我们在此谈论的不是那些一次性的公司。我们谈论的是面对巨变数十年繁荣发展的持久公司。如果高瞻远瞩具有风险，那么为何这种风险没有光临这些公司并且在其长期生存过程的某一时刻将其吞噬？

“高瞻远瞩”仅仅是“成功”的另一种说法吗

为 CEO 的调查暗示着财务成功。我们完全认可这一点。难道 CEO 们会将非营利公司视为高瞻远瞩吗？大概不会。这就提出一个正当的鸡与蛋的问题：我们能简单地将“高瞻远瞩”这个词运用于任何取得成功的公司吗？不能。有很多财务上取得成功的公司并未出现在我们的高瞻远瞩公司名单上。调查之前，我们广泛分析了 10 年来《财富》500 强公司的业绩。分析显示，高瞻远瞩公司并不是在这一时间跨度内仅仅取得极大成功的公司。实际上，如果只看一看 1978—1988 年间（我们调查前的 10 年《财富》500 强的工业公司与服务机构对投资者的回报排名的前 18 位，那么所列出的名单与我们列出的高瞻远瞩公司的名单不同，如下所示。

1978—1988 年间《财富》工业公司与服务机构对投资者回报排名前 18 位

1. 孩之宝公司
2. The Limited（美国一家知名女性内衣品牌）
3. 沃尔玛
4. Affiliated（艾弗里）
5. 远程通信
6. 巨人食品公司
7. 玩具反斗城公司
8. 马里昂实验室
9. State Street（州街波士顿公司）
10. 伯克希尔·哈撒韦公司
11. DCNY 公司
12. 麦克米伦公司
13. 库柏轮胎－橡胶公司
14. 泰森食品公司
15. 菲利浦实业
16. MCI 通信公司
17. 迪拉德百货商店
18. 狮王食品公司

证据表明，我们调查的 CEO 们不仅仅把高瞻远瞩公司视为简单的高度营利性公司（否则我们就可以简单地将 1978—1988 年间的一流财务运作者与 CEO 的反应建立一一对应的关系了）。当然，在 1926—1990 年间，我们的高瞻远瞩公司业绩平平。这表明，如果 CEO 们不考虑财务上的成功，他们就在考虑很长远时期内的成功，这与我们描绘的作为持久繁荣机构的高瞻远瞩公司相符合。

我们能否信任 CEO 调查，找出名副其实的公司

实施调查（哪怕一项针对深谋远虑、学识渊博的人，比如一流的 CEO 这样的人的调查）是一个不完善的方法。我们的调查要努力降低偏见，但不能完全排除偏见。一方面，那些在调查的时间跨度内得到积极宣传的公司在调查结果中可能并未得到恰当的表述。比如，美国运通公司在接受调查前几个月得到了大力宣传——有些宣传给它贴上了“高瞻远瞩”的标签。这也许影响了 CEO 的一些应对措施，在调查数据中给美国运通公司以不相称的高度评价。将美国运通与我们名单上的其他公司相比较，它并不具备高瞻远瞩公司的很多特点。

我们还承认，依赖一项调查就是认为，按照定义，高瞻远瞩公司广为人知、备受尊崇。反之，这是对大型公众持股公司的偏见。（注意，我们的最终样本公司都是上市公司。）但是有的高瞻远瞩公司宁愿固守小规模或宁愿默默无闻吗？比如，L. L. 比恩公司（1992 年马尔科姆 · 鲍德里奇质量奖得主——对一个石材厂来说是个了不起的功绩）看上去具备我们的高瞻远瞩公司的许多特点，但它们仍为不公开招股公司，在某种程度上是隐蔽机构。

虽然承认有这些困难，但我们仍相信，对 CEO 的调查尽管不够完美，但却是建立研究体系的最实用的方法。由于事先不了解高瞻远瞩公司的主要特点（这正是我们努力寻找的东西），我们无法建立准确的科学筛选机构。最重要的是，调查有这样一个优势，它广泛拥有一批明辨是非的裁判，他们不存在我们所特有的偏见。

还有人问，我们的调查是否仅仅再现了《财富》杂志列出的“最受尊崇”的公司（其采用的也是对 CEO 的调查），并不是我们列出的“高瞻远瞩公司”。并非如此。我们彻底分析了《财富》1983—1990 年列出的“最受尊崇”的公司，虽然高瞻远瞩公司在《财富》调查中得到了良好表述，

但我们并没有发现一种一一对应的关系。1989年，两份名单中列出的所有高瞻远瞩公司均出现在《财富》前30%的位置，但与排名前18位没有一一对应的关系。（对照公司中只有两家公司出现在《财富》前30%的位置。）当然，（如我们所预计的那样）高瞻远瞩公司确实备受尊崇，但高瞻远瞩公司并非《财富》“最受尊崇”名单的简单翻版。

相互关系及缘由

在这个特殊的样本系列中，我们找出了某些区别高瞻远瞩公司与对照公司的特点。因而我们可以声称，这些差异与高瞻远瞩公司之间存在一种相互关系。但是，我们不能随意关联。我们无法证明高瞻远瞩公司的特点必定在所有情况下都会带来持久的成功。我们也并非确切地知道，我们研究的公司找到了最佳商业道路——也许很多无人研究的私有公司依靠一套完全不同的策略，取得了更长久时期的更大成功。我们不能断言已经确切找到了原因与结果。严格控制下的实验不可能存在于真实的公司环境中，因而不可能有100%的把握断言原因与结果。我们的对比分析让我们更加相信已经找到了原因，并不是没有通过对比的任意关联，但这并不能给我们以某种信心。

但是需要强调，我们发现的区别高瞻远瞩公司的基本要素通常在这些公司成为大型成功的一流机构很久以前就会表现出来。实际上，这些特点一般出现在最终成功之前（再一次体现了历史方法的威力），这一事实让我们相信，我们的发现不仅仅是偶然的相互关系。

高瞻远瞩公司的艰难时期

20世纪90年代初，我们研究的多数高瞻远瞩公司在本行业中是无可置疑的一流机构。尽管如此，有些高瞻远瞩公司曾经历过困难。这能动摇我们的发现的有效性吗？我们认为不能，原因有二。

第一，很重要的一点是记住，我们研究的所有高瞻远瞩公司，甚至那些在 90 年代运作良好的公司都会在历史的某一时期遇到困难。高瞻远瞩公司并非对挫折与困难具有免疫力，但它们表现出了韧性，建立了令人瞩目的长期业绩纪录。

比如，看一看 IBM 的情况。不管 IBM 在 90 年代经历了怎样的问题，该公司拥有不可磨灭的 70 年纪录，经历了两次世界大战、大萧条和计算机的发明时期。在这 70 年间，在商用机器行业没有一家公司能与 IBM 并驾齐驱。即使在 IBM 最黑暗的时刻，商业报刊还称它为“国家的财富”。一个公司取得这样的地位绝非偶然。我们相信，在 IBM 的历史上，有很多值得学习的经验教训——它的成功与艰难。IBM 从自己的过去中应该学习什么呢？它需要如何去做才能重新取得以前的地位呢？

第二，要记住，在整个研究中，我们一直在将一个公司与另一个公司对比。所以，虽然没有公司是完美的（所有公司都有其瑕疵），但有些公司在长期发展中的确取得了领先地位。例如，当宝来公司开始走下坡路，失去自己的特色时，没有人会撰写一个“国有的财富”的消亡。对多数人而言，宝来公司只是另一个公司。为什么 IBM 会上升到这样高的地位，而宝来公司在美国精神或世界经济中永远无法取得相当的地位呢？无论有何缺陷，一个不变的事实是，高瞻远瞩公司的光辉盖住了整个市场以及那些长期精心挑选出来的对照公司。从对比中我们能了解到很多东西。

大公司与小公司

该研究侧重大公司吗？是，也不是。是，因为名单中只包含大公司，但是列出的每个公司曾经都是小公司。审视这些公司时，我们不仅看它们壮大的时候，还要看它们弱小的时候，而且我们寻求获得既适用于小公司也适用于大公司的见解。记住，我们也调查了小公司到中等公司的 CEO；即使小公司的 CEO 也希望从那些壮大起来的大公司学习经验教训。

信息不均

历史信息的质量与数量因公司不同而异。有些公司，比如惠普和默克公司，对我们敞开档案，提供了很多箱重要资料。多数公司（甚至与对照公司）间的合作良好，尽管信息的质量不尽相同。但是，有些情况下，公司拒绝为我们的研究提供合作，因此我们完全依靠第二手资料。此外，各公司的第二手资料的质量和数量也各不相同。例如，我们没有找到专门写诺思通公司的书籍，但找到成堆有关福特、IBM、迪士尼和通用电气等公司的书籍。我们尽最大可能查找每一家公司的所有可能找到的资料，但只找到一家公司（健伍公司）的实质性资料。找到完整的信息是一件不可能的事情。但是，面对已经拥有的大量信息，我们相信，即使得到了完整的信息，我们的发现也不会做出重大改变。我们猜想，如果有所改变，也是对发现的进一步提高。

侧重美国

我们只调查了美国的 CEO，考察的非美国公司只有两家（索尼和健伍）。我们相信，作为一家高瞻远瞩公司的基本要素会超越文化和国界，但我们也怀疑这些要素的滋味会因文化的差异发生变化，也许是巨大的变化。我们毫不掩饰这一事实，并且鼓励就高瞻远瞩公司的跨文化差异做进一步研究。

附录2

高瞻远瞩公司与对照公司的创业基础

3M	诺 顿
创立年份：1902	创立年份：1885
5 位明尼苏达州投资人：两位铁路经营者、一位医生、一位肉类市场经营者、一位律师	7 位投资人，分别在不同的企业中担任经理
所在地： 明尼苏达州克里斯特尔湾	所在地： 马萨诸塞州伍斯特
创业观念： 开办并经营一座矿场，提炼金刚砂作为研磨剂，出口供砂轮制造商运用	创业观念： 向弗兰克·诺顿买下一家小型的砂轮公司，准备趁机械工业日渐扩张、砂轮市场成长时大笔盈利
初期成果： 仅售出一吨材料后，采矿业务失败，再也找不到买主，公司靠着投资人个人的资金济助，挣扎求活，靠着新投资人路易斯·奥德韦的拯救而未倒闭。奥德韦在 1905 年协助公司改为生产砂纸。在埃德加·奥伯担任总裁的前 11 个年头里，公司没钱付薪水给他	初期成果： 创业之初即获成长与成功，在开业的头 15 年里，除了一年外，每年都分配稳定的股利，同期内，资本额成长 15 倍以上。到 1990 年，诺顿公司已经坐上本行业中的第一把交椅

美国运通	富国银行
创立年份：1850	创立年份：1852
创始人： 亨利·韦尔斯（年龄不详） 威廉·法戈（年龄不详） 约翰·巴特菲尔德（年龄不详）	创始人： 亨利·韦尔斯（年龄不详） 威廉·法戈（年龄不详）
所在地： 纽约市	所在地： 加州旧金山
创业观念： 为了消除快递业三家对手公司之间的竞争，避免浪费，韦尔斯公司、利文斯顿–法戈公司和巴特菲尔德·沃森公司同意合并，成为一家垄断性的公司	创业观念： 在日益扩大的加州市场（因淘金热而扩大），提供包裹运送快递与银行服务
初期成果： 立刻获利，并且快速成长（在几近垄断的情形下，不足为奇）	初期成果： 1855年，加州发生银行业大淘汰后，富国银行是少数几家幸存者之一。在这场恐慌浪潮之后，竞争者所剩无几，富国银行的地位增强，1855—1866年间快速扩张

波音	麦道
创立年份：1915	创立年份：1920
创始人： 威廉·波音（35岁）	创始人： 唐纳德·道格拉斯（28岁）
所在地： 华盛顿州西雅图	所在地： 加州洛杉矶
创业观念： 公司创立文件中说："拟成为综合性的制造业……制造各种商品、用具和杂货，尤其是飞机和飞行工具……拟经营一所飞行学校，担任航空客货运营者。"威廉·波音踏入这一行业之前原本是木材商人	创业观念： 设计和制造第一架横贯美国的不着陆飞行的飞机Cloudster（腾云），公司在1921年改组成新公司，以便移转Cloudster的科技，获得为美国海军制造实验性鱼雷轰炸机的合同
初期成果： 第一代飞机没有通过海军的测试，第二代飞机（C型）卖给海军50架，但无法续约。公司在1919—1920年间境况低迷。1920年，公司亏损30万美元，靠着波音先生的贷款维持下来，以制造家具和快艇维生	初期成果： 成功地得到海军的大笔合同，承制18架鱼雷轰炸机，不久之后，就获得美国和挪威政府的后续合同，公司初创大获成功，开业前4年，年平均增长率高达284%

花旗银行	大通曼哈顿银行
创立年份：1812	创立年份：曼哈顿银行创立于 1799 年，大通银行创立于 1877 年
创始人： 塞缪尔·奥斯古德（年龄不详）	创始人： 曼哈顿银行创始人为阿伦·伯尔 大通银行创始人为约翰·汤普森
所在地： 纽约市	所在地： 纽约市
创业观念： 基本上是一家商人兼老板私有的信用合作社，以这家信用社为自己的事业融资	创业观念： 开设银行
初期成果： 创立后将近 70 年里没有一贯的策略，并且继续以私人银行的形态运作，一直到 19 世纪 90 年代，在詹姆斯·斯蒂尔曼的引导下才开始走上成为全国性银行的道路	初期成果： 曼哈顿银行从 1808 年以后业务鼎盛。大通银行到 1911 年以后才开始成为知名的银行
	其他： 大通银行和曼哈顿银行在 1955 年合并成为大通曼哈顿银行

福特汽车	通用汽车
创立年份：1903	创立年份：1908
创始人： 亨利·福特（40岁） 亚历克斯·马尔肯森（年龄不详）	创始人： 威廉·杜兰特（年龄不详）
所在地： 密歇根州底特律	所在地： 密歇根州底特律
创业观念： 根据亨利·福特的机械专业技术，特别是利用直立式活塞杆技术制造汽车，是1900—1908年间美国成立的502家汽车制造公司之一	创业观念： 收购与组织多家规模较小的汽车厂成为一家公司。公司策略是利用大家共享的财力和其他资源，提供不同款式的汽车，迎合不同品位和收入水准的用户
初期成果： 第一款车是A型车，相当成功，到开业第一年结束时，每个月的销售量达到600部，其后推出另外5款汽车（分别是A、B、C、F、K型），到1908年推出T型车，形成汽车工业革命，也使福特成为美国最大的汽车厂商	初期成果： 1908—1910年间杜兰特购并了17家汽车厂，包括奥兹摩比尔、凯迪拉克、庞帝克等汽车公司，最后又收购别克汽车公司，1918年把雪佛兰汽车公司纳入旗下，公司成长过程崎岖，成长强劲，但遭遇多次财务危机，杜兰特在1920年被赶下台
其他： 福特虽然不是为了制造T型车才创立福特汽车公司，但他似乎早在1903年就考虑过生产线式的大批量制造程序	其他： 1921—1927年，通用汽车在阿尔弗雷德·斯隆的指导下，超越福特汽车，成为美国最大的汽车厂商

通用电气	西屋
创立年份：1892	创立年份：1886
创始人： 托马斯·爱迪生（45 岁） 伊莱休·汤姆森（39 岁） 查尔斯·科芬（48 岁）	创始人： 乔治·威斯汀豪斯（39 岁）
所在地： 纽约市	所在地： 宾夕法尼亚州匹兹堡
创业观念： 由爱迪生通用电气公司和汤姆森-休斯敦电气公司合并而成，前者在 1878 年创立，意在把爱迪生的电力与照明研究成果开发为商品，后者在 1883 年成立，是一家和电力有关的事业组成的集团企业	创业观念： 开发和推动交流电电机科技及中央电力系统商业化，交流电系统最后证明优于爱迪生的直流电系统，从而使交流电系统成为全世界通用的主要系统
初期成果： 第一年大获成功（7 个月获得利润 300 万美元）；1893 年因全国经济萧条，出现经济困难，现金短缺；随后 20 年，部分由于向 AC 系统转化，扭亏为盈，稳步增长	初期成果： 卓越的技术理念带来了初期的巨大成功，公司取得了行业第二的地位，20 年来，乔治·威斯汀豪斯的财力支持着公司的初期增长，掌握着公司的控制权
	其他： 1907 年的大恐慌使公司陷入财务困难，最终导致银行家在 1910 年把西屋从自己的公司赶走

惠普	德州仪器
创立年份：1937	创立年份：1930
创始人： 威廉·休利特（26岁） 戴维·帕卡德（26岁）	创始人： 克拉伦斯·卡彻（年龄不详） 尤金·麦克德莫特（31岁）
所在地： 加州帕洛阿尔托	所在地： 新泽西州纽瓦克
创业观念： 创业之初，纯粹是在广泛的“收音机、电子和电机工程的领域”中，采取“机会主义”的做法，创业初期的产品包括焊接设备、减肥振荡器、马桶自动冲水器、保龄球道感测器、无线电发射机、公共演说系统、空调设备、望远镜时钟驱动器、医疗设备与示波器	创业观念： 开始时叫作地质服务公司，是第一家制造探测潜在油田用地震仪的公司，公司在得克萨斯州的实验室开发生产这种用途的仪器。1934年公司迁往得州达拉斯，以巩固自己在石油探勘业方面的地位。1951年改名为德州仪器
初期成果： 第一年靠着工程合同和在车库里节俭营运维持生计，1939年卖出一些音响示波器，第一年销售额只略微超过5 100美元，获利1 300美元，1940年搬出车库，1941年共有17名员工，第二次世界大战使员工增加到144人，“二战”结束后，员工减少两成，1948年销售额为210万美元	初期成果： 迅速成为地质探测业的市场领袖，在20世纪30年代初期和中期成长、发迹，40年代初期尝试直接跨入石油勘探业务，遭到重挫，靠着公司的震测科技在军方的信号搜索上的应用，才挽救了公司，第二次世界大战后顺利重振声威

IBM	宝来
创立年份：1911（原公司创立于1890年）	创立年份：1892
创始人： 查尔斯·弗林特（年龄不详）	创始人： 威廉·宝来（年龄不详） 约瑟夫·博耶（年龄不详）
所在地： 纽约市	所在地： 密苏里州圣路易斯
创业观念： 由两家小公司合并成为一家迷你型的集团企业，名叫计算–制表–记录公司，简称CTR，制造磅秤、打卡机和店员及会计人员用的制表机器	创业观念： 威廉·宝来发明了有史以来的第一部记录与加法机器，并且成立美国亚默斯计量器公司，负责营销产品
初期成果： 连续三年业务低迷，董事会讨论后把公司清算掉。1914年雇用老沃森，逐渐改善公司体制，使公司在1930年成为制表机器的市场领袖	初期成果： 产品一推出就很成功，公司开始成长，并且通过新产品和购并巩固在本行业里的地位。1914年，公司有90种产品，1920年时，被视为办公机器工业的主流
其他： 1925年改名为国际商业机器公司，简称IBM	其他： 宝来因为他的发明获得富兰克林学会的约翰·斯科特奖章。他在1898年因肺结核去世。1905年公司为了纪念他，改名宝来加法机器公司

强生	百时美
创立年份：1886	创立年份：1887
创始人： 罗伯特·约翰逊（41 岁）及其弟 詹姆斯与米德（年龄不详）	创始人： 威廉·布利斯特（20 岁出头） 约翰·麦尔斯（20 岁出头）
所在地： 新泽西州新不伦瑞克	所在地： 纽约市克林顿
创业观念： 医疗产品厂商，重点生产抗菌外科包扎用药品与医疗用药膏，第一本产品目录共 32 页，“印满了各种产品”	创业观念： 以 5 000 美元的代价购买“一家摇摇欲坠的名叫克林顿制造公司的制药厂”，布利斯特和麦尔斯都没有任何管理制药厂的经验
初期成果： 1886 年创业时有 14 名员工，1888 年雇 125 名工人，到 1894 年雇 400 名员工。因有范围广泛的创新产品，成立了医院，培养了强有力的品牌形象，早期就很成功	初期成果： 早期挣扎求活，1889 年公司只雇用 9 名员工，12 年里没赚半点儿利润，一直到 1903 年，推出极受欢迎的新产品泻盐和历史上第一种杀菌牙膏，才开始迅速成长

万豪	豪生
创立年份：1927	创立年份：1925
创始人： 威拉德 · 马里奥特（26 岁） 艾利 · 马里奥特（22 岁）	创始人： 霍华德 · 约翰逊（27 岁）
所在地： 华盛顿特区	所在地： 马萨诸塞州伍拉斯顿
创业观念： 为了自行经商，以 9 个座位的 A&W 根汁汽水店起家，为了吸引更多的顾客，增加以墨西哥食品为主的熟食，并把店名叫作熟食店	创业观念： 买下一家清凉饮料店，采用母亲的冰激凌配方产销冰激凌，结果大受美国东北部消费者欢迎
初期成果： 靠着一天工作 16 小时，他们的店在第一年就有利润，经营收入共 16 000 美元，到 1929 年已经扩张为 3 家店面，每天营业 24 小时，1931 年扩展到巴尔的摩，到 1940 年，共拥有 18 家熟食店	初期成果： 创业不到半年需求就超过它的产能，到 1928 年，冰激凌销售额达到 24 万美元。1933 年扩充业务，成为著名的路边餐厅，以橘黄色的屋顶为特征，到 1940 年，已经拥有 125 家店
	其他： 霍华德 · 约翰逊一想出路边餐厅的基本观念，就开始扩张，把他的构想发挥得淋漓尽致

默克	辉瑞
创立年份：1891	创立年份：1849
创始人： 乔治·默克（23岁）	创始人： 查尔斯·辉瑞（25岁） 查尔斯·艾哈特（28岁）
所在地： 纽约市	所在地： 纽约市布鲁克林
创业观念： 原本是德国默克化学公司的美国销售分公司，起源可以追溯到默克家族1668年在德国达姆施塔特所设的药店	创业观念： 制造当时美国不生产的高品质化学品，以便进口产品竞争时占有运输上的优势。第一种产品叫山道年塔糖，是治疗寄生虫病的复合药品
初期成果： 从母公司进口化学品，销售稳定而成功（1897年销售额100万美元），一直到成立10年后，才开始制造自己的化学品，大约到1903年，才在新泽西州来威的新工厂里开始制造碘化物和其他基本药品。1910年的营业总收入为300万美元	初期成果： 山道年塔糖似乎很畅销，使公司拥有扩张业务的稳定基础。1855年，公司开始制造以碘为基础的产品，到1860年，公司至少制造出5个产品系列。1857年，公司在曼哈顿市区设立办事处，1857—1888年间，辉瑞买下72公顷土地，以备扩展之用

摩托罗拉	顶峰
创立年份：1928	创立年份：1923
创始人： 保罗·高尔文（33岁）	创始人： 尤金·麦克唐纳（37岁）
所在地： 伊利诺伊州芝加哥	所在地： 伊利诺伊州芝加哥
创业观念： 制造收音机用电池代用器，业务还包括替西尔斯公司修理售后服务保证期间送回来维修的收音机电池整流器。高尔文知道“整流器的业务不会长久”，所以很早就开始寻找其他市场	创业观念： 利用新兴的收音机工业，制造和营销收音机（商业收音机广播1920年开始，收音机供应短缺），1923年取得芝加哥收音机公司制造的收音机独家销售权。1924年推出世界第一部袖珍收音机
初期成果： 创业第一年，靠着整流器的制造和修理业务勉强营生，1929年年底几乎破产。1930年想到汽车收音机的观念。这一年的营业亏损，到1931年出现利润，此后开始稳定增长	初期成果： 初期的创新助长了销售额的增长（1924年推出第一部袖珍收音机，1926年推出第一部直流插座的家庭用收音机，1927年推出第一部按钮式收音机），但是因为资产管理松散，在20年代中期遭遇周转和信用问题

诺思通	梅尔维尔
创立年份：1901	创立年份：1892
创始人： 约翰·诺德斯特龙（30 岁） 卡尔·沃林（年龄不详）	创始人： 弗兰克·梅尔维尔（年龄不详）
所在地： 华盛顿州西雅图	所在地： 纽约市
创业观念： 用约翰·诺德斯特龙的话说："我仍然不知道我想做什么……我开始找一些小生意准备做，沃林先生从事制鞋这一行……开了一家修鞋店……我常到店里去看沃林先生，有一天，他建议我们合伙开一家鞋店。"	创业观念： 梅尔维尔是鞋类流动批发商，在"一位店主没付一批鞋子的费用就从市区潜逃"后，梅尔维尔取得了这三家鞋店
初期成果： 很早就开始获利，最初 15 年里换了三个地点，但是仍然维持一家店面，到 1923 年才开设第二家店	初期成果： 很早就开始盈利，1895 年采用连锁观念开始扩张，到 1923 年已经拥有 31 家零售店，1935 年拥有 571 家零售店。30 年代初期成为美国最大的鞋业零售商
其他： 约翰·诺德斯特龙 1928 年把自己的股权全部卖给了儿子埃弗里特和埃尔默	

宝洁	高露洁
创立年份：1837	创立年份：1806
创始人： 威廉·波克特（36岁） 詹姆斯·甘保（34岁）	创始人： 威廉·高露洁（23岁）
所在地： 俄亥俄州辛辛那提	所在地： 纽约市
创业观念： 波克特是蜡烛制造商，甘保是肥皂制造商，都靠同样的植物油脂做产品原料，因为是连襟，两个人决定合作，组成销售肥皂和蜡烛的合伙事业	创业观念： 根据高露洁董事长在1956年的说法："在美国历史的那个时期（1806年），至少75%的肥皂是家庭制造的……家庭制造的肥皂粗糙、低劣，对皮肤不好，气味难闻，威廉·高露洁决心制造气味芬芳、一般人都买得起的肥皂。"
初期成果： 公司成长缓慢，经过15年才壮大到必须搬离在辛辛那提的寒酸办公室、厂房兼店面，公司的成长虽然不惊人，却一直都有利润。1847年公司盈余2万美元，成立20年后，公司雇用80名工人	初期成果： 没有资料可考，没有资料显示高露洁公司成立前20年内，是比宝洁公司更为成功还是远远不如宝洁公司
其他： 宝洁创业时，是辛辛那提18家销售肥皂/蜡烛的公司之一	其他： 美国最早产销肥皂的公司之一

菲利普·莫里斯	雷诺
创立年份：1847	创立年份：1875
创始人： 菲利普·莫里斯（年龄不详）	创始人： 理查德·雷诺（25 岁）
所在地： 英国伦敦	所在地： 北卡罗来纳州温斯顿
创业观念： 伦敦邦德街的烟草店	创业观念： 利用新开发的“能够治疗感冒、适于制造最好口嚼烟丝的烟草”出产、销售口嚼烟丝
初期成果： 创业后仅维持一家零售店，到 1854 年，菲利普·莫里斯才开始制造香烟。没有资料显示早期有过大幅的增长。1902 年把公司生产的香烟引进美国，美国投资人在 1919 年买下菲利普·莫里斯的品牌名称	初期成果： 创业第一年就生产 15 万磅的产品，“从那时起，大约每隔一年，就要开发、生产一种新产品，迎合这个由口嚼烟丝爱好者组成的国家”。到 19 世纪 80 年代中期，理查德·雷诺已积聚了超过 10 万美元的个人财富
其他： 1924 年万宝路牌香烟推出时是供女性抽的香烟	其他： 骆驼牌香烟在 1913 年推出，1917 年成为美国最畅销的品牌

索尼	健伍
创立年份：1945	创立年份：1946
创始人： 井深大（37 岁）	创始人： （公司历史中没有记载）
所在地： 日本东京	所在地： 日本驹根市
创业观念： 除了应用科技创造消费品的模糊想法之外，没有其他明确的构想	创业观念： 成为音响科技方面的专业先驱
初期成果： 初期因为生产电饭煲和录音系统销售失败，奋力求生，靠着制造粗糙的电热毯，又取得日本广播协会（NHK）的合同，杂七杂八地制造很多种产品才生存下来。1955 年开发出第一种畅销的消费产品袖珍型收音机，花了 12 年，员工人数才达到 500 人	初期成果： 迅速成为音响科技方面的领袖，第一种产品是专业化的收音机组件，销售很成功，立刻为公司奠定基础。制造的高频变压器是第一种通过日本广播协会审核标准的日本产品

沃尔玛	Ames 百货
创立年份：1945	创立年份：1958
创始人： 山姆·沃尔顿（27 岁）	创始人： 米尔顿·吉尔曼（33 岁） 欧文·吉尔曼（年龄不详）
所在地： 亚利桑那州纽波特	所在地： 马萨诸塞州绍斯布里奇
创业观念： 取得本·富兰克林杂货店的加盟权，在一个小镇开设一家店，没有任何证据显示有关开设一间分店等计划	创业观念： 把家乡的农庄拿去抵押贷款，特意要在小城镇里创设连锁折扣零售企业
初期成果： 第一年销售额 8 万美元，第三年销售额 22.5 万美元，1950 年丧失租约，因此失去店面。然后迁至阿肯色州本顿维尔，开设一家叫作“沃尔顿商店”的廉价商店，1952 年扩大为两家店面	初期成果： 第一年销售额 100 万美元，两年内扩张成为在纽约州与佛蒙特拥有很多店面的连锁企业
其他： 1962 年开设第一家大型乡村折扣商店	其他： 1958 年开设第一家大型乡村折扣商店

迪士尼	哥伦比亚
创立年份：1923	创立年份：1920
创始人： 沃尔特·迪士尼（21 岁） 罗伊·迪士尼（27 岁）	创始人： 哈利·科恩（29 岁） 杰克·科恩（年龄不详）
所在地： 加州洛杉矶	所在地： 加州洛杉矶
创业观念： 迪士尼从堪萨斯市来到洛杉矶，想从事电影事业却找不到工作，所以租了一部摄影机，制作了一个动画棚，在叔叔的车库里设立一个摄影棚，决定自行从事动画电脑电影业务。据《迪士尼传》的作者希克说："他至少有一半相信自己进入动画电影太晚，大约晚了 6 年，但这是他唯一有过经验的领域。"	创业观念： 哈利与杰克 1920 年创立公司时，开始先制作卡通片与短片，短片用于体现电影明星银幕下的活动，并且替明星当时的影片做宣传，然后跨入电影长片制作
初期成果： 第一部电影系列剧《爱丽丝梦游仙境》只带来刚好够周转以便继续运营的资金，这样还是他极力节省支出的缘故，第二部电影《幸运的兔子奥斯瓦尔德》（1927 年）情形比较好，但是因为业务合同订得不好，失去这部影片的控制权。1928 年推出《米老鼠》	初期成果： 最初的短片观念只算是小小的成功。第一部长片取得了更大成功，成本 2 万美元，收入 13 万美元。从 1922 年 8 月 ~1923 年 12 月，公司制作了 10 部赚钱的长片

形成对照的公司	成立时是否拥有“伟大构想”?		创业阶段哪个公司取得了更大的初步成功：高瞻远瞩公司，还是对照公司?
	高瞻远瞩公司	对照公司	
3M 和诺顿	否	是	对照公司
美国运通和富国银行	否	否	高瞻远瞩公司
波音和麦道	否	是	对照公司
花旗银行和大通曼哈顿银行	否	否	成就相当
福特汽车和通用汽车	是	否	高瞻远瞩公司
通用电气和西屋	是	是	成就相当
惠普和德州仪器	否	是	对照公司
IBM 和宝来	否	是	对照公司
强生和百时美	是	否	高瞻远瞩公司
万豪和豪生	否	否	成就相当
默克和辉瑞	否	是	成就相当
摩托罗拉和顶峰	否	是	对照公司
诺思通和梅尔维尔	否	否	对照公司
宝洁和高露洁	否	是	成就相当
菲利普·莫里斯和雷诺	否	是	对照公司
索尼和健伍	否	是	对照公司
沃尔玛和 Ames 百货	否	是	对照公司
迪士尼和哥伦比亚	否	否	对照公司
合计	3 个“是” 15 个“否”	11 个“是” 7 个“否”	3 家高瞻远瞩公司 5 对公司成就相当 10 家对照公司

附录3
图表

表 A.1 我们对高瞻远瞩公司与对照公司在整个历史（从成立之日到 1991 年）上的研究分类

第 1 类：组织安排。“硬实力”，如组织结构、政策与程序、系统、回报与动机、所有权结构、整个商业策略与公司活动（如收购、重大策略变化、上市）
第 2 类：经营策略。“软实力”，如公司的变化实践、气氛、准则、仪式、神话与故事、集体力量和管理模式
第 3 类：有形分布。公司布置物理空间（如工厂与办公室的分布或新的设施）的方式的重要方面。这包括与公司重要部分的地理位置相关的重要决定
第 4 类：技术。公司如何运用技术：信息技术、最新工艺与设备、先进的工作结构及相关事宜
第 5 类：领导人。自从公司成立之初的领导人问题：组织早期的主要创始人与新生代之间的过渡、领导任期、领导人成为 CEO（来自公司以外还是在公司内成长起来？何时加入公司？）之前在该组织内的工作时间、领导人的选择过程与标准
第 6 类：产品与服务。公司历史上的重要产品与服务。产品与服务的概念是如何形成的？是什么指导着它们的选择与发展？公司有过产品的失败吗？它是如何面对失败的？公司在市场上引领新产品的潮流还是随波逐流
第 7 类：愿景。核心价值、使命和高瞻远瞩的目标。具备这些变量吗？如果具备，它们是如何形成的？组织是否在其历史的某些时期而不是其他时期拥有这些变量？这些变量所起的作用是什么？如果组织具有强有力的价值观与使命，那么这些价值观与使命是保持完好还是变得淡漠？为什么？

（续表）

第 8 类：财务分析。自上市之日起所有收入报表与负债表的比率与电子表格分析：销售与利润增长、毛利、资产收益率、销售收益率、权益资本利润、负债与产权比比率、现金流量与营运资本、流动性比率、股息支付比率、作为销售百分比的总资产厂房与设备的增加、资产周转率。我们还考察股票收益率与市场相关的整体股票业绩
第 9 类：市场 / 环境。公司外部环境的重要方面：主要的市场转换、重大国内外事件、政府规定、行业结构问题、重大技术变革及相关事项

表 A.2　从事研究的信息来源

直接来自公司的历史资料。档案资料、历史文档（如自公司上市起的计划书）、历史说明、内部出版物、图像资料、在世与已故领导人的采访与讲话文本、公司政策文档、历史与当前展望（价值、目的、使命）的阐述、员工手册、培训与社会化资料以及相关资料
公司或外部观察者出版的有关行业、公司及公司领导的书籍。（我们更看重外部人士写作的书籍。）我们通过斯坦福大学、加利福尼亚大学、哈佛大学、耶鲁大学和牛津大学的联合图书目录找到了所有书籍（旧书与新书）
与公司有关的文章。自公司成立到当前，我们做了广泛的文献搜集工作，阅读了几十年来有关每家公司的所有主要文章，这些来源有《福布斯》《财富》《商业周刊》《华尔街日报》《国家商业》《纽约时报》《美国新闻》《新共和》《哈佛商业评论》《经济学家》，还从《折扣商》《营销学》《宾馆和饭店季刊》等行业或特定话题来源中选取了一些文章
公司年度报告和财务报表。在有些情况下，仅一家公司就包含近 100 份单独的收入报表和资产负债表
哈佛与斯坦福商学院案例研究与行业分析。我们获取了研究范围内每家公司和每个行业的每一件可获取的商业案例研究资料
财务数据库。包括芝加哥大学证券价值研究中心市场指数数据库，它向我们提供了每家公司最早可以获得的每月股票收益率
对关键人物、职员、前职员和公司或行业外部“观察家”（如分析家和学者）的访谈
商业与行业参考资料。如《美国商业领袖传记辞典》《公司历史国际名录》《胡佛公司手册》《美国工业发展》《电影行业历书》

表 A. 3　领导层成形阶段的区别变量

领导层的定义是，高级经理人，他（们）表现出极强的毅力，能克服重大困难、吸引有志之士、影响众人朝着目标前进、在引领公司闯过其历史上的关键时期方面发挥主要作用。注意：在选择时间时，我们尽力涵盖某位经理人仍对公司的发展方向产生重大影响的阶段。有时某位经理人在工作期间拥有几个头衔，如总裁、CEO、董事长、总经理。该表旨在说明高瞻远瞩公司与对照公司在发展的成形阶段都有这样的人员，因此，这种定义下的领导层不能作为区别变量

形成对照的公司	高瞻远瞩公司	对照公司	区别变量
3M 公司与诺顿公司	威廉·麦克奈特（1914—1966）	米尔顿·希金斯（1855—1912）	无
美国运通公司与富国银行	亨利·韦尔斯和威廉·法戈（1850—1868）	亨利·韦尔斯和威廉·法戈（人员相同）（1852—19 世纪 60 年代）	无
波音公司与麦道公司	威廉·波音（1916—1934）	唐纳德·道格拉斯（1920—1967） 詹姆斯·麦克唐纳（1939—1980）	无
花旗银行与大通银行	詹姆斯·斯蒂尔曼（1891—1918）	艾伯特·威金（1911—1933）	无
福特汽车公司与通用汽车公司	亨利·福特一世（1899—1945）	阿尔弗雷德·P. 斯隆（1923—1946）	无
通用电气公司与西屋公司	查尔斯·科芬（1892—1922）	乔治·威斯汀豪斯（1886—1909）	无
惠普公司与德州仪器公司	戴维·帕卡德 威廉·休利特（1937 至今）	尤金·麦克德莫特（1930—1948） 帕特·哈格蒂（1958—1976）	无
IBM 公司与宝来公司	托马斯·J. 沃森（1914—1956）	约瑟夫·博耶（1898—1930）	无

（续表）

形成对照的公司	高瞻远瞩公司	对照公司	区别变量
强生公司与百时美公司	R. W. 约翰逊（1886—1910）	威廉·布利斯特（1887—1915）	无
万豪酒店与豪生酒店	J. 威拉德·马里奥特（1925—1959）	霍华德·约翰逊（1927—1964）	无
默克制药与辉瑞制药	乔治·默克（1895—1925）	查尔斯·辉瑞（1849—1906）	无
摩托罗拉公司与顶峰公司	保罗·高尔文（1926—1956）	小尤金·F. 麦克唐纳（1923—1958）	无
诺思通公司与梅尔维尔公司	约翰·诺德斯特龙（1901—1928）	弗兰克·梅尔维尔（1892—1930）	无
宝洁公司与高露洁公司	威廉·波克特和詹姆斯·甘保（1837—19世纪70年代）	威廉·高露洁（1806—1857）	无
菲利普·莫里斯公司与雷诺公司	不详	R.J. 雷诺（1875—1918）	也许对对照公司有利
索尼公司与健伍公司	井深大（1945—）	不详	不详
沃尔玛公司与Ames百货公司	山姆·沃尔顿（1945—1992）	吉尔曼兄弟（1958—1981）	无
迪士尼公司与哥伦比亚电影公司	沃尔特·迪士尼（1923—1966）	哈里·科恩（1920—1958）	无

表 A.4 核心理念的证据

方法：在评估高瞻远瞩公司与对照公司的理念特征时，我们考虑了以下每个方面的证据：

A：理念的表述

B：理念的历史连续性

C：超越利润的理念

D：理念与行动的一致性

在每一类别中，我们根据获得的证据对每个高瞻远瞩公司和对照公司进行评级。然后在依据这些方面取得的公司评级总和的基础上计算出整体指数，每个"H"的得分为3，"M"的得分为 2，"L"的得分为 1

A：理念的表述

H：有重要证据表明，公司表述一个理念（作为我们每个定义的核心价值与 / 或使命）并将该理念用作指导源泉。有证据表明，公司主要成员反复谈论或写作该理念，该理念在整个组织内广为交流

M：有某些证据表明，公司表述一个理念（作为我们每个定义的核心价值与 / 或使命）并将该理念用作指导源泉。有某些证据表明，公司主要成员谈论或写作该理念，但也许只有一次或几次，有某些证据表明，该理念在组织内得到了交流，但少于那些在这个方面得到"H"的公司

L：很少或没有证据表明，公司认真澄清并宣布过一个理念（作为我们每个定义的核心价值与 / 或使命）

B：理念的历史连续性

H：有证据表明，A 部分中讨论的已经表述的理念首次明确提出后，在整个公司历史中变化很小并且一直受到重视

M：有证据表明，A 部分中讨论的已经表述的理念首次明确提出后，已经发生了实质性变化，而且 / 或者很少参照该理念

L：很少有证据表明，在公司的整个历史中某个理念具有连续性

C：超越利润的理念

H：有证据表明，明确讨论过盈利性的作用或股东财富只是公司部分目标而不是主要驱动目标。明确使用“合理”收益、“充分”收益、“公平”收益、“营利性”等词语作为实现其他目标的必要条件，而不使用“最大”或“最高”收益

M：有证据表明，高度重视盈利和股东收益率，它们等于或大于其他目标和价值的重要性。对理念考虑也很重要，但远不及那些在该方面得到“H”的公司

L：有证据表明，理念考虑服从于盈利目的，公司高度面向利润和为股东创造财富。有证据表明，公司视财富最大化为生存和高出任何其他考虑的原因

D：理念与行动的一致性

H：有重要证据表明，公司理念不仅仅停留在表面文字上。有证据表明，主要策略（如产品、市场或投资）和 / 或组织规划决定（如结构、动机体系、政策）由所表述的理念指导并与其相一致

M：某些证据表明，公司理念不仅仅停留在表面文字上。某些证据表明，主要策略（如产品、市场或投资）和 / 或组织规划决定（如结构、动机体系、政策）由所表述的理念指导并与其相一致，或者其一致性不及那些在这个方面得到“H”的公司

L：很少有证据表明，理念起指导作用及所述理念与公司行动相一致

高瞻远瞩公司	“A”	“B”	“C”	“D”	指数分	总△	指数分	“A”	“B”	“C”	“D”	对照公司
3M 公司	H	H	M	H	11.00	3.00	8.00	M	M	M	M	诺顿公司
美国运通公司	M	M	M	M	8.00	2.00	6.00	M	L	L	M	富国银行
波音公司	H	H	M	H	11.00	5.00	6.00	M	L	L	M	麦道公司
花旗银行	M	M	M	M	8.00	0.00	8.00	M	H	H	M	大通曼哈顿银行
福特汽车公司	H	M	M	M	10.00	4.00	6.00	M	L	L	M	通用汽车公司
通用汽车公司	H	M	M	M	9.00	2.00	7.00	M	L	M	M	西屋公司
惠普公司	H	H	H	H	12.00	6.00	6.00	M	L	L	M	德州仪器公司
IBM 公司	H	H	M	M	10.00	6.00	4.00	L	L	L	L	宝来公司
强生公司	H	H	H	H	12.00	5.00	7.00	M	L	M	M	百时美公司
万豪酒店	H	H	H	H	12.00	6.00	6.00	M	L	M	L	豪生酒店
默克制药	H	H	H	H	12.00	5.00	7.00	M	L	M	M	辉瑞制药
摩托罗拉公司	H	H	H	H	12.00	5.00	7.00	M	M	M	M	顶峰公司
诺思通公司	H	L	M	H	11.00	3.00	8.00	M	L	M	M	梅尔维尔公司
菲利普·莫里斯公司	M	H	M	H	8.00	1.00	7.00	M	L	M	M	雷诺公司
宝洁公司	H	H	M	H	11.00	3.00	8.00	H	L	M	M	高露洁公司
索尼公司	H	H	H	H	12.00	5.00	7.00	M	L	M	M	健伍公司
沃尔玛公司	M	H	M	H	10.00	6.00	4.00	L	L	L	L	Ames 百货公司
迪士尼公司	H	H	M	H	11.00	7.00	4.00	L	L	L	L	哥伦比亚电影公司
频率计数												
H 次数	14	13	7	13				1	0	1	0	
M 次数	4	4	11	5				14	2	10	14	
L 次数	0	1	0	0				3	16	7	4	
总计	18	18	18	18				18	18	18	18	
VC（高瞻远瞩公司）> CC（对照公司）	14	17	12	14	17							
VC = CC	4	1	5	4	1							
VC < CC	0	0	1	0	0							
总计	18	18	18	18	18							

表 A.5　制定胆大包天的目标的证据

方法：评估胆大包天的目标在高瞻远瞩公司和对照公司中的使用时，我们考虑了以下每个方面的证据：

A：胆大包天的目标的使用

B：胆大包天的目标的创新性

C：胆大包天的目标的历史模式

在每一个类别中，我们根据所获得的证据给每一家高瞻远瞩公司和对照公司评级。然后在依据这些方面取得的公司评级总和的基础上计算出整体指数，“H”的得分为 3，“M”的得分为 2，“L”的得分为 1

A：胆大包天的目标的使用

H：有重要证据表明，公司利用胆大包天的目标刺激发展

M：有某些证据表明，公司利用胆大包天的目标刺激发展，但不及那些评为“H”的证据清楚或突出

L：很少或没有证据表明，在公司历史上认真利用过胆大包天的目标

B：胆大包天的目标的创新性

H：有重要证据表明，所用胆大包天的目标极具“创新性”（有证据表明，这些胆大包天的目标很难达到和 / 或极具风险）

M：有证据表明，所用胆大包天的目标极具“创新性”，但远不及在此方面被评为“H”的胆大包天的目标有风险或困难

L：很少有证据表明，目标极具创新性

C：胆大包天的目标的历史模式

H：有证据表明，公司重复使用一组胆大包天的目标历史模式，或一组胆大包天的目标沿袭多代领导层

M：（比取得“H”的公司）重复使用一组胆大包天的目标历史模式或使用多代领导层传下来的胆大包天的目标的证据少

L：很少有证据表明，在公司历史中有胆大包天的目标的历史模式

高瞻远瞩公司	“A”	“B”	“C”	指数分	总△	指数分	“A”	“B”	“C”	对照公司
3M 公司	M	M	L	5.00	0.00	5.00	M	M	L	诺顿公司
美国运通公司	M	M	L	5.00	1.00	4.00	M	L	L	富国银行
波音公司	H	H	H	9.00	4.00	5.00	M	M	L	麦道公司
花旗银行	H	H	H	9.00	4.00	5.00	M	M	L	大通曼哈顿银行
福特汽车公司	H	H	M	8.00	1.00	7.00	H	H	L	通用汽车公司
通用电气公司	H	H	M	8.00	1.00	7.00	H	H	L	西屋公司
惠普公司	M	H	L	6.00	−2.00	8.00	H	H	M	德州仪器公司
IBM 公司	H	H	M	8.00	5.00	3.00	L	L	L	宝来公司
强生公司	M	M	M	6.00	0.00	6.00	M	M	M	百时美公司
万豪酒店	H	M	M	7.00	3.00	4.00	M	L	L	豪生酒店
默克制药	H	H	M	8.00	2.00	6.00	M	M	M	辉瑞制药
摩托罗拉公司	H	H	H	9.00	3.00	6.00	H	M	L	顶峰公司
诺思通公司	M	M	M	6.00	0.00	6.00	M	M	M	梅尔维尔公司
菲利普·莫里斯公司	H	H	L	7.00	1.00	6.00	M	M	M	雷诺公司
宝洁公司	H	H	M	8.00	2.00	6.00	M	M	M	高露洁公司
索尼公司	H	H	H	9.00	4.00	5.00	M	M	L	健伍公司
沃尔玛公司	H	H	H	9.00	4.00	5.00	M	M	L	Ames 百货公司
迪士尼公司	H	H	M	8.00	3.00	5.00	M	M	L	哥伦比亚电影公司
频率计数										
H 次数	13	13	5				4	3	0	
M 次数	5	5	9				13	12	6	
L 次数	0	0	4				1	3	12	
总计	18	18	18				18	18	18	
VC > CC	10	12	10		14					
VC = CC	7	6	6		3					
VC < CC	1	0	2		1					
总计	18	18	18		18					

表 A.6 拥有教派般文化的证据

方法：在评估高瞻远瞩公司与对照公司的教派倾向时，我们考虑了体现公司寻求形成强烈的忠诚和奉献意识、影响公司内部人员的行为与公司理念相一致的证据。我们考察了教派式环境中三个主要方面的证据：

A：灌输信仰

B：严密契合

C：精英主义

在每一个类别中，我们根据所获得的证据给每一家高瞻远瞩公司和对照公司评级。然后在依据这些方面取得的公司评级总和的基础上计算出整体指数，“H”的得分为 3，“M”的得分为 2，“L”的得分为 1

A：灌输信仰

H：有重要证据表明，公司具有正式和/或看得见的员工教化程序。这些程序可能包括：

——教授价值观、行为准则、公司理念、历史和传统的专门课程

——正在举行的具有理念意义的“培训”

——同事、直接领导和他人倡导的“当前工作”理念社会化

——公司成员成为新职员的主要社交群体；鼓励员工主要与其他员工交往

——唱公司歌曲，呼公司口号

——宣传榜样员工的“英雄行为”创造的神话

——用特有的语言和术语提炼参照框架

——立下誓言和保证

——聘用年轻职员，提拔内部员工，从年轻时开始塑造职员的思维方式；每个人从头做起，促进员工的理念“成熟”

M：有某些证据表明，公司拥有围绕核心理念进行正式和看得见的员工教化程序的悠久历史，但不如获得“H”级的证据突出，并且/或者历史连续性稍逊一筹

L：很少或没有证据表明，公司拥有围绕核心理念进行正式和看得见的员工教化程序悠久历史

B：严密契合

H：有重要证据表明，公司在历史上强调“严密契合”——员工要么非常适合公司工

作，要么根本不适合；“契合”的界限非常严格（在公司理念方面尤其如此）。公司利用各种具体方法提高这种严格的适合度，这些方法包括：

——对那些适合的员工给予具体肯定和回报，对那些不适合的员工给予进一步具体否定和惩罚（那些适合的员工看上去快乐、得到了回报、受到了重视；那些不适合的员工看上去不快乐、得不到重视、“很落后”）

——对不破坏公司理念的错误（“非过失”）的包容；对那些破坏公司理念的错误（过失）的严惩

——招聘时或聘用后前几年间的严格筛选程序

——对忠诚的苛求；对感受到的“不忠”的惩罚和 / 或背叛感

——过分严格的行为准则和严格的行为控制，旨在驱逐那些不适合的员工

——期待行为的热情和对理念的支持

——寻求购进（就像金融或时间投入一样），旨在驱逐那些不愿全心“加入”的员工

M：公司有要求“严密契合”的历史证据，但其证据的突出程度和历史连续性不及那些取得“H”的公司

L：公司要求“契合”的历史证据很少或没有

C：精英主义

H：有重要证据表明，公司历史上强调对某种特殊事物和上级的归属感。这两个部分都很重要——归属和特殊性。这在很多方面能得到体现，如：

——不断在口头和文字中强调归属某个特殊群体，精英群体

——对信息，尤其是与外部世界相关信息的保密与控制的沉迷

——对强调成功、归属和特殊性的认可

——名称的使用（“摩托罗拉人”等），强调归属某一特殊群体的特殊语言

——频繁强调“家庭感受”——所有人归属于一个“快乐的大家庭”

——有形独立；也就是说，公司有自己的设施（邮局、餐厅、健康俱乐部、社交集合场所），把职员与外部世界打交道的需要降到最低

M：（与获得“H”的公司相比）公司历史上强调归属某种特殊事物和上级的证据少

L：很少或没有证据表明，公司历史上强调归属某种特殊事物和上级

高瞻远瞩公司	“A”	“B”	“C”	指数分	总△	指数分	“A”	“B”	“C”	对照公司
3M	M	H	H	8.00	2.00	6.00	M	M	M	诺顿公司
美国运通公司	L	M	M	5.00	0.00	5.00	L	M	M	富国银行
波音公司	M	M	H	7.00	2.00	5.00	M	L	M	麦道公司
花旗银行	M	M	H	7.00	0.00	7.00	M	M	H	大通曼哈顿银行
福特汽车公司	M	M	H	7.00	0.00	7.00	M	M	H	通用汽车公司
通用电气公司	H	M	H	8.00	4.00	4.00	L	L	M	西屋公司
惠普公司	H	H	H	9.00	2.00	7.00	H	M	M	德州仪器公司
IBM 公司	H	H	H	9.00	5.00	4.00	L	L	M	宝来公司
强生公司	H	M	H	8.00	2.00	6.00	M	M	M	百时美公司
万豪酒店	H	H	H	9.00	3.00	6.00	M	M	M	豪生酒店
默克制药	H	H	H	9.00	4.00	5.00	L	M	M	辉瑞制药
摩托罗拉公司	H	M	M	7.00	3.00	4.00	L	L	M	顶峰公司
诺思通公司	H	H	H	9.00	4.00	5.00	L	M	M	梅尔维尔公司
菲利普·莫里斯公司	M	M	M	6.00	0.00	6.00	M	M	M	雷诺公司
宝洁公司	H	H	H	9.00	3.00	6.00	M	M	M	高露洁公司
索尼公司	H	M	H	8.00	3.00	5.00	M	L	M	健伍公司
沃尔玛公司	H	M	H	8.00	4.00	4.00	L	L	M	Ames 百货公司
迪士尼公司	H	H	H	9.00	5.00	4.00	L	M	L	哥伦比亚电影公司
频率计数										
H 次数	12	8	15				1	0	2	
M 次数	5	10	3				9	12	15	
L 次数	1	0	0				8	6	1	
总计	18	18	18				18	18	18	
VC > CC	11	13	13		14					
VC = CC	7	5	5		4					
VC < CC	0	0	0		0					
总计	18	18	18		18					

表 A.7 有目的变化的证据

方法：在评估高瞻远瞩公司和对照公司对变化进程的使用时，我们考虑了研究过程中收集的证据。我们的研究将暗示，有目的的变化会刺激发展进程。我们考察了三个方面的证据：

A：有意识地使用变化进程

B：刺激、促进变革的可行的自主权

C：刺激、促进变革的其他机制

在每一个类别中，我们根据所获得的证据给每一家高瞻远瞩公司和对照公司评级。然后在依据这些方面取得的公司评级总和的基础上计算出整体指数，“H”的得分为 3，“M”的得分为 2，“L”的得分为 1

A：有意识地使用

H：有重要证据表明，公司在历史上有意识地推崇通过变革和选择的变化进程取得进步的观念。虽然公司也推崇其他形式的进步（如胆大包天的目标或自我提高），但它一定还有意识地利用变化进程。有证据表明，公司实际上已经做出了一些重大策略转变，正利用这种发展模式前进

M：有某些证据表明，公司在历史上有意识地推崇通过变革和选择的变化进程取得进步的观念，但证据不够突出，而且 / 或者不及那些取得“H”的公司在历史上更连续地有意识地采用这一模式

L：很少或没有证据表明，公司在历史上有意识地推崇通过变革和选择的变化过程取得进步的观念

B：可行的自主权

H：有重要证据表明，公司在历史上曾经使用可实施的自主权作为促进发展的手段。可行的自主权的意思是，员工在通过权力下放的组织机构和工作规划（有利于工作自由度）完成自己的职责时具有广泛的个人处置权

M：有某些证据表明，公司在历史上曾经使用可实施的自主权作为促进发展的手段，但证据不够突出，而且 / 或者不及那些取得“H”的公司在历史上更连续地有意识地使用可行的自主权

L：很少或没有证据表明，公司的历史上曾经使用可实施的自主权作为促进发展的手段

C：其他机制

H：有重要证据表明，公司在历史上除用可行的自主权外还用多种机制通过变革和选择刺激、促进变化进程。这些机制旨在鼓励创造性和新思想、大胆尝试、机会主义（对意料之外的机会做出迅速有力的行动反应）、对错误免于责罚（或实际上的奖励）、对创新和新方向的奖励、个人积极性、为组织创造新机会的意愿

M：有某些证据表明，公司在历史上除用可行的自主权外还用多种机制通过变革和选择刺激、促进变化进程，但证据不够突出，而且 / 或者不及那些取得“H”的公司在历史上更连续地有意识地采用多种机制

L：很少或没有证据表明，公司在历史上除用可行的自主权外还用多种机制通过变革和选择刺激、促进变化进程

高瞻远瞩公司	"A"	"B"	"C"	指数分	总△	指数分	"A"	"B"	"C"	对照公司
3M 公司	H	H	H	9.00	5.00	4.00	L	M	L	诺顿公司
美国运通公司	H	M	M	7.00	2.00	5.00	M	M	L	富国银行
波音公司	M	M	L	5.00	2.00	3.00	L	L	L	麦道公司
花旗银行	M	H	M	7.00	3.00	4.00	M	L	L	大通曼哈顿银行
福特汽车公司	M	M	M	6.00	0.00	6.00	M	M	M	通用汽车公司
通用电气公司	M	M	M	6.00	1.00	5.00	M	M	L	西屋公司
惠普公司	H	H	H	9.00	3.00	6.00	M	M	M	德州仪器公司
IBM 公司	M	M	M	6.00	3.00	3.00	L	L	L	宝来公司
强生公司	H	H	M	8.00	2.00	6.00	M	M	M	百时美公司
万豪酒店	H	M	M	7.00	3.00	4.00	M	L	L	豪生酒店
默克制药	M	M	M	6.00	−2.00	8.00	H	H	M	辉瑞制药
摩托罗拉公司	H	H	H	9.00	5.00	4.00	M	L	L	顶峰公司
诺思通公司	M	H	L	6.00	0.00	6.00	M	H	L	梅尔维尔公司
菲利普 · 莫里斯公司	M	M	L	5.00	1.00	4.00	M	L	L	雷诺公司
宝洁公司	M	M	L	5.00	1.00	4.00	M	L	L	高露洁公司
索尼公司	H	H	M	8.00	2.00	6.00	M	M	M	健伍公司
沃尔玛公司	H	H	H	9.00	6.00	3.00	L	L	L	Ames 百货公司
迪士尼公司	M	L	M	5.00	1.00	4.00	M	L	L	哥伦比亚电影公司
频率计数										
H 次数	8	8	4				1	2	0	
M 次数	10	9	10				13	7	5	
L 次数	0	1	4				4	9	13	
总计	18	18	18				18	18	18	
VC > CC	10	12	10		15					
VC = CC	7	5	8		2					
VC < CC	1	1	0		1					
总计	18	18	18		18					

表 A.8 管理连续性的证据

方法：在评估高瞻远瞩公司和对照公司的管理连续性时，我们考虑了以下方面的证据：

A：内部与外部首席执行官

B：无“英雄式领袖真空”或“救世主综合征”

C：正规的管理发展规划和机制

D：详尽的继任规划和 CEO 的选择机制

在每一个类别中，我们根据所获得的证据给每一家高瞻远瞩公司和对照公司评级。然后在依据这些方面取得的公司评级总和的基础上计算出整体指数，“H”的得分为 3，“M”的得分为 2，“L”的得分为 1

A：内部 / 外部

H：有重要证据表明，公司在历史上只从内部选择首席执行官

M：有证据表明，公司在历史上主要从内部选择首席执行官，但有一两次背离该原则的情况

L：有证据表明，公司有两次以上的情况背离了“只从内部选择”的原则

B：无“英雄式领袖真空”或“救世主综合征”

H：没有证据表明，公司经历过“英雄式领袖真空”（一位强有力的 CEO 离任后缺乏高度合格的继任者）或“救世主综合征”（在困难时期，寄希望从外部降临一位“救世主”以拯救公司）

M：有证据表明，在公司历史上至少有一次经历过“英雄式领袖真空”或“救世主综合征”

L：有证据表明，在公司历史上至少有两次经历过“英雄式领袖真空”或“救世主综合征”

C：管理发展机制

H：有重要证据表明，公司在历史上有意识地加强管理发展，手段包括内部管理培训计划、循环计划、有意识地利用相关工作经历培养经理人、接触高级管理事项和思

路等

M：有某些证据表明，公司在历史上有意识地加强管理发展，但证据不够突出，而且/或者不及那些取得“H”的公司在历史上更连续地有意识地采用管理发展机制

L：很少或没有证据表明，公司在历史上有意识地加强管理发展

D：继任规划与 CEO 的选择机制

H：有重要证据表明，公司在历史上曾有详尽的继任规划和正规的 CEO 选择机制

M：有某些证据表明，公司在历史上曾有详尽的继任规划和正规的 CEO 选择机制，但证据不够突出，而且/或者不及那些取得“H”的公司在历史上更连续地有意识地采用继任规划与 CEO 选择机制

L：很少或没有证据表明，公司在历史上曾有详尽的继任规划和正规的 CEO 选择机制

高瞻远瞩公司	"A"	"B"	"C"	"D"	指数分	总△	指数分	"A"	"B"	"C"	"D"	对照公司
3M 公司	H	H	M	H	11.00	3.00	8.00	M	H	L	M	诺顿公司
美国运通公司	H	M	M	M	9.00	3.00	6.00	L	M	M	L	富国银行
波音公司	H	H	M	H	11.00	4.00	7.00	H	M	L	L	麦道公司
花旗银行	H	H	H	M	11.00	5.00	6.00	L	L	M	M	大通曼哈顿银行
福特汽车公司	H	M	M	M	9.00	0.00	9.00	M	M	H	M	通用汽车公司
通用电气公司	H	H	H	H	12.00	5.00	7.00	L	M	M	M	西屋公司
惠普公司	H	H	H	H	12.00	3.00	9.00	H	M	M	M	德州仪器公司
IBM 公司	H	M	H	M	10.00	4.00	6.00	M	M	L	L	宝来公司
强生公司	H	H	H	M	11.00	1.00	10.00	H	H	M	M	百时美公司
万豪酒店	H	H	M	M	10.00	4.00	6.00	L	M	L	M	豪生酒店
默克制药	H	H	M	M	10.00	0.00	10.00	H	H	M	M	辉瑞制药
摩托罗拉公司	H	H	H	H	12.00	7.00	5.00	M	L	L	L	顶峰公司
诺思通公司	H	H	M	H	11.00	2.00	9.00	H	M	M	M	梅尔维尔公司
菲利普·莫里	L	M	M	M	7.00	0.00	7.00	L	M	M	M	雷诺公司
斯公司	H	H	H	H	12.00	6.00	6.00	M	L	M	L	高露洁公司
宝洁公司	H	H	M	M	10.00	2.00	8.00	M	M	M	M	健伍公司
索尼公司	H	H	M	M	10.00	5.00	5.00	M	L	L	L	Ames 百货公司
沃尔玛公司	M	L	M	L	6.00	2.00	4.00	L	L	L	L	哥伦比亚电影公司
迪士尼公司												
频率计数	16	13	7	7				5	3	1	0	
H 次数	1	4	11	10				7	10	10	11	
M 次数	1	1	0	1				6	5	7	7	
L 次数	18	18	18	18				18	18	18	18	
总计												
VC > CC	12	10	12	10		15						
VC = CC	6	8	5	8		3						
VC < CC	0	0	1	0		0						
总计	18	18	18	18		18						

表 A.8 的支持数据　CEO 统计数据 1806—1992 年

高瞻远瞩公司	CEO 人数	平均任期	外聘 CEO 人数	外聘 CEO 人数	平均任期	CEO 人数	对照公司
3M	12	7.50	0	1	8.92	12	诺顿公司
美国运通公司	9	15.78	0	4	9.33	15	富国银行
波音公司	8	9.63	0	0	14.40	5	麦道公司
花旗银行	20	9.00	0	4	11.50	10	大通曼哈顿银行
福特汽车公司	5	17.80	0	2	7.00	12	通用汽车公司
通用电气公司	7	14.29	0	3	8.15	13	西屋公司
惠普公司	3	18.00	0	0	7.75	8	德州仪器公司
IBM 公司	6	13.50	0	1	10.00	10	宝来公司
强生公司	7	15.14	0	0	21.00	5	百时美公司
万豪酒店	2	32.50	0	3	13.40	5	豪生酒店
默克制药	5	20.20	0	0	13.00	11	辉瑞制药
摩托罗拉公司	3	21.33	0	1	11.50	6	顶峰公司
诺思通公司	3	30.33	0	0	20.00	5	梅尔维尔公司
菲利普 · 莫里斯公司	12	12.08	3	3	8.36	14	雷诺公司
宝洁公司	9	17.22	0	1	16.91	11	高露洁公司
索尼公司	2	23.50	0	1	11.50	4	健伍公司
沃尔玛公司	2	23.50	0	2	8.50	4	Ames 百货公司
迪士尼公司	6	11.50	1	5	9.00	8	哥伦比亚电影公司
平均	6.72	17.38			11.68	8.78	
总计	121		4	31		158	
我们掌握内部及外部数据的 CEO 人数	113					140	
外聘 CEO 占总人数的百分比	3.54%					22.14%	

表 A.9　通用电气公司 CEO 在任期间的业绩排名

排名	通用电气 CEO 在任时期	年均税前权益回报率
1	威尔逊，1940—1949	46.72%
2	科迪纳，1950—1963	40.49%
3	琼斯，1973—1980	29.70%
4	博尔奇，1964—1972	27.52%
5	韦尔奇，1981—1990	26.29%
6	科芬，1915—1921	14.52%
7	斯沃普 / 杨格，1922—1939	12.63%

排名	平均每年与大盘股市相关的累计股票收益业绩	排名	与西屋公司相比较的年均累计股票收益业绩
1	斯沃普 / 杨格 1929—1939	1	科迪纳，1950—1963
2	韦尔奇，1981—1990	2	琼斯，1973—1980
3	科迪纳，1950—1963	3	斯沃普 / 杨格 1926—1939
4	博尔奇，1964—1972	4	威尔森，1940—1949
5	威尔逊，1940—1949	5	韦尔奇，1981—1990
6	琼斯，1973—1980	6	博尔奇，1964—1972

股票收益原始数据：

累计股票收益	年数	通用电气期初	通用电气期末	市场期初	市场期末	西屋期初	西屋期末
斯沃普 / 杨格	13	$1.00	$2.93	$1.00	$1.69	$1.00	$2.83
威尔森	10	$2.93	$4.88	$1.69	$4.22	$2.83	$5.04
科迪纳	14	$4.88	$50.96	$4.22	$31.63	$5.04	$17.60
博尔奇	9	$50.96	$108.23	$31.63	$68.18	$17.60	$56.39
琼斯	8	$108.23	$99.15	$68.18	$89.71	$56.39	$38.57
韦尔奇	10	$99.15	$679.25	$89.71	$415.18	$38.57	$345.94

表 A.9 注释

1. 计算方式为税前利润除以年末股本

2. 1990 年，我们的权益资本利润数据库削减。但是，从 1991 年和 1992 年的年度报表中，我们发现，加进这额外几年后，排名顺序并没有变化。1980—1992 年韦尔奇时期的权益资本利润为 26. 83%。在计算中，我们未考虑退休年金带来的变化

3. 最早只有 1915 年的权益资本利润数据库；科芬开始就职的时间为 1892 年

4. 斯沃普和杨格作为一个管理团队

5. 计算方式为，CEO 时期的累计通用电气股票收益与通用电气 CEO 时期累计大盘股票收益的比率

6. 我们的股票收益数据库运转时间为 1926 年 1 月 ~1990 年 12 月

7. 计算方式为，CEO 时期的累计通用电气股票收益与通用电气 CEO 时期累计大盘股票收益或累计西屋公司股票收益的比率

8. 由于西屋公司的困难和通用电气在 1988—1993 年取得的成功，我们预计，韦尔奇领导下的通用电气在该方面将取得大幅提高

表 A.10　自我提高的证据

方法：在评估高瞻远瞩公司与对照公司的自我提高时，我们考虑了以下几个方面的证据：

A：长期投资额（PP&E、R&D、盈利额、再投资额）

B：人才能力投资：招聘、培训、培养

C：及早采纳新技术、新方法、新工艺

D：激励提高的机制

在每一个类别中，我们根据所获得的证据给每一家高瞻远瞩公司和对照公司评级。然后在依据这些方面取得的公司评级总和的基础上计算出整体指数，“H”的得分为 3，“M”的得分为 2，“L”的得分为 1

A：长期投资额

H：有重要证据表明，公司有依据作为销售，研发支出和股息支付率的 PP&E 比率为长远发展再投资收益的历史
M：有某些证据表明，公司有为长远发展再投资收益的历史
L：有证据表明，公司忽视了对长远发展的投资

B：人才能力投资

H：有重要证据表明，公司有对员工的招聘、培训和职业发展进行投资（即使在衰退时期）的历史
M：有某些证据表明，公司有对员工的招聘、培训和职业发展进行投资（即使在衰退时期）的历史
L：很少有证据表明，公司有对员工的招聘、培训和职业发展进行投资（即使在衰退时期）的历史

C：及早采纳

H：有重要证据表明，公司有及早采纳如新技术、新工艺或新管理方法的历史
M：有某些证据表明，公司有及早采纳如新技术、新工艺或新管理方法的历史
L：有证据表明，公司采纳新技术、新工艺、新管理方法的时间较晚

D：机制

H：有重要证据表明，公司有“困苦机制”的历史，迫使公司在外部环境要求变化的改进之前做出变化和改进
M：有某些证据表明，公司有“困苦机制”的历史，迫使公司在外部环境要求变化的改进之前做出变化和改进
L：很少或没有证据表明，公司有“困苦机制”的历史，迫使公司在外部环境要求变化的改进之前做出变化和改进

高瞻远瞩公司	"A"	"B"	"C"	"D"	指数分	总△	指数分	"A"	"B"	"C"	"D"	对照公司
3M 公司	M	H	H	H	11.00	4.00	7.00	L	M	M	M	诺顿公司
美国运通公司	M	M	L	L	6.00	0.00	6.00	M	M	L	L	富国银行
波音公司	M	M	H	H	10.00	3.00	7.00	M	L	M	M	麦道公司
花旗银行	M	H	H	M	10.00	4.00	6.00	M	M	L	L	大通曼哈顿银行
福特汽车公司	M	M	M	M	8.00	1.00	7.00	M	M	M	L	通用汽车公司
通用电气公司	M	H	H	H	11.00	4.00	7.00	M	L	M	M	西屋公司
惠普公司	H	H	M	H	11.00	2.00	9.00	M	M	H	M	德州仪器公司
IBM 公司	H	H	M	L	9.00	4.00	5.00	M	L	L	L	宝来公司
强生公司	M	M	H	M	9.00	2.00	7.00	M	L	M	M	百时美公司
万豪酒店	H	H	M	H	11.00	4.00	7.00	M	L	M	M	豪生酒店
默克制药	H	H	M	H	11.00	3.00	8.00	M	M	M	M	辉瑞制药
摩托罗拉公司	M	H	H	H	11.00	6.00	5.00	L	L	L	M	顶峰公司
诺思通公司	H	M	M	H	10.00	2.00	8.00	M	M	M	M	梅尔维尔公司
菲利普·莫里斯公司	M	M	M	M	8.00	3.00	5.00	L	M	L	L	雷诺公司
宝洁公司	M	H	H	H	11.00	5.00	6.00	L	M	M	L	高露洁公司
索尼公司	M	M	M	M	8.00	0.00	8.00	M	M	M	M	健伍公司
沃尔玛公司	M	M	H	H	10.00	5.00	5.00	M	L	L	L	Ames 百货公司
迪士尼公司	H	H	H	L	10.00	6.00	4.00	L	L	L	L	哥伦比亚电影公司
频率计数												
H 次数	6	10	9	10				0	0	1	0	
M 次数	12	8	8	5				13	10	10	10	
L 次数	0	0	1	3				5	8	7	8	
总计	18	18	18	18				18	18	18	18	
VC > CC	10	13	11	13		16						
VC = CC	8	5	6	5		2						
VC < CC	0	0	1	0		0						
总计	18	18	18	18		18						

表 A.10 的支持数据 （作为销售百分比的固定资产年均增长）

形成对照的公司	高瞻远瞩公司	对照公司	对照年度
3M/ 诺顿	3.50%	1.44%	1961—1986
美国运通 / 富国银行	不详	不详	不详
波音 / 麦道	0.70%	11.84%	1967—1986
花旗 / 大通曼哈顿	不详	不详	不详
福特 / 通用	2.19%	1.80%	1950—1986
通用电气 / 西屋	1.23%	1.43%	1915—1987
惠普 / 德州仪器	4.13%	2.89%	1957—1990
IBM/ 宝来	8.03%	3.28%	1934—1988
强生 / 百时美	2.38%	2.23%	1943—1988
万豪 / 豪生酒店	9.29%	4.20%	1960—1978
默克 / 辉瑞	3.59%	3.54%	1941—1990
摩托罗拉 / 顶峰	2.66%	0.72%	1942—1990
诺斯通 / 梅尔维尔	5.03%	1.23%	1971—1988
菲利普·莫里斯 / 雷诺	2.11%	1.13%	1937—1990
宝洁 / 高露洁	2.32%	1.15%	1928—1988
索尼 / 健伍	不详	不详	不详
沃尔玛 /Ames 百货	2.53%	2.33%	1970—1989
迪士尼 / 哥伦比亚	7.00%	0.34%	1939—1980

表 A.10 的支持数据（年均股息支付率）

形成对照的公司	高瞻远瞩公司	对照公司	对照年度
3M/ 诺顿	0.50	0.50	1961—1986
美国运通 / 富国银行	不详	不详	不详
波音 / 麦道	0.27	0.17	1967—1986
花旗 / 大通曼哈顿	0.40	0.47	1954—1989
福特 / 通用	0.36	0.65	1950—1986
通用电气 / 西屋	0.65	0.51	1915—1987
惠普 / 德州仪器	0.10	0.23	1957—1990
IBM/ 宝来	0.50	0.64	1934—1988
强生 / 百时美	0.32	0.52	1943—1988
万豪 / 豪生	0.20	0.27	1960—1978
默克 / 辉瑞	0.55	0.47	1941—1990
摩托罗拉 / 顶峰	0.32	0.52	1942—1990
诺思通 / 梅尔维尔	0.15	0.34	1971—1988
菲利普·莫里斯 / 雷诺	0.54	0.63	1937—1990
宝洁 / 高露洁	0.79	0.70	1926—1988
索尼 / 健伍	不详	不详	不详
沃尔玛 /Ames 百货	0.10	0.12	1970—1989
迪士尼 / 哥伦比亚	0.06	0.27	1950—1980